# 現代児童家庭福祉論

服部次郎 編著

ミネルヴァ書房

## まえがき

　児童福祉法が1947（昭和22）年に制定されてから70年近くが経とうとしている。この間の世の中の変化は想像以上に大きなものがある。児童の生まれ育つ基盤となる家庭のあり方も，人々の働き方，家族構成，地域社会など社会構造の変化や国の経済状況などの影響を受けて変わりつつある。このような状況の中で，児童の福祉についても，今や児童と家庭の福祉を一体的に考える必要性が高まっているため，本書を企画・編集するにあたっては，この分野でのこれまでの研究・実践の成果を活かしながらも，新しい時代に即した「児童家庭福祉」を提唱できるよう，それにふさわしい先生方に執筆のお願いをした。

　特に，変化の激しい時代の中で，児童家庭福祉に関する考え方も大きく転換しつつある。児童に関しては，「児童の権利に関する条約」の国連における採択と日本における批准（1994年）以降，児童を「保護の対象」よりも「権利の主体」とする考え方や「自立支援」が主流となっている。その一方で少子高齢化が急速に進む日本では，高齢者福祉予算が必然的に増加している。限られた国家の財源を将来も見据えて，すべての国民のために運用していけるかが問われており，児童家庭福祉の分野でも，たとえば，保育の質と量に関しては大きな関心が向けられている。

　このような状況の中で，児童家庭福祉の理念を保育・教育・福祉・医療等の現場に根づかせながら，ある意味，変化の激しい世の中で生活している児童やその保護者に思いをはせ今回のテキストの内容をまとめることとした。同時に周りの大人，とりわけ児童やその保護者に関わり，大きな影響力を持つ専門家の方々に対し，「児童の最善の利益」を常に念頭に置きつつ，協働して仕事に取り組めるような指針，さらには具体的な理解・対応の方法を提供すること，加えて将来児童の保育・教育・福祉等に関わる学生・関係者の方々に役立つ内容構成に配慮した。

　そのため本書では，児童・家庭・地域・社会を児童家庭福祉の観点から正しく理解するため必要な法律・制度を解説しつつも，わかりやすく解説するために現場経験に基づいた内容（事例や実践例〔個人情報保護のため大幅な変更が加えてある〕）を盛り込み，実際に保育・教育の現場でも活用できるものとした。同時に実際に生活し，学び，働く人々の思いを大切にし，協働して問題解決にあたる方法も紹介した。さらに恵みと災害をもたらす自然からも学んでいこうとする実践についても取り上げた。

2017年12月

服部次郎

現代児童家庭福祉論

# 目　次

まえがき

# 序　章　自立支援・多職種連携を重視した児童家庭福祉……………1

## 1　児童及び家庭の福祉に関わる際のこころがまえ………………………1
　　　　　　──児童相談所における相談援助から
　（1）「児童の最善の利益」を念頭に置いた援助　1
　（2）専門家は専門家であるべきではない　2
　（3）電話を受けた瞬間から援助（治療）は始まる　3
　（4）相談援助の基本　4
　（5）相談援助活動の日常性と非日常性──相互の協力・連携の重要性　6

## 2　相談援助における理論的枠組み ………………………………………7
　（1）基本的信頼感の形成段階　7
　（2）信頼関係の試しの段階　7
　（3）過去の重要な他者との人間関係の再現段階　8
　（4）自我の再構成段階　9

## 第Ⅰ部　現代社会における児童問題と人間の成長

# 第1章　家庭・学校・地域社会と児童問題………………………12

## 1　家庭と児童問題…………………………………………………………12
　（1）少子高齢社会の到来と子育て支援の必要性　12
　（2）ひとり親家庭の現状と支援　12
　（3）子どもの貧困問題　16

## 2　学校と児童問題…………………………………………………………18
　（1）ゆとり教育から生きる力を育てる教育へ　18
　（2）いじめ問題　18
　（3）不登校問題　23

## 3　地域社会と児童問題……………………………………………………26
　（1）インターネットの普及と健全な利用　26
　（2）「子ども・若者育成支援推進法」に基づく支援体制の整備　27
　（3）学校と福祉・医療機関の連携による子ども・家庭への支援　28
　　　　──H市における学校支援協議会（子どもサポート会議）の取り組みから

# 第2章　人間の成長・発達と児童の心理……………………………34

## 1　人間の発達………………………………………………………………34

## 2　人のライフサイクル……………………………………………………34
　（1）人のライフサイクルとしての乳児期──0〜1歳　36
　（2）人のライフサイクルとしての幼児期──2〜6・7歳　36
　（3）人のライフサイクルとしての児童期──6〜12歳　36
　（4）人のライフサイクルとしての青年期──14〜30歳　37

目　次

（5）人のライフサイクルとしての成人期——30〜60歳　38

（6）人のライフサイクルとしての高齢期——60歳〜　39

### 3　乳児から18歳までの心理・社会的発達の過程 ……………………………… 39

（1）フロイトの発達理論　39

（2）エリクソンの発達理論　40

（3）ピアジェの認知発達理論　42

（4）ロジャーズの自己成長論　43

### 4　年齢別児童家庭福祉の施策 ……………………………………………………… 43

## 第Ⅱ部　児童家庭福祉の理念・思想

# 第3章　児童家庭福祉の基盤となる理念・思想 ……………… 48

### 1　児童家庭福祉とは何か ……………………………………………………………… 48

（1）児童福祉と児童家庭福祉は何が違うのか　48

（2）児童家庭福祉という概念の登場とそれが意味するもの　49

### 2　救済と保護の思想 …………………………………………………………………… 50

（1）救済と保護の時代　50

（2）国家の動きと民間篤志家の努力　50

（3）特定の国民からすべての国民を対象に　51

### 3　地域支援と自立支援の思想へ ……………………………………………………… 52

（1）地域支援への動き　52

（2）自立支援に向けて　54

（3）児童の「自立」と「最善の利益」　54

（4）施設養護における自立支援　55

# 第4章　児童家庭福祉の歴史的変遷 …………………………… 57

### 1　近代史における児童家庭福祉 ……………………………………………………… 57

（1）18世紀の思想家　57

（2）19・20世紀の思想家・教育者　58

（3）日本における児童福祉思想　60

### 2　児童家庭福祉の幕開け ……………………………………………………………… 61

（1）戦後処理的な児童福祉からの船出　61

（2）「歴史の希望」としての児童福祉法誕生　62

### 3　児童家庭福祉の発展 ………………………………………………………………… 63

（1）「児童の権利に関する条約」の与えた影響　63

（2）自立と依存の関係　64

# 第5章　児童の権利と児童の権利に関する条約 …………… 66

### 1　児童の権利に関する条約に至る歴史的な流れ ………………………………… 66

v

（1）児童の権利の歴史　66

（2）児童の権利に関するジュネーヴ宣言　66

（3）児童の権利宣言　67

（4）国際人権規約（国際権利章典規約）　68

2　児童の権利に関する条約の意義……………………………………………………68

（1）制定の意義　68

（2）条約の内容　69

（3）権利の行使とその制約　71

3　児童の人権に関わるさまざまな課題………………………………………………72

（1）体　　罰　72

（2）い じ め　72

（3）児童虐待　73

（4）施設における児童の権利と権利ノート　73

（5）親権と子どもの権利　73

（6）児童の権利に関する条約についての日本への勧告　75

（7）ハーグ条約　76


### 第Ⅲ部　児童家庭福祉に関連する法制度


# 第6章　児童福祉法………………………………………………………………………80

1　児童福祉法の成立の歴史……………………………………………………………80

（1）児童福祉法制定の経緯　80

（2）児童福祉法の制定　81

2　児童福祉法の概要……………………………………………………………………81

（1）総　　則　82

（2）福祉の保障　89

3　児童福祉法の意義……………………………………………………………………92

（1）子どものおかれている環境の変化　92

（2）児童福祉法の今日的意義　92


# 第7章　児童虐待の防止等に関する法律・配偶者からの
　　　　　暴力の防止及び被害者の保護等に関する法律…………94

1　児童虐待の防止等に関する法律……………………………………………………94

（1）児童虐待の現状と課題　94

（2）児童虐待の防止等に関する法律の概要　98

（3）児童虐待防止対策の課題　100

2　配偶者からの暴力の防止及び被害者の保護等に関する法律……………………101

（1）取り組みの経緯　101

（2）配偶者からの暴力の防止及び被害者の保護等に関する法律の概要　102

（3）DV防止対策の課題　106

目　次

# 第8章　母子及び父子並びに寡婦福祉法・母子保健法⋯⋯⋯⋯⋯109

## 1　母子及び父子並びに寡婦福祉法⋯⋯⋯⋯⋯⋯⋯⋯⋯⋯⋯⋯⋯⋯109
（1）制定の背景　109
（2）総　　則　110
（3）基本方針等　112
（4）母子家庭等に対する福祉の措置　113
（5）寡婦に対する福祉の措置　115
（6）福祉資金貸付金に関する特別会計等　115
（7）母子・父子福祉施設　115
（8）費　　用　116
（9）雑　　則　116

## 2　母子保健法⋯⋯⋯⋯⋯⋯⋯⋯⋯⋯⋯⋯⋯⋯⋯⋯⋯⋯⋯⋯⋯⋯116
（1）母子保健法の概要　116
（2）母子保健の現状と課題　120

## 3　ひとり親家庭・寡婦の現状と課題⋯⋯⋯⋯⋯⋯⋯⋯⋯⋯⋯⋯⋯122
（1）ひとり親家庭の現状　122
（2）ひとり親家庭の子どもの貧困と支援　125

# 第9章　その他の児童家庭福祉関連法⋯⋯⋯⋯⋯⋯⋯⋯⋯⋯⋯⋯128

## 1　児童憲章・教育基本法・学校教育法⋯⋯⋯⋯⋯⋯⋯⋯⋯⋯⋯⋯128
（1）児童憲章　128
（2）教育基本法　129
（3）学校教育法　131

## 2　障害者基本法・障害者基本計画（障害者プラン）・障害者総合支援法等⋯⋯⋯134
（1）障害者基本法　134
（2）障害者基本計画（障害者プラン）　137
（3）障害者総合支援法等　138

## 3　少年法・児童買春，児童ポルノに係る行為等の規制及び処罰並びに児童の保護等に関する法律⋯⋯⋯⋯⋯⋯⋯⋯⋯⋯⋯⋯⋯⋯140
（1）少　年　法　140
（2）児童買春，児童ポルノに係る行為等の規制及び処罰並びに児童の保護等に関する法律　142

### 第Ⅳ部　児童家庭福祉に関連する施策・機関・サービス

# 第10章　児童家庭福祉行政・専門機関の組織と専門性⋯⋯⋯⋯⋯146

## 1　児童福祉行政機関の組織と専門性⋯⋯⋯⋯⋯⋯⋯⋯⋯⋯⋯⋯⋯146
（1）国及び地方公共団体の組織と審議機関　146
（2）実施機関　147

vii

 **2** 福祉における施設サービス専門機関 ……………………………………………… 154

  （1）児童福祉施設 154

  （2）児童福祉施設の設置と運営 156

 **3** 施設職員の専門性と課題 ……………………………………………………………… 157

  （1）職員の資質と専門性 157

  （2）専門性を支え高めるための 3 つの視点 158

  （3）運営管理——施設の設備及び運営に関する基準と倫理綱領 164

  （4）チームワークとスーパービジョン 166

# 第11章 関連領域の機関との連携 ………………………………………… 171

 **1** 家庭裁判所との連携 …………………………………………………………………… 171

  （1）家庭裁判所と児童 171

  （2）連携と介入のポイント 172

 **2** 警察及び警察補導センターとの連携 ……………………………………………… 173

  （1）補導の概念 173

  （2）児童家庭福祉との関連 174

 **3** 保育園・幼稚園・小中学校・教育委員会・教育相談機関・

   民生委員との連携事例 ……………………………………………………………… 174

  （1）事例の概要 174

  （2）事例から見る連携のポイント 176

 **4** 保健・医療機関との連携 ……………………………………………………………… 176

  （1）保健所・市町村保健センター等との連携 176

  （2）「健やか親子21」及び「健やか親子21（第 2 次）」の提言 177

# 第12章 在宅サービスの現状と課題 …………………………………… 180

 **1** 変化する現代社会における児童家庭福祉サービス ………………………………… 180

 **2** 母子保健サービス ……………………………………………………………………… 180

 **3** 保育サービス …………………………………………………………………………… 181

  （1）保育所の整備と運営 181

  （2）保育環境改善等事業（補助金） 183

  （3）保育所に関わる関連施策 184

  （4）少子化と子育ての課題と今後 184

 **4** 健全育成サービス ……………………………………………………………………… 185

  （1）児童厚生施設（児童館・児童遊園） 185

  （2）児童環境づくり基盤整備事業 186

  （3）放課後児童健全育成事業 186

  （4）児童手当（子ども手当） 186

 **5** 障害児（者）福祉サービス …………………………………………………………… 187

（1）障害者手帳　187

（2）障害児等療育支援事業　189

6　ひとり親家庭への福祉サービス……………………………………………………193

（1）経済的支援　193

（2）自立のための支援　193

7　児童自立支援対策………………………………………………………………………194

（1）児童相談所　194

（2）児童虐待対策事業　195

（3）民生委員・児童委員・主任児童委員　196

（4）児童自立生活援助事業（自立援助ホーム）　197

# 第13章　社会的養護を支える施設サービスの現状と課題…………200

1　社会的養護の体系………………………………………………………………………200

2　保護を要する子どものための施設サービス………………………………………202

（1）児童養護施設の役割と機能　202

（2）施設実習から学ぶ児童家庭福祉　203

3　児童虐待問題と施設サービス………………………………………………………209

4　障害児（者）のための施設サービス………………………………………………210

（1）障害児施設　210

（2）障害者支援施設　210

5　医療現場における児童家庭福祉サービス…………………………………………211

（1）入所児童が医療機関を受診する際の注意点　211

（2）医療機関受診を通して見えてくるもの　211

# 第14章　事例で見る児童家庭福祉サービス……………………………213

1　児童及び家庭福祉における支援の具体的事例……………………………………213

（1）不登校事例　213

（2）非行事例　217

（3）虐待事例　220

（4）障害児の事例　222

2　グループワーク等による児童・家庭支援…………………………………………225

（1）子どもの成長にとって「良い環境」とは何か　225
　　　　──児童家庭福祉の原点としての自立と連携

（2）人は人の中でこそ育ち合う　231

3　親への支援を通して行う子どもへの支援…………………………………………234

（1）具体的事例から虐待発生の原因を探る　234

（2）虐待の意味するもの　236

（3）虐待予防に向けての今後の展望と課題──現代的子育ての本質の見直し　237

（4）問題解決のための視点　239

ix

## 終　章　児童家庭福祉の現状・課題と今後の展望 ……………… 243

### 1　児童家庭福祉の現状・課題 ……………………………………… 243

（1）児童相談所から垣間見える児童家庭福祉の現状と課題　243

（2）子育ての困難さの象徴としての児童虐待問題　243

（3）児童・家庭・社会の抱えるさまざまな問題　244

（4）教育の現場にみられる児童家庭福祉の課題　245

（5）情報化社会と児童問題　246

### 2　児童家庭福祉の動向と展望 ……………………………………… 247

（1）権利の主体としての児童と自立　247

（2）児童観の変遷からみた児童家庭福祉・教育への展望　248

（3）児童の自立とそれを支える環境　248

あとがき

索　引

| 序　章 | 自立支援・多職種連携を重視した<br>児童家庭福祉 |
| --- | --- |

## 1　児童及び家庭の福祉に関わる際のこころがまえ[1]——児童相談所における相談援助から

　児童及び家庭への福祉に関わる場合，それは相談援助から始まると言っても過言ではないと筆者は考えている。幅広い分野において，さまざまな相談機関が，もてる機能・役割を活かし，他機関との連携を大切にして相談援助を展開している。その中でも18歳未満の児童のあらゆる相談にのり，極めて幅広い相談援助を実施している児童相談所は児童福祉法に基づき全国208カ所（2015年4月現在）に設置されており，70年近い歴史をもつ公的な機関である。

　ここで実践されている相談援助の手法は極めて多岐にわたるため，それらをすべて網羅して，援助活動のこころがまえを述べることは不可能ともいえる。そこで本書は，筆者らの経験に基づき解説する。ねらいとするところは，児童相談所という現場の枠組みの中で筆者が行ってきた相談援助，特に自立と連携という点に焦点を当てつつ，事例も紹介することで，実践面では，どのような工夫がなされているかを具体的に説明することである。

### （1）「児童の最善の利益」を念頭に置いた援助

　児童相談所は，相談援助及び治療的援助を行う機関である。近年注目を浴びている虐待相談（2015年は約10.2万件）において，児童相談所は，他の相談機関と比較しても極めて大きな行政的機能を法的に与えられている。同時に，相談援助及び治療援助という治療的機能も求められており，その責任は極めて重いと同時に難しさも抱えている。

　児童相談所における相談援助活動においては，「子どもの権利擁護に当たって，子どもの最善の利益を守る責任を果たすことを前提に，その生活支援等においては，子どもの家庭にとって身近な市町村，その他の関係機関と適切に連携して層の厚い支援につなげることも必要である」といえる（「児童相談所運営指針」平成29年3月）。

　それゆえ児童相談所での相談援助活動では，第1に親やその他の大人の利益ではなく，まずは「児童の利益を最優先する」ことが大切である。

　たとえば，このことが最も象徴的にあらわれるのが，虐待事例等での相談援助においてである。事例によっては，児童の生命の危険にまで及ぶことも多く，その場合には，親の利益・意向に反しても，児童を緊急に一時保護せざるを得ず，児童福祉に関わる行政機関として毅然とした態度をとり相談援助を進めなければならない。そのため，市町

村はもちろん警察・司法機関, さらに医療関係機関等との連携も欠かせない。この種の具体的事例については, 次節で詳しく紹介する。

いずれにしても, 最近は, テレビ・新聞等マスコミでも, 虐待関連の記事が多く報道されようになってきており, もはや特定の家庭においてだけ起こりうる現象とはいえなくなってきている。育児不安, 育児ノイローゼなど, 虐待にも発展しかねない子育てをめぐる最近の状況は, 少子高齢化現象とともに, 日本の将来にとってゆゆしきものといえる。この意味で, 児童の利益を最優先した, 緊急度の高い相談援助活動のはたす役割は極めて大きいといえる。

### （2）専門家は専門家であるべきではない

第2に, 児童相談所の相談援助活動で忘れてはならないことは, 「児童や親に代わって問題解決をしていくのではなく, 児童や親等が自分自身のもっている力を最大限に発揮して問題解決できるように, 児童や親等を側面から援助していく」という観点であり, これこそが「自立支援」であり, 特に継続的な相談援助活動においては重要となってくる。

この観点の意味するところは, 「児童や親等に代わり, 他人が問題解決をしていては, いつまでたっても児童自身の, あるいは親自身の問題解決能力は育っていかない」ということである。

この相談援助の原則は極めてわかりやすいものであり, 簡単に思われるが, 現実の相談援助場面においては意外と軽視されたり, 忘れられたりしている。たとえば専門家といわれる以下の相談援助の「プロ」の例がわかりやすい。「あの専門家の先生（たとえば, 保育園の主任や小学校のベテラン教員）の所へ行くと, 子どもにどう対応したらいいのか, きちんと教えてくれるし, 子どもにもビシッと言ってくれるので本当に頼りになるんですよ。先生も, 私に任せておけば心配いりません, 私の言う通りにやって下さい, と言って下さるので本当にこころ強いです」などといった話を耳にすることがある。これは, 親としてはごく自然な感想と思われるが, ここに大きな落とし穴があるともいえる。つまり, 「専門家であればあるほど, 専門家であってはならない」というものである。逆説的な言い方であり, 常識的に考えると, 少しわかりづらいかもしれないが, その意味するところは次のとおりである。

つまり, 専門家になればなるほど, 相手に対して自分は専門家であるので, 任せてもらえれば大丈夫と思わせるべきではないということである。むしろ「専門家にできることは限られており, いつまでも指導できるわけではない。子ども（児童）自身や親こそが本当の専門家である, あるいは専門家になれる」と相手に感じさせる術を, 常に心得ているべきであるということである。

ただし, 専門家という職業上の特性から, 子どもや親などよりも, より多くの事例に出会い, その中でさまざまな相談治療経験を積んでいること, そして, それら多くの事

序 章　自立支援・多職種連携を重視した児童家庭福祉

例に共通してみられる問題解決への理論的枠組みと実践的力量をもっていなければならないこと，はいうまでもない。

### （3）電話を受けた瞬間から援助（治療）は始まる

　児童相談所での，相談のはじまりは電話によることが多い。電話で相談内容等を聞きながら，相談所で対応していくべき内容かどうかを，まず判断しなければならない。もし，対応することが不適当な場合（たとえば相談の対象になる方の年令が18歳を過ぎているような場合），他の適当な相談機関を紹介しなければならない。

　もし児童相談所での対応が適当と判断された場合，緊急な場合をのぞいて，相談援助のための面接予定をとることが一般的である。ここでも気をつけておきたいことがある。それは，いつもあてはまるわけではないが，今後継続的に相談援助活動が必要とされるような事例では大切な原則の一つで，「電話相談があった時から，すでに治療は始まっている」というものである。

　「何事もはじめが肝心」という言葉があるが，これは相談援助活動にもあてはまる。電話をしてくる相談者にも，色々なタイプがあると予想できるが，悩んだ末に，電話をかけてくる場合も多い。そんな時，電話で相談内容に耳を傾けながら，相手の気持ちを正確に理解し，共感しつつ話を聞いていくだけでも，電話をかけてきた相談者は，ずいぶん救われることがある。その上，次回の面接の予定をとることで，気持ちの安定が一層図られる場合も多い。しかし，面接予定は，通常1〜2週間程先になることが多い。「悩んでいるときの1〜2週間という期間」は結構苦しく，長く感じられるものであるため，その期間を相談援助の上で，あるいは治療的に，いかに「意味のある期間・時間」とすることができるかが，とても重要である。

　「意味ある時間」にするための手法にも色々ある。ここで紹介する手法は，決して難しいことを要求するのではなく，ただ「宿題（課題）を出す」というだけなのである。子どもに関する悩み，問題を何とか解決したいという，いわゆる「一生懸命な親」にとって，何らかの課題を出してもらえることは，ひどく悩みまったく先の見えない状態においては，取り組むべき課題・目標ができたことであり，かえってよい結果を生むことも多い。ただし，どういう視点に立って，課題を出すかが重要となってくる。

　一つは「過去」に焦点を当てる手法である。小さい時から現在まで，子どもに対して親がどういう対応をしてきたかを，可能な範囲で，きめ細かくメモしてもらうというもので，原因を解明して問題解決を図る手法ともいえる。

　もう一つは「現在よりも未来」に，さらに「肯定的な側面」に焦点を当てることにより問題解決を目指す手法である。

　どちらも価値のある手法だが，児童相談所という現場での実践が多かった筆者は，2つ目の手法をよく活用していた（具体例は，次節の不登校事例の中で紹介する）。

　子どものことで大いに悩んでいる親にとっては，子どもの否定的な側面に（無意識的

ではあるが親自身の否定的側面にも）注意を向けがちになり，その結果，子どもの欠点や悪い点がより一層目につき，つい子どもに愚痴を言ったり，子どもを責めがちになる。その反面，こういう状態になったのは自分が悪いからではと，親が自分自身を責めるという悪循環に陥ることがよくみられるが，それを防止しやすいのがこの手法の利点である。

　この手法は，電話で相談を受け，話を聞き終え，来所の予定を確認した後に，「今度来所していただくまで，しばらく時間もありますので，少しメモをしておいていただきたいことがあるのですが，……」と提案する。もし了解が得られたら，「今は大変な時期ですので，子どもさんの悪い面ばかりが気になるのは当然だと思いますが，ほんのちょっとしたことで結構ですので，子どもさんのことで，もし何か良いことやうれしいこと，それからこうしたら少し表情がよくなったなど，どんなに小さなことでもいいですので，それをメモしておいて，次回来所の時に持ってきて下さいますか」などと，お願いするわけである。

　こういう提案を，専門機関からされると，わらをもつかむ心境にある親にとっては，ある種の期待感とともに，一つの具体的目標のようなものが見えてくるわけである。そして，電話を終えた瞬間から，子どもをみる見方にも微妙な変化が生まれてくる。つまり問題点，悪い点ばかりを発見しようとしていた見方から，よい点を見出そうという見方に変わるのである。この見方の転換は，親自身だけではなく，子どもにも大きな影響を与える。自分の問題点，悪い点ばかり気にし，注意をしたり，文句を言ったり，愚痴を言ったりしていた親から，自分の良い点も見よう，見つけようとする親に変身するわけである。これまで重苦しい雰囲気の中で毎日生活し，周囲の大人，特に親の動きを敏感に感じとっていた子どもがそれに気づかないはずはない。このような親の見方の転換で，家族内の緊張感がほんのわずかであっても和らぐことがある。「親が変われば子どもも変わる」とよくいわれるが，それは，この状況においてもいえるわけである。

　さらに，親自身は，子どものよい点をメモすることで，「子どもにもこういうよい点があったのか」と，これまでの見方を少しではあっても修正でき，親自身が感じていたであろう無意識的罪悪感（たとえば，「わたしが子どもをこんなふうにしてしまった」といったもの）を多少とも軽減させ，こころの重荷を軽くすることができるのである。このような変化は，たとえ小さなものであっても，これまでの悪循環の流れを変えたりして，良き循環を作り出す可能性を生むのである。


**（4）相談援助の基本**

　こういう方向性の中で，継続的な相談援助活動が展開されていくことになるが，次に重要なのは，親がメモしてきた報告内容を如何に活かしていくかという点である。報告内容については，大まかにいえば次の3種類が考えられる。


4

① ほんの少しであっても，「変化した」との報告を受ける場合。

② 「変化がない」と報告を受ける場合。

③ 「メモをとらなかった，とるのを忘れた」という報告を受ける場合。


それぞれの場合について検討し，その対応を考えてみる。

まず①の場合に大切なことは，変化の原因を「児童及び親の持てる力が発揮された」結果であると説明することである。具体的には，親との面接で，変化の原因は親の努力による点が大きかったのではないかと伝えるのである。

子どもとの面接においては，「（親から）こういう変化があったと聞いたが，どうして，そんなことができたのかな？」と，子どもの肯定的な側面に注目しながら問いかけ，変化の原因を一緒に考えるわけである。その過程で，子ども自身に，「変化していける力があるんだよ」と伝え，子どもの自我強化を図りつつ，同時に，今後の相談援助における貴重な宝物として，肯定的な変化の起きた状況をしっかりと把握しておくわけである。いずれにしても，効果のあったこのやり方を継続してもらうことが大切である。

次に，②の場合である。課題をやってはみたが，成果が見られなかったという場合は，少し工夫が必要となる。具体的には，親の面接において，現在の状況がいかに困難なものであるか，改めて認識したことを伝え，そのような大変な状況の中で，これまでよくがんばってこられたと，親の努力に敬意を払う。専門家自身が，もし親の立場だったら，そこまでできなかったかもしれないと，その状況での対応の難かしさと大変さを，親とともに実感するようこころがけるわけである。その上で，このような難かしい問題を解決するには，あせらず，より多くの時間をかけ，ていねいに対応することがいかに重要か確認し合い，今後は，気長に取り組むことと，これまで以上に，小さな変化に注目していくのである。

一方，子どもとの面接でも，家庭における難しい状況に注目することは当面控え，子ども自身が少しでも楽しいと感じられる話題，関心を示す話題，さらに会話や言葉を多く必要としない手段（遊びやゲーム等の利用）によって援助活動を進め，もっぱら子ども自身が自由に自己表現でき，自我強化を図れる場を保障することに主眼を置く。つまり，相談援助の枠組みを少し変えるのである。

最後に，最も対応が困難な③の場合である。①②の場合と比較して，親の協力が極めて得られにくい状況といえるため，援助の枠組みをさらに大きく変え，来所するだけでも，それが現在の親の精一杯の努力と評価するという姿勢が，相談援助をする側に必要となってくる。

親に対しては，たとえば，「相談所に来ても，すぐ相談に来なくなる親が多い中で，今回もよく来所していただけました」といった具合に，とにかく来所したという事実を高く評価するわけである。そして，子どもとの面接で感じた子どもの良さなどを話題にし，親として，どういう育て方をするとあのような良さが生まれてくるのかなどと，親

を肯定的に評価する。さらに、現代社会の中での子育ての大変さ、難しさを強調したりしながら、相談所がどのような親にとっても、安心して相談のできる場所であることを感じてもらい、とにかく来所意欲を高める働きかけに力点を置くわけである。

　子どもに対しては、何よりも児童相談所が「楽しい場所」であること、自分のことを子どもの立場に立って一生懸命考えてくれる所、といった具合に感じてもらえるよう、最善の努力をすべきで、そのための手段として、相談場面でも、子どもの関心のある内容を取り上げ、遊びなども利用して楽しい経験ができるよう工夫する必要がある。いずれにしても、親と同様、また訪れたい場所となるよう努めることが最優先されねばならない。

### （5）相談援助活動の日常性と非日常性――相互の協力・連携の重要性

　相談援助活動は、援助活動を行う機関の特性に大きく規定されている。福祉機関における相談援助の枠組みは、医療機関、大学関係の相談機関、教育関係機関、労働関係機関等の相談援助の枠組みと異なる特性を持つのである。

　児童相談所で対応する場合においても、その性格上、児童福祉施設等との関係が極めて強く、相談援助が1カ所で済まないこともある。この場合、相互に協力・連携することが、相談援助の対象となる児童及び親にとっても大切である。連携という場合には、外部の職員との連携も大切であると同時に、施設内での他職種との連携も忘れてはならない。このように色々な場合が想定されるが、筆者は、これを便宜的に「日常性」と「非日常性」という枠組みで整理している。

　児童相談所において通常行っている相談援助活動は、児童福祉法第12条に規定されているように、「日常性」の強い援助活動といえる。ところが前述したように、児童相談所は児童福祉に関する機関や施設と連携して、相談援助をすすめることも多く、特に児童福祉施設に児童を措置した場合、「非日常性」の強い援助も、対象児童にとって重要となってくる。

　もう少しわかりやすくするため一般的な例で考えてみたい。たとえば、毎日学校へ行き学ばなければならないという「日常性」も必要であるが、学校へ行かないで自由に遊べる日という「非日常性」があるのも、逆の意味で大切である。どちらも、子どもの成長にとってかけがえのない要素なのである。

　また、子どもが誕生日には大好きなものが食べられるという「非日常性」は、日々普通の食事をしているという「日常性」のゆえに大きな意味を持つのである。もし好きなものばかり食べていたとすると、大好きなものが食べられるという「非日常性」も意味を失いかねない。これを施設における援助活動にあてはめて、考えてみたい。

　日常的に援助をしてくれる職員はまさに「日常性」を象徴している。そこへ、たまにくる児童相談所の職員が、自分のため特別に時間をとり、面会という機会を作ってくれることになると、これは「非日常性」という色彩を強く持つようになり、施設での「日

常性」に色合いを添え，子どもの成長にとって一役買うことにもなるのである。

　施設内においてもいつも援助をしてくれる職員とは別の立場の職員が，特別に自分のために時間を作り援助してくれると，「日常性」に「非日常性」が加わり，楽しみが増すということにもなる。これがまさに多職種連携の重要な点である。このような連携の例については第14章１節の（３）の虐待事例（事例は児童養護施設との連携が中心である）を参考にされたい。

## 2　相談援助における理論的枠組み

### （１）基本的信頼感の形成段階

　これまで，筆者の児童相談所における相談援助の実践の中で得られた知見に基づいて議論を展開してきた。ここからは，前述したことと重なる部分もあると思われるが，少し理論的に整理をしておく。

　子どもに対する相談援助を進める上で，まず考えなくてはならないことは，「基本的信頼感の形成」である。この信頼感は，元来子どもが生きていく中で，周囲の大人（一般的には親であるが）からの働きかけの過程，つまり，色々な形での世話や愛情を受け成長していく過程で，生まれてくるものである。同時にその過程で，子どもは自分が生きていてよい，存在するに値することを確信し，また働きかけの主体である大人が信頼に値する存在であることを確認していくのである。

　反対に，この時期に様々な原因等で，適切な世話や愛情が保障されないと，「不信感」が生まれてくる。ただし，人が生きていく上では，完全な信頼感などというものは存在しないと考えるのが自然であり，その意味では，ある程度の不信感が生じてくるのは自然であり，また必要でもある。たとえば新しい場所や初めて会う人に対して，不信感を抱き，不安に感じ，警戒する気持ちが生まれるのは当たり前で，自分を守るためには，むしろ必要なことですらある。

　相談援助の初期段階における人間関係の中でも，このような過程が展開されていくと考えると，この初期の段階が，いかに大切な時期であるかが認識されるはずである。

　相手が自分の立場に立って，考え，感じてくれ，理解と共感を示してくれるならば，誰でもその相手に対して（基本的）信頼感を抱くのである。

### （２）信頼関係の試しの段階

　ところが，基本的信頼感が確立していく過程において，多くの場合，信頼感が本物であるかどうかを確かめる時期も存在する。特にそれまでの生活で，愛情を求める願いが何度も裏切られるなどして，相手を信頼できない体験を多く積み重ね，不信感を強く抱いている子どもほど，不信感を簡単には拭えず，相手の愛情は本物かを確かめるための時間が必要といえる。相談にやってきた子どもの中には，相談援助がうまく展開したと

7

思っていても，次の相談面接の約束時間に遅れたり，相談予定日を忘れ遊びに行ってしまったりなどといった行動をとるものもいる。これも，そのような「信頼関係の試し行動」の一つと解釈もできる。

このような微妙で，難しい時期も，相談にのるものが粘り強く，誠意と愛情をもって対応することで，子どもの側にも，少しずつその誠意と愛情に答えようとする姿勢や裏切っては相手に申し訳ないという気持ちが芽生え，それが信頼関係につながっていくのである。

### （3）過去の重要な他者との人間関係の再現段階

このように信頼関係が築かれてくると，子どもは相談援助という人間関係の中で，過去の葛藤や過去における重要な他者（特に母親，父親）との人間関係を積極的に再現しようとする。たとえば，腹を立てるとすぐ暴力をふるう，とても怖い父親と生活してきている子どもは，この父親に対して強い恐怖心を抱いている。そのため表面的にはおとなしく，父親に対して極めて柔順な態度を示す。そして他の大人の前でも，とても柔順な子どもの姿をみせる。しかし，相手が弱い子どもだとわかると，大人が見ていない所で，急にいばった態度をとったり，乱暴に振る舞ったり，怖い顔を見せたりすることがある。この子どもの心の中では一体何が起きているのか。おそらく，その父親に対しての強い敵意，怒り，憎しみなどの否定的感情が渦巻いている可能性が高い。しかし非力な子どもにとって，大人との力の差は歴然としており，父親への否定的感情をそのまま父親にぶつけるわけにはいかない。そこで，自分を守るため，抑圧という防衛方法を用いて，その否定的感情を無意識に追いやり，閉じ込め，葛藤や苦痛を避けるのである。ところが，無意識の世界に否定的感情を閉じ込めておくためには，つまり抑圧するためには，多大の心的エネルギーが必要となり，その分現実生活のために使える心的エネルギーは不足するわけである。つまり，大人の前では弱々しい存在にみえるというわけである。しかし，情緒的に不安定な時に，何らかの理由で抑圧の力が弱まると，たとえば怖い大人がいなくなると，否定的感情が表出されやすいのである。

子どもとの相談援助関係の中で，信頼関係がある程度確立されてくると，相談にのるものの健康な自我機能に支えられ，子どもは防衛的姿勢をとる必要性が弱まる。その結果，相談関係という新しい人間関係の中で，怖い父親との人間関係をめぐる様々な葛藤や問題状況が再現される。それまで柔順で，弱々しい子どもの姿をみせていたものが，途中から大きく様子が変わり，抑圧されていた敵意，怒り，憎しみなどといった父親に対する否定的感情が表出される。その結果，目の前にいる相談者に対して否定的感情を向け，攻撃的になったり，乱暴な言動をとったりすることがある。そのため，相談にのる側としては，的確な判断と見通しに立って，それらの否定的感情を受け止め，忍耐強く処理していく必要がある。

### （4）自我の再構成段階

　この段階で重要なことは，子どもが示す否定的感情やそれに基づく攻撃性，乱暴な言動等は，決して，相談相手に向けられているのではなく，過去の人間関係における重要な他者である父親に対するものであることをしっかり認識して対応することである。このとき表面的な子どもの言動に対して，冷静さを欠いた感情的な反応をし，それらの否定的感情を力で抑えてしまうと，この人も父親と同じで自分を受け止めてくれないと失望し，それは再度無意識下へと抑圧され，過去の人間関係のパターンは修正されず，その後も生き続け，相談援助関係は停滞することとなる。

　大切なのは，子どもに対して，中立的な立場からこの否定的感情を適切に処理していくことである。具体的には，過去の人間関係にまつわる否定的感情が，現在の温かで受容的な雰囲気を持った信頼関係の中で再現されること，それは子どもの抱く敵意，怒り，憎しみなどの思いが，否定されることなく受け止められることである。その結果，否定的感情も子どもの心の中で，表現してはいけない感情ではなく，ごく自然な感情として表現してもよい自分の感情の一部となるのである。子どもの場合は，言葉でのやりとりよりも「遊び」を通じて表現できるよう，定期的に遊びの場面を設けることが大切である。このような遊びの中で，否定的感情を抑圧するために使っていた心的エネルギーを，より健康な活動に向けて使うことができるため，子どもは，大人の目からみても，健全な子どもらしい姿を取り戻すのである。

　このように相談援助関係の中で，親子関係が修復されてくるにつれて，いわゆる問題行動も減少していく。子どもは，親など自分にとって重要な意味をもつ人間に支えられながら，人生の様々な課題に挑戦し，それを克服する中で人間的に成長していくが，それに失敗し追い詰められ，自己が脅かされる時，それを問題行動等の症状として訴える。それは親をはじめとした社会に対する一種の警告でもあると考え，問題の責任を子どもや，その親にのみ帰するのではなく，私たち大人すべてが，そして社会全体が，それを謙虚に受け止め，真摯に対応していく必要がある。


　注
⑴　本節は，加藤俊二編著『現代児童福祉論 第 2 版』ミネルヴァ書房，2008年，256-267頁，を変更・加筆したものである。


　参考文献
厚生労働省雇用均等・児童家庭局「児童相談所運営指針」2017年。
F. P. バイステック／尾崎新ら訳『ケースワークの原則──援助関係を形成する技法 新訳改訂版』誠信書房，2006年。
『児童心理』2005年 8 月号臨時増刊「育児不安・児童虐待・発達障害……子育てに困っている親への援助」金子書房，2005年。

# 第 I 部

現代社会における
児童問題と人間の成長

# 第1章　家庭・学校・地域社会と児童問題

## 1　家庭と児童問題

### （1）少子高齢社会の到来と子育て支援の必要性

#### 1）世帯構成の変化による脆弱化する家庭の養育機能

　1989（平成元）年のいわゆる1.57ショック以降，国はエンゼルプランをはじめとして，様々な形での少子化対策を行ってきた。しかし，その後も合計特殊出生率の低下は止まることなく，2005（平成17）年には1.26まで下がってしまった。近年になり若干の増加傾向が認められ，2015（平成27）年は1.46であった。急激な少子化の進展は家族のあり方にも大きな影響を与えている。図1-1は世帯構成の推移を示したものである。

　図1-1によれば，増加傾向なのは，老人の単独世帯，夫婦のみの世帯，及び，ひとり親と未婚の子どものみの世帯である。一方，減少傾向なのは，夫婦と未婚の子どものみの世帯と，三世代世帯である。昭和の中頃までは家庭の典型的なパターンであった「サザエさん」型の世帯の減少だけではなく，家庭の基本的なパターンであると考えられてきた「クレヨンしんちゃん」型の世帯までも減少傾向が続いているのである。

#### 2）子育ての不安や悩み

　子育て中の夫婦は，子育てに対して，どのような負担感や悩みを抱えているのであろうか。

　図1-2は20代から40代の子育て中の人に対して，子育ての負担感について調査をした結果である。図1-2によれば，半数以上の人が経済的な負担を挙げている。それ以外には，自分の時間が持てないこと，心身の疲労，しつけや子どもとの交流の悩み，周囲の協力など，子育て全般に関する悩みが挙げられている。

#### 3）多面的な支援の必要性

　安心して子どもを産み育てていくために，国や地方公共団体に対してどのような支援が求められているかについて，保護者は何を求めているのか紹介しておく。図1-3（次々頁）によれば，経済的な支援，小児医療，保育サービスの充実，働きやすい職場環境の整備などが求められていることがわかる。

### （2）ひとり親家庭の現状と支援

#### 1）ひとり親家庭の実態

　家庭における養育機能が脆弱であり，手厚い支援が必要な家庭にひとり親家庭がある。

第1章　家庭・学校・地域社会と児童問題

図1-1　世帯構成の推移

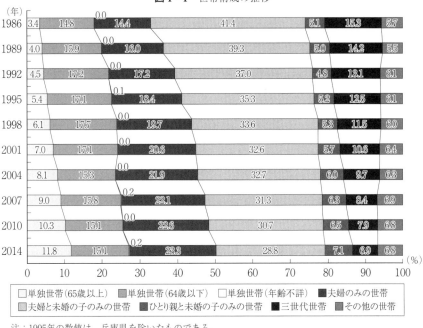

注：1995年の数値は，兵庫県を除いたものである。
資料：厚生労働省大臣官房統計情報部「国民生活基礎調査」2014年。
出所：厚生労働省編『厚生労働白書　平成27年版』2015年，117頁。

図1-2　子どもを育てていて不安に思うことや悩み

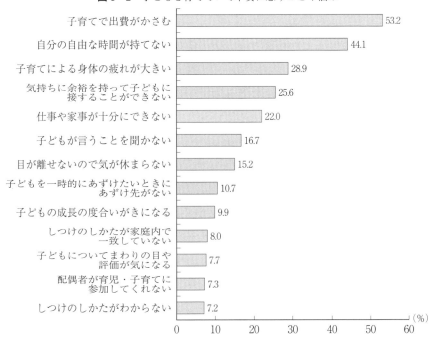

資料：内閣府「少子化と夫婦の生活環境に関する意識調査」2012年。
出所：図1-1と同じ，125頁。

13

第Ⅰ部　現代社会における児童問題と人間の成長

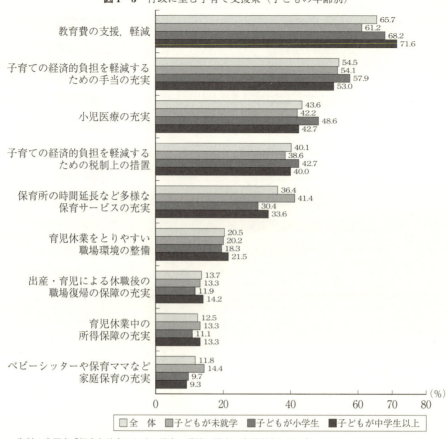

図1-3　行政に望む子育て支援策（子どもの年齢別）

資料：内閣府「都市と地方における子育て環境に関する意識調査」2011年。
出所：図1-1と同じ，113頁。

　厚生労働省は，全国の母子世帯，父子世帯などのひとり親家庭や父母のいない児童が祖父母等に養育されている養育者世帯の実態を把握し，福祉対策の充実を図るため，5年に1度実施している国勢調査を基とした調査区から父子世帯，養育者世帯においては無作為に約5,000の調査区，また母子世帯においては1,800の調査区を抽出して，この調査区内のひとり親家庭などを対象として「全国母子世帯等調査」を行っている（表1-1）。
　ここでは，「平成23年度全国母子世帯等調査結果報告」から，ひとり親家庭の現状を示してみたい。なお，この報告の内容は第8章でも詳細に述べられているので，併読しながら理解を深めてほしい。
　調査区内の母子世帯における集計客体数は1,648世帯で母子世帯となった理由は，死別は123世帯（7.5％），生別は1,525世帯（92.5％）となっている。生別の内訳の上位は離婚が1,332世帯と全体の80.8％を占めている。また父子家庭における集計客体数は561世帯で父子家庭となった理由は，死別は94世帯（16.8％），生別は467世帯（83.2％）となっており，生別の内訳の上位は母子世帯同様に離婚が417世帯と全体の74.3％を占めている。

14

第1章　家庭・学校・地域社会と児童問題

**表1-1**　ひとり親家庭になった理由別の世帯構成割合

（1）　母子家庭

| 調査年次 | 総数 | 死別 | 生別 | | | | | | 不詳 |
|---|---|---|---|---|---|---|---|---|---|
| | | | 総数 | 離婚 | 未婚の母 | 遺棄 | 行方不明 | その他 | |
| 昭和58 | (100.0) | ( 36.1) | ( 63.9) | ( 49.1) | ( 5.3) | ( ＊ ) | ( ＊ ) | ( 9.5) | ( － ) |
| 63 | (100.0) | ( 29.7) | ( 70.3) | ( 62.3) | ( 3.6) | ( ＊ ) | ( ＊ ) | ( 4.4) | ( － ) |
| 平成5 | (100.0) | ( 24.6) | ( 73.2) | ( 64.3) | ( 4.7) | ( ＊ ) | ( ＊ ) | ( 4.2) | ( 2.2) |
| 10 | (100.0) | ( 18.7) | ( 79.9) | ( 68.4) | ( 7.3) | ( ＊ ) | ( ＊ ) | ( 4.2) | ( 1.4) |
| 15 | (100.0) | ( 12.0) | ( 87.8) | ( 79.9) | ( 5.8) | ( 0.4) | ( 0.6) | ( 1.2) | ( 0.2) |
| 18 | (100.0) | ( 9.7) | ( 89.6) | ( 79.7) | ( 6.7) | ( 0.1) | ( 0.7) | ( 2.3) | ( 0.7) |
| 23 | 1,648 | 123 | 1,525 | 1,332 | 129 | 7 | 6 | 51 | ( － ) |
| | (100.0) | ( 7.5) | ( 92.5) | ( 80.8) | ( 7.8) | ( 0.4) | ( 0.4) | ( 3.1) | ( － ) |

（2）　父子家庭

| 調査年次 | 総数 | 死別 | 生別 | | | | | | 不詳 |
|---|---|---|---|---|---|---|---|---|---|
| | | | 総数 | 離婚 | 未婚の父 | 遺棄 | 行方不明 | その他 | |
| 昭和58 | (100.0) | ( 40.0) | ( 60.1) | ( 54.2) | ( ＊ ) | ( ＊ ) | ( ＊ ) | ( 5.8) | ( － ) |
| 63 | (100.0) | ( 35.9) | ( 64.1) | ( 55.4) | ( ＊ ) | ( ＊ ) | ( ＊ ) | ( 8.7) | ( － ) |
| 平成5 | (100.0) | ( 32.2) | ( 65.6) | ( 62.6) | ( ＊ ) | ( ＊ ) | ( ＊ ) | ( 2.9) | ( 2.2) |
| 10 | (100.0) | ( 31.8) | ( 64.9) | ( 57.1) | ( ＊ ) | ( ＊ ) | ( ＊ ) | ( 7.8) | ( 3.3) |
| 15 | (100.0) | ( 19.2) | ( 80.2) | ( 74.2) | ( ＊ ) | ( 0.5) | ( 0.5) | ( 4.9) | ( 0.6) |
| 18 | (100.0) | ( 22.1) | ( 77.4) | ( 74.4) | ( ＊ ) | ( － ) | ( 0.5) | ( 2.5) | ( 0.5) |
| 23 | 561 | 94 | 467 | 417 | 7 | 3 | 3 | 37 | ( － ) |
| | (100.0) | ( 16.8) | ( 83.2) | ( 74.3) | ( 1.2) | ( 0.5) | ( 0.5) | ( 6.6) | ( － ) |

注：母子世帯，父子世帯の推計世帯数は，母子世帯12,377,000世帯，父子世帯2,233,000世帯となっている。
出所：「平成23年度全国母子世帯等調査結果報告」2頁。

　収入面においては，厚生労働省の「国民生活基礎調査」によれば，2010（平成22）年の児童のいる世帯の平均所得金額は658万1,000円であるのに対して，母子世帯の2010年の平均年間収入は291万円，父子世帯の平均年間収入は455万円となっており，単純比較はできないがひとり親家庭の経済状況はそうでない世帯と比較して困窮状態にあると推測できる。

　また，文部科学省による「平成26年度学校基本調査」では，高等学校への進学率は，全世帯で96.5％に対して，ひとり親家庭では93.9％である。大学等への進学率においては，全世帯53.7％に対して，23.9％にとどまっている。

　この状況は，ひとり親家庭の経済事情も大きな要因と思われる。

　生別理由の上位にある離婚の場合，ひとり親家庭での未成年の子どもの健全な育成を図る制度として養育費制度があるが，養育費の取り決めがされなかったり，されても履行されない事例も少なくない。このことはひとり親家庭の経済困窮をさらに進ませ，子どもの健全な育成を阻害している。特に母子世帯に顕著に見受けられる。

　ひとり親家庭においては，不安定な雇用環境，劣悪な経済状況の中で暮らしているだけではなく，子どもの教育においても不利な状況に置かれていることがわかる。

第Ⅰ部　現代社会における児童問題と人間の成長

### ２）ひとり親家庭等への支援の体系

ひとり親家庭等への自立支援は母子及び父子並びに寡婦福祉法により，子育て生活支援・就労支援・養育費確保支援・経済的支援の４本柱により推進されている。

### ３）障害のあるひとり親家庭への支援事例——食事をとれずにいたＡ君

Ａ君は小学校４年生の男の子である。父母が小３の時に離婚し，父親に引き取られた。転校して小４からＳ小学校に通学している。登校してきても椅子に座ったままである。表情も乏しいＡ君を見つけて，担任の先生が声をかけ様子を聞いた。するとＡ君は「ここ何日か食事を食べていない。お父さんは朝５時頃出勤し，夜10時過ぎに帰ってくるか，『買って食べろ』と言って300円くれる。父親が２〜３日帰ってこなくて，お金も食べるものもなくなってしまった。学校の給食だけしか食べてない……」等と訴えた。驚いた担任は食事をさせた後，教頭に相談しパンなどを持たせて下校させた。父親に連絡するも通じない。そこで家庭訪問したが，不在で会えなかった。近所の人に様子を聞くも，交流がないためＡ君が夜一人で家にいることも気づいていなかった。学校より教育委員会学校教育課へ報告し，学校，教育委員会，福祉関係者等が集まり，緊急会議を行い情報交換と当面の支援について話し合った。

Ａ君の家庭についての情報はほとんどないため，当面地区の民生・児童委員さんに夜間家庭訪問をしてもらうこと，早急に父親と話し合うこと等が支援の方向として決まった。またＡ君はネグレクト状況にあるため，緊急保護も視野に入れて，支援していくことになった。

父親は，当日の夜帰ってきたので，その時に民生・児童委員さんと話ができた。そこでわかったことは，父親は知的障害者であり，「今がんばらないと仕事を失ってしまう。Ａ君のことは心配になるが，お金を渡しておけば自分で食べていける」と思っていたとのことであった。子育てへの理解の不足，生活の余裕のなさ等が要因であると考えられた。次の日，担任，教育委員会，市役所障害福祉課，子育て支援課等により会議が持たれ，障害者への支援策として，夜間ヘルパーを派遣し，食事支援，子育て支援での可能な支援の方策を検討することになった。

その後，Ａ君は元気に登校できるようになった。また父親も市職員に心を開いてくれるようになった。これは，子ども・家族への支援として，「地域で見守る」ことの重要性が明らかになった事例といえる。


## （3）子どもの貧困問題

### １）子どもの相対的貧困率とは

2014（平成27）年４月１日，「ハートネットTV」（NHK）において，「子どもクライシス　第１回，貧困・追いつめられる母子」が報道され，６人に１人の子どもが貧困状態にあることが大きな社会問題となった。

貧困の問題は「毎日の食事が手に入らない」といった，発展途上国に見られる問題だ

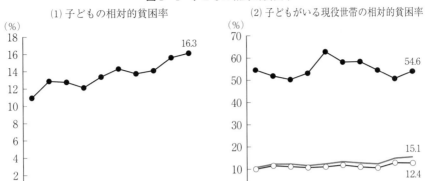

図1-4 子どもの相対的貧困率

注：(1) 相対的貧困率とは，OECDの作成基準に基づき，等価可処分所得（世帯の可処分所得を世帯人員の平方根で割って調整した所得）の中央値の半分に満たない世帯員の割合を算出したものを用いて算出。
(2) 1994（平成6）年の数値は兵庫県を除いたもの。
(3) 大人とは18歳以上の者，子どもとは17歳以下の者，現役世帯とは世帯主が18歳以上65歳以下の世帯をいう。
(4) 等価可処分所得金額が不詳の世帯員は除く。
資料：厚生労働省「国民生活基礎調査」。
出所：内閣府『子供・若者白書　平成27年版』2015年，30頁。

けではなく，「周りの人々が当たり前に享受している健康で文化的な生活を，貧しさゆえにすることができない」といった，周囲との生活水準の差によるものも考えなければならない。

等価可処分所得（図1-4の注(1)参照）が全人口の中央値の半分未満の人を相対的貧困者と称し，その全人口に占める割合を相対的貧困率という。

すなわち，一つの国や地域の中での貧しさを示す指標が相対的貧困率である。

図1-4によれば子どもの相対的貧困率は年々増加し，2012（平成24）年には16.3％となっている。特に，ひとり親家庭における相対的貧困率が2012（平成24）年には54.6％と，大人が2人以上いる世帯の4.5倍に上っていることがわかる。

**2）子どもの貧困問題への国の対策**

日本経済のバブル崩壊後，景気は低迷し，労働者の離職，ワーキングプアが増加し，また雇用も正規雇用から非正規雇用の増加と雇用形態も変化してきている。このような社会背景は貧困，格差社会を作り出してしまった。

親の貧困はその子どもにも大きく影響を及ぼす。貧困状態にある子どもたちは，教育を受ける保証や社会参加への制限がされると同時に，自信が持てず自己肯定感も弱く，将来への希望を見出せない中で常に不安感や不信感を強く持ち続けた生活を余儀なくされてしまう。

このような子どもたちは，学力低下，不登校，非行等の問題を抱えてしまう場合もあり，社会全体でこの問題を考え，負の連鎖を断ち切る必要がある。

未来を担うのは子どもたちであり，その子どもたちが将来に希望を抱ける社会を作

第Ⅰ部　現代社会における児童問題と人間の成長

のは，今の社会なのである。

　国は子どもが健全に育つため，子どもの貧困対策の推進に関する法律を2013（平成25年）に制定した。その後，2014（平成26）年に「子供の貧困対策に関する大綱──すべての子供たちが夢と希望をもって成長していける社会の実現を目指して」が策定され，また，2015（平成27）年には「生活困窮者自立支援制度」が開始され，生活保護給付の前段に位置づけられる支援が積極的に行われることとなった。特に，生活困窮者の子どもの学力不振が貧困の連鎖に直結することから，貧困家庭の子どもの学習支援にも力を入れた内容となっている。

## 2　学校と児童問題

### （1）ゆとり教育から生きる力を育てる教育へ

　小学校においては，2011（平成23）年度から，現行の学習指導要領[1]が実施され，ゆとり教育から，生きる力を育てる教育に軌道の修正が行われた。生きる力は確かな学力，豊かな人間性，健康・体力を3つの柱としており，バランスの取れた知識・技能の習得と思考力・判断力・表現力の育成，道徳教育，体育等を充実させることがポイントとされた。

　そのために，週あたりの授業時間が増加され，言語活動，理科教育，日本の伝統や文化に関する教育，道徳教育，体験活動，外国語教育の充実などが図られた。こうした改革により，国際社会の中でたくましく活躍していくことができる児童の育ちが期待されている。しかし，こうした制度上の改革とは別の次元で，学校現場では子どもの育ちをめぐる様々な問題が山積している。

### （2）いじめ問題

　2011（平成23）年に滋賀県大津市の中学校で，男子生徒が自宅のマンションから飛び降りて自殺するという痛ましい事件があり，マスコミでも大きな話題となった。背景に，同級生らによる複数の暴力や恐喝があったことから，学校での対応が大きな問題とされた。この事件をきっかけとして，2013（平成25）年に「いじめ防止対策推進法」が成立し，いじめ問題に対して，社会全体で取り組んでいく体制が組まれることとなった。

#### 1）いじめとは

　いじめ防止対策推進法においては，第2条に以下のような定義がされている。

　　「この法律において，『いじめ』とは児童等に対して，当該児童等が在籍する学校に在籍している等当該児童等と一定の人間関係にある他の児童等が行う心理的又は物理的な影響を与える行為（インターネットを通じて行われるものを含む。）であって，当該行為の対象となった児童等が心身の苦痛を感じているものをいう。」

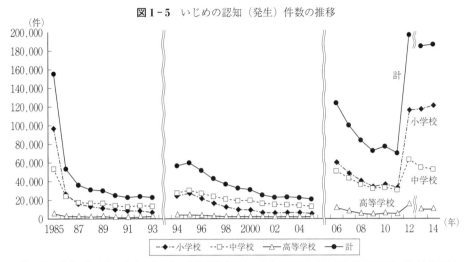

図1-5 いじめの認知（発生）件数の推移

注：(1) 平成5年度までは公立小・中・高等学校を調査。平成6年度からは特殊教育諸学校，平成18年度からは国私立学校，中等教育学校を含める。
(2) 平成6年度及び平成18年度に調査方法を改めている。
(3) 平成17年度までは発生件数，平成18年度からは認知件数。
(4) 平成25年度からは高等学校に通信制課程を含める。
出所：文部科学省「平成26年度『児童生徒の問題行動等生徒指導上の諸問題に関する調査』について」2014年，23頁。

すなわち，いじめに関しては，どのような行為をどの程度行ったかを客観的に評価するのではなく，いじめの対象となった児童生徒が心身の苦痛を感じているかどうかによって判断を行うのである。

こうした定義がなされる以前には，子どもからの訴えに対して，それがいじめであるのかどうかについての判断は，非常に困難であった。男子のプロレスごっこなどにみられるように，遊びの一種とも考えられる場合があった。お互いの主張がぶつかり合う喧嘩の一種とみなされる場合もあった。軽微ないざこざを大げさにいじめと騒ぎ立てているに過ぎないと判断される場合もあった。いじめの被害者からの訴えを聞き，加害者への調査を行うと，どちらの側にも改めるべき点が見つかり，毅然とした対応が難しい場合が多かった。こうした難しさが，痛ましい事件が後を絶たない一つの要因ともなっていた。

同法において，いじめは行為の客観性や背景となる事情による判断ではなく，いじめられていると訴えている児童の主観に寄り添った判断を行うことが明文化された。これにより，現場における支援や指導の方針に一貫性が保たれるようになった。

2）いじめの実態と学校での対応

文部科学省による，「平成26年度 児童生徒の問題行動等生徒指導上の諸問題に関する調査」（2014年）により，いじめの現状について調べてみよう。最初に，いじめの件数がどの程度，学校で発見され，教育委員会に報告されているかについて調べてみよう。

図1-5によれば，2014（平成26）年度，18万8,072件のいじめが文部科学省に報告されていることがわかる。また，認知件数としては小学校が12万2,734件と最も多く，中

第Ⅰ部　現代社会における児童問題と人間の成長

学校が5万2,971件と続いている。次に，学校が認知したいじめの様態について見てみたい。文部科学省の調査によれば，全体では言葉によるいじめが最も多く，程度の軽い暴力，仲間はずれの順になっている。また，パソコン等によるいじめは，小学校では少ないが，中学校では第4位に，高等学校では第2位になっている。

　では，いじめの被害を訴えた児童生徒に対して，学校が取った対応はどうだろうか。

　表1-2によれば，学級担任等が状況を聞くのが最も多く，継続的に面談を行う，家庭訪問を行うという順になっていた。スクールカウンセラーの活用については，高等学校が最も高く，中学校，小学校の順に下がっていた。小学校ではグループ替え，中学校では他の仲間への個別での支援依頼といった友達関係を活用した対応も見られた。

### 3）いじめの4層構造理論

　いじめは，いじめる児童等といじめられる児童だけで成り立っているわけではないことを，森田洋司は指摘している。森田によればいじめは「被害者」と直接にいじめを行うもの（加害者）に加えて，教室等で演じられる加害者と被害者のいじめを，はやし立てて見ている「観衆」，いじめを悪いこととは思っておりながら，自分がそこに巻き込まれることを恐れて無関心を装う「傍観者」の4つの構造をなしている。

　したがって，学校からいじめを減少させるためには，「被害者」への支援，直接の「加害者」への指導，に加えて，「観衆」や「傍観者」となっているクラスの仲間全体への働きかけが必要となるのである。

### 4）いじめ防止対策推進法による取り組み

　いじめ防止対策推進法は，6章35条の構成で成り立っている法律である。最初にいじめの定義（同法第2条），基本理念（同法第3条），いじめの禁止（同法第4条）について定められている。国は「いじめの防止等のための対策を総合的に策定し，及び実施する責務を有しており」（同法第5条），地方公共団体は，「いじめ問題対策連絡協議会の設置」（同法第14条）をすることができるとされている。

　国が定める基本方針（同法第11条）を参酌した上で，地方公共団体（同法第12条），学校（同法第13条）はいじめ基本方針を策定するものとされている。

　学校が講ずべき基本的施策として，道徳教育，体験活動等の重視（同法第15条），いじめ防止啓発活動（同法第15条第2項），早期発見のための措置（同法第16条），相談体制の整備（同法第16条第2・3項），ネットいじめ対策（同法第19条）等が定められている。

　いじめが生じた場合の対応として，事実確認（同法第23条），いじめを受けた児童生徒や保護者への支援（同法第23条の4），いじめを行った児童生徒に対する指導や保護者への助言（同法第23条第3項），犯罪行為として取り扱う場合の所轄警察所との連携（同法第23条第6項）などについて規定されている。さらに，重大事態への対応について，第5章（同法第27条から第35条）が設けられ，関係する機関ごとに必要な内容が述べられている。

　このように，いじめ問題への対応は，いじめの被害者支援と加害者指導だけではなく，早期発見，学校全体への啓発，犯罪としての取り扱い等，広範囲にわたり，かつ，学校

第1章　家庭・学校・地域社会と児童問題

表1-2　いじめられた生徒への学校の対応

| 区　分 | | 小学校 | | 中学校 | | 高等学校 | | 特別支援学校 | | 計 | |
|---|---|---|---|---|---|---|---|---|---|---|---|
| | | 件数(件) | 構成比 | 件数(件) | 構成比 | 件数(件) | 構成比 | 件数(件) | 構成比 | 件数(件) | 構成比 |
| 学級担任や他の教職員が状況を聞く | 25年度 | 113,860 | 95.9 | 52,174 | 94.4 | 9,938 | 90.0 | 727 | 94.7 | 176,699 | 95.0 |
| | 26年度 | 118,369 | 96.4 | 50,514 | 95.4 | 10,041 | 88.0 | 924 | 96.0 | 179,848 | 95.0 |
| 養護教諭が状況を聞く | 25年度 | 5,994 | 5.0 | 5,187 | 9.4 | 1,301 | 11.8 | 43 | 5.6 | 12,525 | 6.0 |
| | 26年度 | 5,986 | 4.9 | 4,627 | 8.7 | 1,331 | 11.7 | 46 | 4.8 | 11,990 | 6.0 |
| スクールカウンセラー等の相談員が状況を聞く | 25年度 | 3,536 | 3.0 | 3,914 | 7.1 | 960 | 8.7 | 22 | 2.9 | 8,432 | 4.0 |
| | 26年度 | 3,805 | 3.1 | 3,638 | 6.9 | 1,019 | 8.9 | 18 | 1.9 | 8,480 | 4.0 |
| 学級担任や他の教職員が継続的に面談しケアを行う | 25年度 | 38,526 | 32.4 | 29,856 | 54.0 | 5,379 | 48.7 | 393 | 51.2 | 74,154 | 39.0 |
| | 26年度 | 48,694 | 39.7 | 29,632 | 55.9 | 5,791 | 50.8 | 483 | 50.2 | 84,600 | 45.0 |
| 養護教諭が継続的に面談しケアを行う | 25年度 | 4,055 | 3.4 | 3,658 | 6.6 | 882 | 8.0 | 30 | 3.9 | 8,625 | 4.0 |
| | 26年度 | 4,428 | 3.6 | 3,417 | 6.5 | 964 | 8.5 | 28 | 2.9 | 8,837 | 4.0 |
| スクールカウンセラー等の相談員が継続的にカウンセリングを行う | 25年度 | 1,615 | 1.4 | 2,718 | 4.9 | 620 | 5.6 | 11 | 1.4 | 4,964 | 2.0 |
| | 26年度 | 1,926 | 1.6 | 2,847 | 5.4 | 667 | 5.8 | 16 | 1.7 | 5,456 | 2.0 |
| 別室を提供したり，常時教職員が付くなどして心身の安全を確保 | 25年度 | 2,472 | 2.1 | 2,539 | 4.6 | 542 | 4.9 | 47 | 6.1 | 5,600 | 3.0 |
| | 26年度 | 2,876 | 2.3 | 2,577 | 4.9 | 538 | 4.7 | 85 | 8.8 | 6,076 | 3.0 |
| 緊急避難としての欠席 | 25年度 | 550 | 0.5 | 551 | 1.0 | 165 | 1.5 | 11 | 1.4 | 1,277 | 0.0 |
| | 26年度 | 330 | 0.3 | 285 | 0.5 | 120 | 1.1 | 10 | 1.0 | 745 | 0.4 |
| 他の児童生徒に対し，助力・支援を個別に依頼 | 25年度 | 6,470 | 5.4 | 6,382 | 11.6 | 1,169 | 10.6 | 38 | 4.9 | 14,059 | 7.0 |
| | 26年度 | 7,000 | 5.7 | 6,285 | 11.9 | 1,047 | 9.2 | 45 | 4.7 | 14,377 | 7.0 |
| 学級担任や他の教職員等が家庭訪問を実施 | 25年度 | 11,187 | 9.4 | 14,034 | 25.4 | 1,396 | 12.6 | 68 | 8.9 | 26,685 | 14.4 |
| | 26年度 | 11,076 | 9.0 | 12,408 | 23.4 | 1,164 | 10.2 | 63 | 6.5 | 24,711 | 13.1 |
| グループ替えや席替え，学級替え等 | 25年度 | 7,595 | 6.4 | 3,414 | 6.2 | 480 | 4.3 | 20 | 2.6 | 11,509 | 6.2 |
| | 26年度 | 8,977 | 7.3 | 3,313 | 6.3 | 461 | 4.0 | 43 | 4.5 | 12,794 | 6.8 |
| 当該いじめについて，教育委員会と連携して対応 | 25年度 | 2,230 | 1.9 | 1,968 | 3.6 | 220 | 2.0 | 14 | 1.8 | 4,432 | 2.4 |
| | 26年度 | 2,671 | 2.2 | 2,282 | 4.3 | 252 | 2.2 | 15 | 1.6 | 5,220 | 2.8 |
| 児童相談所等の関係機関と連携した対応（サポートチームなども含む） | 25年度 | 445 | 0.4 | 467 | 0.8 | 56 | 0.5 | 7 | 0.9 | 975 | 0.5 |
| | 26年度 | 542 | 0.4 | 494 | 0.9 | 72 | 0.6 | 16 | 1.7 | 1,124 | 0.6 |
| そ の 他 | 25年度 | 729 | 0.6 | 580 | 1.0 | 412 | 3.7 | 17 | 2.2 | 1,738 | 0.9 |
| | 26年度 | 1,747 | 1.4 | 509 | 1.0 | 526 | 4.6 | 16 | 1.7 | 2,798 | 1.5 |

注：(1)　複数回答とする。
　　(2)　構成比は，各区分における認知件数に対する割合。
出所：図1-5と同じ，41頁。

第Ⅰ部　現代社会における児童問題と人間の成長

だけではなく，子どもの教育に関わる多くの機関が連携を取りながら協力して行うことが必要なのである。

**5）いじめがきっかけで不登校になった事例**

いじめられたと訴え不登校になったD子の事例から考えたい。

D子は中学校1年生の夏休み明けから登校を渋るようになり，次第に部屋に閉じこもり出てこなくなった。高2の姉が話を聞くと，次のような話を打ち明けた。小5の頃から友達にお金を持って来ないと遊ばないと言われ，家の店のお金を持ち出し渡していたという。はじめは小額であったが，次第に多くなり，中学校になると金額は2〜3万円にもなった。お金を持っていってもいじめられ，ひどい時は仲間から殴られたり裸にされたりした。親や教師に告げ口をすると殺すと脅かされていた。親も担任も仲の良いグループとして見ていて，いじめにはまったく気がついていなかった。

担任がいじめに関係した4人から話を聞く。4人は小学生の頃から友達だったが，D子については，1人でいたので仲間に入れた。初めはD子の家が裕福なため，冗談でお金を持ってきたら仲間に入れてあげると言ったが，本当にお金を持ってきたので次第に金額を多くしたのだが，言えば必ず持ってきた。その態度が私たちを貧乏な奴等，と余計に馬鹿にしたように思えて腹が立った。D子に「無理，許して」と言わせたくて金額を上げていったが，それでもヘラヘラして持ってきた。「嫌だ」と言わないD子に対して余計に腹が立ちいじめたくなった。D子は自分たちを馬鹿にしている，と殴ったり裸にしたりして謝らせたかった。

このように，いじめた側は自分たちのD子に対する行為よりも，「馬鹿にされた」「無視された」と被害的な感情をエスカレートさせているところが特徴である。いじめた4人の家庭はそれぞれ家族間に問題を抱え，子どもたちにあまり愛情をかけられない状態であった。4人の不満や怒りは，初め「D子の家の裕福さ」に向けられたが，さらに拒否をしない「D子の高慢さ」に向けられていき，次第にD子を追い詰めていった。

このようないじめに対する対応を考えてみる。

まずは，いじめの発見が必要である。D子のケースのように問題が深刻なほど当事者からの訴えは出なくなる。仲の良いグループと見えていても，子どもたちの表情や行動を見ていきながら，声をかけていくことが大切である。大人が見守っていることを伝えることが事前の策として必要である。

次に，いじめが発覚した時には，いじめた側を一方的に責めるのでなく，いじめられた側からも冷静に事実を聴き出していくことが必要である。この場合，いじめられた側が絶対に守られる保障を確保することが大切である。

また，双方からいじめの事実だけでなく，日頃感じている不満や苛立ちについてじっくりと聞いていくことが援助者の信頼を高め，再発の予防になることが多い。

いじめる側には，相手の痛みや傷ついていることを認識させるとともに，いじめられ

第1章　家庭・学校・地域社会と児童問題

た側にも「いや」と拒否できる強さを持つことを指導することも必要となる。

### （3）不登校問題

#### 1）不登校の現状

　文部科学省では1年間に30日以上の欠席のある児童生徒を長期欠席者として，その実態を調査している。「平成26年度『児童生徒の問題行動等生徒指導上の諸問に関する調査』について」を基に，不登校の現状について眺めてみよう。

　図1-6（次頁）は2014（平成26）年度の学年別の不登校の児童生徒数を示したものである。不登校数は，小学生2万5,864人，中学生9万7,033人で，合計12万2,897人であった。その内訳をみると，学年が上がるにつれて一貫して数が増加していることがわかる。特に，小学校から中学校に進学すると3倍弱に急増し，その後も大きく増加をしている。2014年度の全児童生徒数は小学生660万6人，中学生は352万730人（総数1,012万736人）であり，小学生の0.39％，中学生の2.76％（全体では1.21％）が不登校である。

　それでは，不登校は増加しているのであろうか，減少しているのであろうか。

　図1-7（次頁）は不登校児童数の推移を示したものである。1991（平成3）年に6万6,817人であったものが，2001（平成13）年度までは一貫して増加し続け，13万8,722人のピークとなった。その後は若干の減少傾向にあり，2012（平成24）年には11万2,689人となっている。

　次に，不登校の背景について検討してみよう。最初に，不登校となった高機能のASDの中学2年生の男子生徒を事例にして考えてみたい。彼は理科・数学においては抜群の成績を示すが，国語・英語はまったくできない。仲間の間では少し奇異な存在としてからかいの対象となっており，自分は他の仲間と違うことに悩んでいた。父と母が昨年離婚し，母子世帯となった。経済的には苦しく，母親は家計を切り盛りするだけで精一杯である。親子の会話はほとんどない状態であった。こんな状況の中で，楽しみに参加をしていた卓球部で選手に選ばれなかったことから，ひどく落ち込み，学校に足が向かわなくなってしまった。

　この例を見ればわかるように，不登校の背景は複雑・多様であり，特定することは極めて困難である。したがって，次に示す表1-3（次々頁）は「学校としては，きっかけとなったと判断し，教育委員会に報告した」件数として理解する必要がある。

　表1-3によれば，小学生・中学生ともに不安などの情緒的混乱が最も多く，無気力，親子関係をめぐる問題，友人関係をめぐる問題の順になっている。中学生になると，学業不振，遊び・非行などの割合が小学生に比べて増加すると学校は理解していることがわかる。

#### 2）不登校についての理解の推移

　不登校について，かつて，「怠け」と捉えられていた時期には，児童に対して厳しく指導を行う対応が行われてきた。1980年代には，学校恐怖症・登校拒否などとの命名に

23

第Ⅰ部　現代社会における児童問題と人間の成長

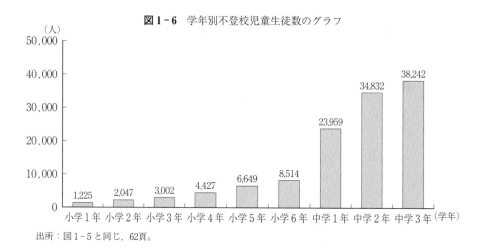

図1-6　学年別不登校児童生徒数のグラフ

出所：図1-5と同じ，62頁。

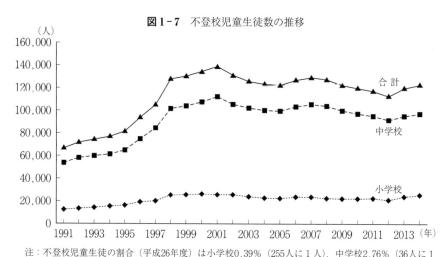

図1-7　不登校児童生徒数の推移

注：不登校児童生徒の割合（平成26年度）は小学校0.39％（255人に1人），中学校2.76％（36人に1人），合計1.21％（82人に1人）。
出所：図1-5と同じ，61頁。

示されるように，心の病気として理解しようとする視点が主流になり，「登校刺激を避けること」「親子関係を再形成すること」等に焦点を当てた支援が中心であった。

　「学校へ行きなさい」と言われず，表面的には暖かく見守られる環境の中で，児童が家に閉じこもり，社会的な刺激の乏しい生活を送ることは，本格的な不登校が始まった初期段階では効果的ではあった。しかし，本来なら学校という社会の中で，充実した生活を送る中で培われる，健全な精神と肉体，学力，対人関係形成発展能力等などが，家庭内で刺激の乏しい生活の中では培うことができないため，社会に出ていく上での壁が大きくなってしまう。結果的に不登校が長期化し，引きこもり状態になってしまう児童が少なからず生じていた。

　平成に入り，このような反省の下で，不登校は誰にでも起こりうる現象であり，当該児童にとって居心地の良い，適度に社会的な刺激のある場所での生活を重視する「居場所づくり」に，対応の方向が移り変わった。[3]

第1章　家庭・学校・地域社会と児童問題

**表1-3　不登校になったきっかけと考えられる状況**

| 区 分 | | 小学校 | 中学校 | 計 |
|---|---|---|---|---|
| 学校に係る状況 | いじめ | 309人 1.2% | 1,047人 1.1% | 1,356人 1.1% |
| | いじめを除く友人関係をめぐる問題 | 2,905人 11.2% | 14,925人 15.4% | 17,830人 14.5% |
| | 教職員との関係をめぐる問題 | 857人 3.3% | 1,523人 1.6% | 2,380人 1.9% |
| | 学業の不振 | 1,826人 7.1% | 8,984人 9.3% | 10,810人 8.8% |
| | 進路にかかる不安 | 118人 0.5% | 1,617人 1.7% | 1,735人 1.4% |
| | クラブ活動, 部活動等への不適応 | 42人 0.2% | 2,142人 2.2% | 2,184人 1.8% |
| | 学校のきまり等をめぐる問題 | 162人 0.6% | 1,786人 1.8% | 1,948人 1.6% |
| | 入学, 転編入学, 進級時の不適応 | 573人 2.2% | 2,782人 2.9% | 3,355人 2.7% |
| 家庭に係る状況 | 家庭の生活環境の急激な変化 | 2,378人 9.2% | 4,512人 4.6% | 6,890人 5.6% |
| | 親子関係をめぐる問題 | 4,932人 19.1% | 8,526人 8.8% | 13,458人 11.0% |
| | 家庭内の不和 | 1,232人 4.8% | 3,541人 3.6% | 4,773人 3.9% |

| 区 分 | | 小学校 | 中学校 | 計 |
|---|---|---|---|---|
| 本人に係る状況 | 病気による欠席 | 2,367人 9.2% | 7,552人 7.8% | 9,919人 8.1% |
| | あそび・非行 | 239人 0.9% | 8,190人 8.4% | 8,429人 6.9% |
| | 無気力 | 5,950人 23.0% | 25,884人 26.7% | 31,834人 25.9% |
| | 不安など情緒的混乱 | 9,338人 36.1% | 27,302人 28.1% | 36,640人 29.8% |
| | 意図的な拒否 | 1,489人 5.8% | 4,746人 4.9% | 6,235人 5.1% |
| | 上記「病気による欠席」から「意図的な拒否」までのいずれにも該当しない, 本人に関わる問題 | 1,358人 5.3% | 4,789人 4.9% | 6,147人 5.0% |
| その他 | | 1,392人 5.4% | 1,309人 1.3% | 2,701人 2.2% |
| 不 明 | | 411人 1.6% | 1,254人 1.3% | 1,665人 1.4% |

注：(1)　複数回答可とする。
　　(2)　パーセンテージは, 各区分における不登校
　　　　児童生徒数に対する割合。
出所：図1-5と同じ, 63頁。

**3）教育支援センター（適応指導教室）やフリースクールを中心とした不登校への支援**

　教育支援センターは,「不登校児童生徒の集団生活への適応, 情緒の安定, 基礎学力の補充, 基本的生活習慣の改善等のための相談・適応指導（学習指導を含む）を行うことにより, その学校復帰を支援し, もって不登校児童生徒の社会的自立に資することを基本とする」ことを目的として, 教育委員会に設置される施設である。「心の居場所」としての機能を中心にした運営と,「学校への復帰」に力点が置かれたことにより, そこでの活動には微妙に違いがある。

　表1-4（次頁）は教育支援センター（適応指導教室）の状況である。2014（平成26）年現在, 1,324の機関が設置されている。指導員については, 常勤者は1,116人, 非常勤3,555人となっている。常勤の職員は平均では各施設1名を切っており, 教員OBである非常勤の指導員が中心になって運営が行われている場合が多い。

　近年では,「フリースクール」「フリースペース」などと呼ばれる民間施設を利用している児童も増加してきた。両者はいずれも, 学校教育法上の学校としての位置づけはなく, 民間施設である。ただし, 民間施設についてのガイドラインに則り, 適正な運営が行われている施設については, 校長の裁量でこれらの施設への参加を出席扱いとすることができるようになっている。

25

第Ⅰ部　現代社会における児童問題と人間の成長

**表1-4**　教育委員会が設置する「教育支援センター（適応指導教室）」の状況

| 区　分 | | 機関数（箇所） | 指導員数 | | | | |
|---|---|---|---|---|---|---|---|
| | | | 常　勤 | | 非常勤 | | 計 |
| | | | 人数(人) | 割合(%) | 人数(人) | 割合(%) | 人数(人) |
| 都道府県が設置 | 25年度 | 36 | 47 | 28.8 | 116 | 71.2 | 163 |
| | 26年度 | 28 | 47 | 45.6 | 56 | 54.4 | 103 |
| 市町村が設置 | 25年度 | 1,250 | 1,132 | 26.6 | 3,127 | 73.4 | 4,259 |
| | 26年度 | 1,296 | 1,069 | 23.4 | 3,499 | 76.6 | 4,568 |
| 計 | 25年度 | 1,286 | 1,179 | 26.7 | 3,243 | 73.3 | 4,422 |
| | 26年度 | 1,324 | 1,116 | 23.9 | 3,555 | 76.1 | 4,671 |

出所：図1-5と同じ，70頁。

　「フリースクール」や「フリースペース」の運営方針は，職員と子どもの対等な関係性を重視し，居場所としての機能に徹したものから，児童の脆弱な精神を鍛えることにより不登校を克服しようとするものまで，運営するスタッフの考え方により大きく異なっている。

## 3　地域社会と児童問題

### （1）インターネットの普及と健全な利用

　2016（平成28）年の夏，GPS機能を利用したゲームがインターネット上に公開されるや，全世界に瞬く間に広まった。スマートフォンを見ながら移動することでゲームが進展するため，交通事故や犯罪被害が発生し，その危険性が世間に訴えられた。

　内閣府が実施している2015（平成27）年度青少年のインターネット利用環境実態調査によれば，スマートフォン，タブレット，パソコン，携帯ゲーム機等の機器を利用している青少年は91.5％であり，79.5％がいずれかの機器を使用してインターネットを利用している。

　内閣府「平成27年度　青少年のインターネット利用環境実態調査　調査結果」（2016年）にある「青少年のインターネット利用内容」[5]によれば，学生ではゲーム，動画視聴，情報検索，中学生ではゲーム，動画視聴，コミュニケーション，高校生ではコミュニケーション，音楽視聴，動画視聴の順である。

　インターネットの普及により，私たちの生活は随分と便利になる一方で，新たな問題も浮き彫りとなった。インターネットの平均利用時間と2時間以上利用している人の割合を調べた調査によれば，インターネットの利用は年齢が上がるにつれて増加し，高校生では70％以上が2時間以上利用していることがわかる。[6]

　多くの児童が2時間以上インターネットを見て日々を送っていることは，視力低下だけではなく，人と人との直接コミュニケーション，実際の事物に触れ，操作をすること

26

第1章　家庭・学校・地域社会と児童問題

による経験など，心身の健全な発達を阻害する要因となる。インターネットから離れることができなくなったいわゆる「ネット依存」も社会問題の一つとなりつつある。

　また，インターネットには「出会い系サイト」等を介した性被害，成人向け有害情報の閲覧，ネットいじめ，ワンクリック詐欺等の経済的な被害，個人情報の漏えい，ウイルス等サイバー攻撃による被害，著作権侵害など様々な危険が待ち構えている。

　インターネットによる様々な危険を回避し，児童が安心してインターネット環境を利用できる体制を整備するために，2008（平成20）年に，「青少年が安全に安心してインターネットを利用できる環境の整備等に関する法律」が制定された。この法律は，青少年が適切なインターネット活用能力を習得し，有害情報の閲覧機会を最小限にすることを目的（同法第1条）として制定されている。また，この法律の制定により，国は，基本計画の策定と，適切なインターネット利用に関する教育啓発活動の実施，民間のインターネット関連業者は有害情報フィルタリングソフトの開発と提供，という民間主導型の仕組みが形成された。


### （2）「子ども・若者育成支援推進法」に基づく支援体制の整備

　支援を要する児童は，様々な困難さを抱えている。貧困に代表される経済的な困難さ，児童虐待に代表される家庭における適切な養育環境を提供する困難さ，発達障害に代表される児童自身の能力・特性と周囲の環境とのミスマッチから生ずる困難さなど枚挙に暇がない。しかも，支援を要する一人の児童は一つだけの困難さを抱えて悩んでいるのではなく，複数の困難さを抱えて懸命に生きているのである。一方，支援側である国や地方公共団体は，所掌する事務が部局ごとに分かれているため，児童一人を支援するために，多数の機関の連携が必要となる。

　現在，児童をめぐる諸問題に対応するために，2009（平成21）年に子ども・若者育成支援推進法が制定された。図1-8（次頁）は，その概要である。

　図1-8によれば，子ども・若者の抱える問題の深刻さに対応するため，支援の体制を従来の縦割り対応から，ネットワーク対応に転換することを目的としたものである。

　国には内閣総理大臣を本部長とする「子ども・若者育成支援推進本部」が設置され（同法第8条），ここを中心に施策の立案・推進が進められることとなった。2010（平成22）年には「子ども・若者育成支援推進大綱」（子ども・若者ビジョン）が決定された。2016（平成28）年には，5年間の進捗状況を踏まえて，新たに「子供・若者育成支援推進大綱」が決定された（図1-9，次々頁）。

　この法律では，「都道府県子ども・若者計画」を作成することが地方公共団体の努力義務とされている（同法第9条）。また，地方公共団体には，子ども若者への相談拠点として「子ども・若者総合相談センターを設置し（同法第13条），幅広い相談に対して，ワンストップ相談窓口として，自ら対応するとともに，適切な専門機関につなぐ役割が求められている。

27

第Ⅰ部　現代社会における児童問題と人間の成長

図1-8　「子ども・若者育成支援推進法」の概要

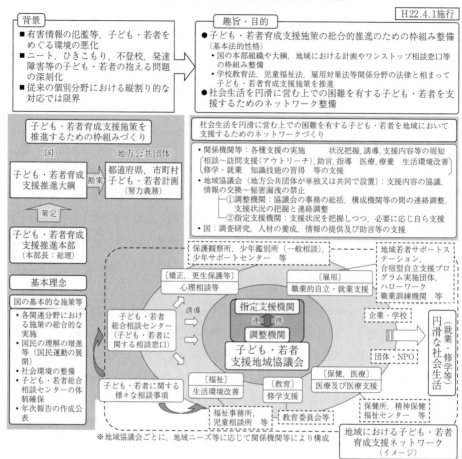

出所：内閣府ホームページ（http://www8.cao.go.jp/youth/contents.html）。

　さらに、関係機関の連携による支援（同法第15条）を円滑に進めるために「子ども・若者支援地域協議会」（同法第19条）を置いて支援にあたるよう努めることとされた。

　内閣府の調査では、2014（平成26）年現在、子ども・若者総合相談センターが設置されている都道府県は29.8％、政令指定都市は50％であるが、市区7.6％。町村1.6％にとどまってた。子ども・若者支援地域協議会の設置については、都道府県51.1％、政令指定都市65.0％であるが、市区4.8％、町村1.6％にとどまっている。今後、充実させる必要のある課題である。

（3）学校と福祉・医療機関の連携による子ども・家庭への支援
　　──H市における学校支援協議会（子どもサポート会議）の取り組みから

1）協議会発足の経緯

　H市では、2006（平成18）年以降不登校児童数が急増し、2009（平成21）年には小・中学校合計で229名に達し、その対応を迫られた。市内各学校では、「いじめ・不登校対策

## 図1-9 「子供・若者育成支援推進大綱」の概要

子ども・若者育成支援推進法（平成21年法律第71号）に基づき，子供・若者育成支援施策に関する基本的な方針等について定めるもの。

○全ての子供・若者が自尊感情や自己肯定感を育み，自己を確立し，社会との関わりを自覚し，社会的に自立した個人として健やかに成長するとともに，多様な他者と協働しながら明るい未来を切り拓くことが求められている。
○子供・若者の育成支援は，家庭を中心として，国及び地方公共団体，学校，企業，地域等が各々の役割を果たすとともに，相互に協力・連携し，社会全体で取り組むべき課題である。なお，一人一人の子供・若者の立場に立って，生涯を見通した長期的視点，発達段階についての適確な理解の下，最善の利益を考慮する必要がある。
○全ての子供・若者が健やかに成長し，全ての若者が持てる能力を生かし自立・活躍できる社会の実現を総がかりで目指す。

現状と課題

【家　　　庭】
・親が不安や負担を抱えやすい現状にあり，社会全体で子育てを助け合う環境づくりが必要
・貧困の連鎖を断つための取組，児童虐待を防止するための取組の必要
・家庭環境は多様であり，子供・若者，家族に対して，個々の状況を踏まえた対応が必要

【地域社会】
・地域におけるつながりの希薄化の懸念
・地域住民，NPO等が子供・若者の育成支援を支える共助の取組の促進が必要

【情報通信環境】
・常に変化する情報通信環境は，子供・若者の成長に正負の影響をもたらす
・違法・有害情報の拡散，ネット上のいじめ，ネット依存への対応が必要

【雇　　　用】
・各学校段階を通じ，社会的・職業的自立に必要な能力・態度を育てるキャリア教育，就業能力開発の機会の充実が重要
・円滑な就職支援，非正規雇用労働者の正社員転換・待遇改善等による若者の雇用安定化と所得向上が重要

これまでの取組の中で顕在化してきたもの

【課題の複合性，複雑性】困難を抱えている子供・若者について，子供の貧困，児童虐待，いじめ，不登校等の問題は相互に影響し合い，複合性・複雑性を有していることが顕在化。

出所：図1-4と同じ，5頁を一部改変。

委員会を設置し，学級担任を軸に「いじめ・不登校児童」への支援を行ってきた。こうした支援では，ともすると家庭訪問，保護者への対応等の過重な負担が「学級担任一人」に任されやすく，またよい結果が得られないとその責任を追及されやすい。その結果，心身とも追い詰められ，孤立感を訴える教員，体調を壊す教員も出てきた。また不登校児童・家族それぞれが様々な背景と発症の要因を抱えているため，教員がケースにどのように対応していけばよいのか，曖昧なまま支援を行っている状況もみられた。

こうした状況の中で，2010（平成22）年H市いじめ・不登校協議会にスーパーバイザーとして外部有識者を入れ，ケースの「見立て」「家族への支援」について検討することになった。さらに2011（平成23）年には，いじめ・不登校協議会を発展させ，教育関係者だけでなく，地域の医療，福祉関係者も含めた「学校支援協議会」を発足させた。この趣旨は「子ども・家族の抱える問題の支援に対して，従来の学校・担任だけで支援するのではなく，地域にある様々な社会資源（人的な支援も含めて）と連携して幅広い視

第Ⅰ部　現代社会における児童問題と人間の成長

点から支援を行う」ことである。

　2013（平成25）年以降，H市における不登校児童数は減少に転じ，2014（平成26）年には2009（平成21）年より約100名減少した。これは各学校関係者の不登校児童への理解が進むとともに，地域関係者との連携が進みつつあることを示している。なお2016（平成28）年より「H市子どもサポート会議」と名称が変更された。

### 2）　学校支援協議会の組織

#### ①　学校支援協議会

　年2回開かれ，事業計画，事業総括，前年度における成果，次年度の方針等が話し合われる。会長（H市教育長），副会長（H市校長会長）をはじめ学識経験者，小児科医，保健所職員等の医療関係者，児童相談センター，市役所福祉関係者，大学教員，スクールカウンセラー，スクールソーシャルワーカー，教育関係者等多方面の専門家，専門機関が出席している。事務局は，教育委員会に置かれている。

#### ②　専門部会

　教育委員会には，いじめ，問題行動への指導推進のための生徒指導，不登校児童生徒への指導体制整備，適応指導教室の運営のための不登校対策，特別支援教育に対する指導体制整備，啓発，行事実施のための特別支援教育研究，望ましい集団生活を通して社会性を育むための環境整備，小中学校児童会生徒会サミットの運営のための特別活動研究，等の各部会が置かれている。また各学校のケース会議にサポートメンバーを派遣し学校を支援するためのサポートメンバー会議も置かれてる。

### 3）　サポートメンバー会議の実際

　不登校に限らず，いじめや暴力行為等の生活指導上の諸問題に対応している学校を支援するために，そのケースに関わる関係者，及び学識経験者・専門職を各学校で実施される「ケース会議」に派遣し，具体的な支援について協議している。主な派遣メンバーは，サポートメンバー（学識経験者，大学教員），対象となる子ども，家族に関わっている，あるいは今後関わることが必要になるであろう関係者（民生・児童委員，地域子育て支援機関職員，市役所子育て支援課，障害福祉課職員，保健センター職員，児童相談センター職員等）である。

　ケース会議では，「ケースの概要，支援状況の説明，ケースの見立て，支援のポイントの検討，当面の支援計画と最終目標，学校や関係支援機関の役割分担」等が話し合われる。子どもや家族が問題を克服し安定した生活を送れるような支援の体制をつくることが基本となっている。一定の期間をおいて実施した支援の結果についてモニタリングを行っている。

### 4）ある会議の実施事例

　A中学校から次のようなケースについて会議実施の要請があった。

　「不登校生徒の支援中であるが，保護者自身問題に対処する意欲に乏しく，子どもが放置され，食事も与えられていないようだ。家庭訪問しても会えない。家から異臭がす

第1章　家庭・学校・地域社会と児童問題

る。支援見通しが立たない。どうしたら良いか」という内容であった。教育委員会事務局はサポートメンバー，スクールソーシャルワーカー，民生・児童委員，子育て支援課担当者，生活保護ワーカー，児童クラブ支援員，小学校担任（次男，次女の担任），Ａ中学校関係者（校長・教頭・学年主任・担任・養護教諭）を派遣した。

①　ケース会議の内容

ケースに関わっている出席者から，状況について報告がなされる。

Ａ中学校の長男担任より「中学校2年生男子である。現在不登校，昼夜逆転の生活である。担任が家庭訪問を繰り返すが，本人のみならず家族にも会えない。玄関は鍵がかけられており，隙間から悪臭が匂ってくる。物音はするので生活していると思うが心配になる。親に連絡しても，電話に出ない。手紙を置いてきても，反応はなく困っている」との報告があった。

Ｂ小学校の次女担任からは，「現在小3，元気で活発な子どもである。家の様子を聞くと，父は自分の部屋に引きこもっている。兄たち2人は登校せず，ゲームをしている。母は夕方から仕事に行く。夕食はお弁当を食べるとのこと。面談における母親の様子は，身なりはきちんとしているが疲れている感じがした。夫のひきこもりや男の子たちの不登校については，困ると話すが，長女も不登校でもどうにかなったと述べ，深刻さは感じられなかった。次回の面談では，母親は自分も不登校であったこと，今の生活すべてに対して，やる気がなくなってしまったこと等を話す。母親自身が疲れ，身近に頼る人がいない状態であると感じた」との報告がなされた。

また市役所生活保護ワーカーからは，父親や家庭の状況について「父親は病気加療中である。父親は家庭や子どもへの関心は乏しい。現在生活保護で生活はできている。家庭訪問したが，玄関から廊下，各部屋ともゴミが散乱しており，ゴミをかきわけて居住空間をつくっていた。火災の心配があるが，火器は使用せず電気ポットで湯を沸かしているとのこと。異臭は食べかす等が腐敗したもの。この家庭への支援について，役所内で検討を始めている。今回の会議も含め支援について検討したい」ということであった。

他に民生児童委員から「地域住民より悪臭の訴えがある。父親は自分の母親が亡くなった頃より，生活が崩れた。助けることができるなら，助けたい」との意向が示された。さらに児童クラブ職員より「次男，次女は，よく来ていた。2人とも小ぎれいにしていた。母親もきちんとしていて，報告のような感じは受けなかった。驚いている。支援できることがあれば，してあげたい」等の発言があった。

報告を踏まえ，サポートメンバー，スクールソーシャルワーカーから，不登校の原因と背景，家庭の状況の分析，本ケースの意味するところ等について次のような発言，提起される。

「本ケースの不登校の背景には，家族の問題が強く影響している。父親の発病，その後の家庭内での引きこもり，この家の3人の子ども達が次々に家庭内に引きこもっている。辛うじて次女が登校できている状態である。母親自身も次々に生じてくる問題に疲

31

第Ⅰ部　現代社会における児童問題と人間の成長

れてしまっていて，自身の心身の維持に精一杯である。日常の家事，子育てもできない状態である。家族の状況は家族全体が生きていくエネルギーをなくし，家庭内に閉じこもっている状態である。」

「思春期における自立と親子の関係」について，「子ども達が思春期に達した時に，自分の身体的な変化，（初潮，声変わり，体型の変化等）を子ども自身が受け止め，大人になっていくこと＝親特に母親からの自立を受け入れることが，必要である。このためには，『親子がきちんと向き合い，対決する中で，親とは違う自分の存在（自己同一性という）を認識し親離れができる』のである。」

「本ケースの不登校は，父母とも自分自身の生活の維持が精一杯で，子どもの自立への支援がやれる状態ではない。子ども達は，父親，母親が自分たちを支えてくれるようになることを待っている状態である，ともいえる。」

ただ結果として，「子ども達の不登校は，学校を含め地域の大人たちに，家族の危機をアピールする結果」になっている。これを「家族救助信号」と呼ぶ場合もある。

こうしたケースの見立てに基づいて，「長期的な支援目標」と「当面の支援事項」について検討された。まず長期的な支援目標については，この家族が，父親，母親，子ども達が社会のなかでそれぞれの役割を果たしていけることをめざしていく。特に子ども達が，学校のみならず，社会生活ができるように支援を続ける。また当面の支援事項については，母親が社会参加できている状態であり，本ケースを改善するためのキーパーソンとして母親のパワーアップの支援（エンパワメント）を行う。現在母親に面談できている人は，次女の担任であるので，面談は続けていくとともに，母親が継続的に相談できる人として，スクールソーシャルワーカーの存在も伝えていく。可能ならば，担任とワーカーが同席して面談する機会を持つことになった。一方，本ケースは，子ども達はネグレクトの状態ともいえる。そこで，市役所内で検討し，家庭の状況調査を行い必要に応じては，県児童相談センターと協議を行い児童虐待対応のメニューを組むことになった。また市役所子育て支援課にて子育て支援のための，福祉サービスの検討，生活保護ワーカーによる支援の継続，中学校担任を軸に，長男の進路等の相談を父母に提案し来校を促すとともに，進路に関する必要な資料を提供し長男の現実感を高め生活への意欲を育てていくことが確認された。また小中学校とも面談，家庭訪問等子ども家庭への連絡を続ける，他の関係者は，今回の会議内容を把握しつつ，支援の方向を見守る，等について出席者相互に確認し合うことになった。支援のコーディネーターは，事務局として，必要な情報は関係者と共有し，また半年を目途に本ケースの振り返り（モニタリング）の会議を実施することになった。

②　モニタリング会議の内容と本事例の意味するもの

本ケースは，以後スクールソーシャルワーカーと母親との面談が定期的に可能になり，さらに子育て支援課職員も家庭訪問に同行ができるようになった。母親も家庭訪問に備えて，室内の片づけを始める。次男，次女も母親を手伝うようになった。こうした（小

さな）変化がこの家族の活性をもたらしたようで，母親は少しずつ家事ができるように
なる。また次男の登校再開が伝えられ，また中学校の長男も進路相談に母親が同行し登
校して以降，週2〜3日の登校ができるようになった。家庭のゴミは母親によって，片
づけられた。この家族の状態を象徴しているのは，「ゴミ」である。家の中に放置され
た「ゴミ」にも関心がいかないほど停滞し動けなかった家族が「ゴミ」を片づけるとい
う行動が始まることにより，家族に変化が生じ，家事，育児等に対しても，本来家庭が
果たすべき機能を取り戻したといえる。このためにも一時的に，外部機関の支援が必要
であったといえる。

### 5）学校支援協議会の意味するもの

「問題」を持つ子ども達についても，学校関係者のケース理解の視点が，「家族」だけ
ではなく「地域」へと拡大することによって，支援も多方面からできるようになってき
ている。この結果，他の多くの子どもの支援にもこれを応用することができるように
なってきたといえる。

学校と地域の社会資源が連携することによって，学校関係者が地域にある様々な「医
療」「福祉」サービスについて理解し，地域関係者も「ケース支援」を連携して進める
ことで「学校教育」の役割と状況について，理解が進んだ。その結果「子どもと家族の
幸せ」のためには，「教育」「医療」「福祉」が果たすべき役割を関係者が理解し，協働
するというソーシャルネットワークの大切さが共有されるようになった。

またネットワークを推進させるためには，コーディネーターである学校支援委員会事
務局が全学校の支援中のケースを把握して，学校からの要請に適切に対応することが大
切である。そのためには，地域関係機関の連絡・調整が必要であり，この会議は大きな
役割を果たしているといえる。

### 注

(1) 文部科学省「小学校学習指導要領解説　総則編」2008年。
(2) 森田洋司・清水賢二『いじめ——教室の病い』金子書房，1986年，46頁。
(3) 文部科学省「不登校への対応の在り方について」文部科学省初等中等教育局長通知，2003
　　年。
(4) 内閣府「平成27年度　青少年のインターネット利用環境実態調査　調査結果」2016年。
(5) 同前資料。
(6) 同前。

### 参考文献

浅井春夫『「子どもの貧困」解決への道——実践と政策からのアプローチ』自治体研究社，2017年。
恩賜財団母子愛育会愛育研究所『日本子ども資料年鑑 2017』KTC 中央出版，2017年。
内閣府『子供・若者白書 平成29年版』日経印刷，2017年。
藤川大祐『いじめで子どもが壊れる前に』角川学芸出版，2012年。
本山理咲『いじめ 心の中がのぞけたら——漫画 明日がくる』朝日学生新聞社，2012年。

第2章 人間の成長・発達と児童の心理

## 1 人間の発達

　まず初めに，人間の発達について取り上げておきたい。

　児童心理学では，発達とは「個体が発生とともに生育し，その心身の構造と機能を変化させていく過程を一般に成長と呼ぶが，そうした変化をとくに展開的，形成的な視点からとらえる場合を発達と呼ぶ」と定義している。[1] つまり，発達をより高い水準に変化させていく過程として捉えられている。さらには，人間の発達を考える上で，発達を規定する要因が重要な問題となる。議論の対象となるのは，「遺伝か環境か」ということである。現代心理学の見解は，「遺伝か環境か」ではなく「遺伝も環境も」重要な要因であって，遺伝と環境の相互作用とする説である。

　では，次に発達をライフサイクルという視点で捉えて述べることにする。

## 2 人のライフサイクル

　レビンソンによると，ライフサイクルとは，「誕生から死までの過程」「人間の一生をいくつかの段階，時期に分けて捉える」としている。[2] ライフサイクルの類似語としては，ライフスパン，ライフコースがある。エルダーはライフコースについて，「ライフコースとは年齢によって区別された，人の一生を通じていくつかの人生の行路がある。言い換えるとライフイベントと呼ばれる人生の途上で起こる出来事である。このライフイベントが生じる時期，持続時間，配置，順序に見られる社会的なパターンである」[3] と述べている。

　さて，スイスの深層心理学者のユングは，ライフサイクルについて言及している代表的な人物である。ここでは，彼のライフサイクル論について，概観してみたい。ユングは，人生を1日の太陽の昇り沈みのように考えて，図2-1に示したように人生を4つの時期に分けている。少年期はまだ自己を客観視できない，また老人期も自己に対する意識が薄くなるとして，この最初と最後の期は問題がないとし，中間期の成人期と中年期を問題視していた。ユングは人生の午前から午後にかけて，つまり人生の前半から後半への転換期が人生において最も大きな危機状態に陥る可能性が高いと考えた。[4]

　このことについて，ユングは「太陽は，予測しなかった正午に絶頂に達する。予測しなかったというのは，その一度限りの個人的存在にとって，その南中点を前もって知る

第 2 章　人間の成長・発達と児童の心理

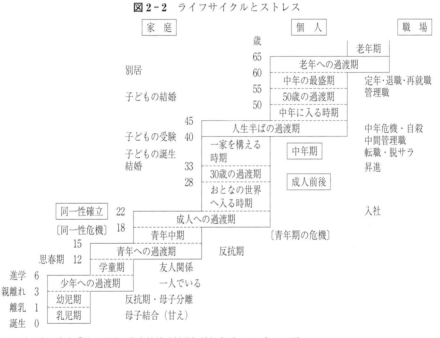

図 2-1　ユングの人生の段階

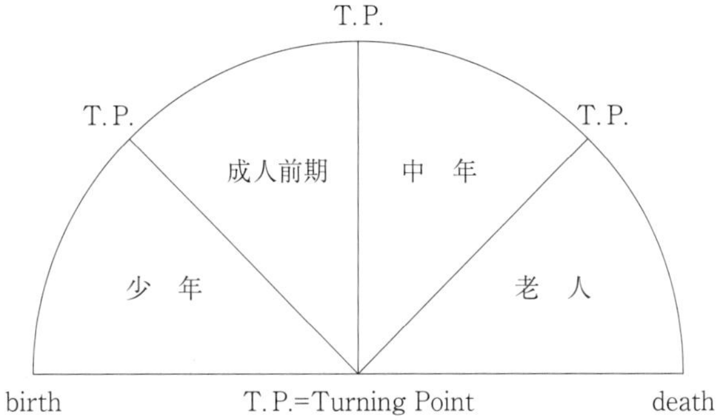

出所：「Learn to Psychology 人格心理学ライフサイクル」(http://www.2px.jp/psycho/p9.htm, 2018年1月15日アクセス)。

図 2-2　ライフサイクルとストレス

出所：前田重治『続　図説　臨床精神分析学』誠信書房，1994年，26頁。

ことができないからである。正午に下降が始まる。しかも，この下降は午前すべての価値観と理想の転倒である。太陽は，矛盾に陥る」と述べている。

　ユングは，午後（人生の後半）に午前（人生の前半）からの自分自身を見つめ直し，今後の生き方について真剣に考えることになるとし，これを個性化といった。

　ユングの理論を実証的に考えたといわれているのが本節の冒頭で述べたレビンソンである。彼は，図2-2のように，ライフサイクルとストレスを具体的にわかりやすく表している。また，レビンソンの理論に類似しているのがエリクソンの発達理論である。エリクソンの発達理論は次節でふれることにする。

　ここでは，現代日本の現状に照らして，ユングとレビンソンのライフサイクル論を基

35

第Ⅰ部　現代社会における児童問題と人間の成長

に，乳児期，幼児期，児童期，青年期，成人期，高齢期の各ライフサイクルにおける発達上の心理・行動特徴と心の問題もしくはそれに関連する諸問題について述べることにする。

## （1）人のライフサイクルとしての乳児期——0〜1歳

### 1）胎 生 期

　人としての生命を授かった受精卵は，胎内で約40週間を過ごし，身体的発達を遂げ，この世に誕生する。胎児は母親とへその緒でつながっていて，母親の影響を強く受けている。母親が心身ともに健康であれば，胎児も心身ともに健康に育つのである。胎児の発育を阻害する要因として，母親のウイルス性感染症の発症，薬物の使用，喫煙，アルコール中毒などが挙げられる。どれも母親が妊娠中に留意しなければならないことである。これらのことを母親が怠ると，障害児が生まれてくる危険性が高まる。気を付けていれば未然に防ぐことができよう。

### 2）乳 児 期

　乳児期は誕生から1歳頃までで，母子密着の時期である。エリクソンのいう基本的信頼の形成の時期である[7]。また，ボウルビィは，子どもが一般的には母親に持続的な心理的結びつきを持っている状態を愛着（アタッチメント）と呼んだ[8]。このように母親と情緒的な人間関係を結ぶことは，その後の社会的発達に大きな影響を与える。この時期に，子どもが母親との心理的な結びつきを持てないと，その後の幼児期，児童期において，情緒的な問題が生じることもある。

## （2）人のライフサイクルとしての幼児期——2〜6・7歳

　幼児期に入り，これまでの母子密着の世界から，保育園，幼稚園に入園するというライフイベントを体験する。初めて母親から分離され，1人で保育園，幼稚園という新しい外の世界を体験するようになる。これを個体化という。

　この時期には，表象機能や言語機能が獲得される。また，食事，睡眠，排泄，着脱，清潔などの基本的生活習慣の自立ができていく時期でもある。さらには，親の指示に「いや」といって拒否する，自分一人でいろいろなことをやりたがり，親が手をかけようとすると嫌がったり，怒ったりするなどの行動が見られる第一反抗期の時期を迎える。第一反抗期は自我の芽生えともいえる。

　この時期をうまく乗り越えられないと，かんしゃく発作，夜泣き，夜驚，吃音，頻尿，チック，場面緘黙，集団不適応，登園渋り，登園拒否などの心理的な問題を呈することもある。

## （3）人のライフサイクルとしての児童期——6〜12歳

　児童期は保育園，幼稚園の卒園，小学校への入学，卒業といったライフイベントを体

験する。この時期は，同年齢の子どもと仲良く交際し友達づくり，仲間づくりを展開する。また，ギャングエイジと呼ばれ，児童期の発達段階での特徴の一つで，教師や保護者よりも友達を大切にし，仲間だけで行動するようになる。しかし，最近では屋外で遊ぶ子どもたちも少なく，塾通いやメディア環境の急速な変化に伴い，このような現象はあまり見られなくなっている。

　子どもは，小学校入学をきっかけとして，家庭でのタテの人間関係である親子関係から，学校でのヨコの人間関係である同年齢である仲間関係を体験する中で社会性が育っていく。また，物事の「善・悪」を自らが考え，判断し，行動するようになり，道徳性が育つ。この時期にうまく適応できず，抑圧された葛藤が継続すると，この時期から次のライフサイクルである青年期にかけて，集団不適応，不登校，心身症，神経症などのさまざまな臨床症状を発症することがある。

　近年，乳幼児期から児童期にみられる諸問題の代表的なものとして，児童虐待が挙げられる。この問題は，子どもが死亡するという最悪な事態にまで発展していることがマスコミなどで取り上げられている。児童虐待の件数は増加傾向にある。

　虐待の世代間連鎖といって，子どもを虐待する親の約30％が，自分自身の親から虐待を受けた経験があり，人格障害を伴うなど精神病理の深い問題を背後に抱えている者もいる。

　2005（平成17）年4月に発達障害者支援法が施行された。この法律は，これまでグレーゾーンにおかれていた「発達障害」の人々を対象とするものであった。この法律では，「発達障害」を「自閉症，アスペルガー症候群その他の広汎性発達障害，学習障害，注意欠陥多動性障害その他これに類する脳機脳の障害であってその症状が通常低年齢において発現するもの」と定義している。この問題については乳幼児期から高齢期まで，各発達段階に応じた援助を受けることが望ましい。


### （4）人のライフサイクルとしての青年期——14〜30歳

　青年期は，前期，中期，後期と分けることができる。前期は中学生，中期は高校生，後期は大学生と考えることができる。

　青年期前期では，中学校の入学，卒業等のライフイベントを体験する。青年期中期では，高等学校，入学，卒業等のライフイベントを体験する。青年期後期では，高校を卒業して就職する者，大学，短大，専門学校に入学，卒業する者など，この時期から人それぞれのライフイベントを体験するようになる。この時期は多感な時期で，エリクソンによると，アイデンティティの確立とその失敗が混在する時期でもあるという。[9] リストカット，摂食障害，うつ病，統合失調症，人格障害など精神病理の深い疾患が発症する時期でもある。さらには，青年期の延長として「モラトリアム人間」という用語があるように，なかなか大人になれない若者も出現している。

　これに関連して，「社会的ひきこもり」と呼ばれ，不登校などをきっかけとして，社

第Ⅰ部 現代社会における児童問題と人間の成長

会適応が困難になる若者もいる。また,「フリーター」「ニート」という用語があるように,定職に就かない,定職になかなか就けない若者も出現し,社会問題となっている。

児童期から青年期にかけては,いじめ,不登校の問題が代表的な問題である。いじめに遭い自殺する子どももいて,深刻な社会問題となっている。

不登校は,幼稚園,保育園の登園渋り,登園拒否に始まり,小学生,中学生,高校生,専門学校生,短大生,大学生,大学院生と広範囲に渡っている。今,どこの学校にも1人や2人の不登校の児童,生徒,学生はいる。筆者も大学教員であるが,大学にもこのような傾向のある学生は複数いる。

いじめ,不登校の増加に対して,1995(平成7)年度から文部省(現・文部科学省)スクールカウンセラー活用調査研究委託事業がスタートし,臨床心理士の資格を持つカウンセラーという心の専門家が,教育現場に派遣されるようになった。このような出来事によって,日本社会の中で心の問題への対応がクローズアップされたといっても過言ではないであろう。いじめ,不登校対策として,教育現場にスクールカウンセラーが派遣されて20年が経過したが,いまだにいじめ,不登校の問題に対する解決の糸口が見えているとは言い難い。子どもたちを取り巻く環境は,危機的であるといっても過言ではないであろう。この問題は国民全体で取り組まなければならない課題である。

### (5) 人のライフサイクルとしての成人期──30〜60歳

成人期は,人生の内でも最も充実した時期ともいえ,社会の第一線で活躍する時期でもある。成人期前期のライフイベントとしては結婚,子どもの誕生などが挙げられる。成人期後期のそれは,子どもの独立,親の死などが挙げられる。一方で,人はそれぞれがさまざまなライフイベントを体験する。人によっては,離婚,挫折などを経験し,自分自身の人生を見つめ直す時期となる。今日の構造不況の中で,リストラ,会社の倒産による失業など危機的な状況にあり,うつ病を発症したり,自殺に追い込まれたりする者もいる。自殺によって残された家族は,経済的にも精神的にも苦しい状況となる。育ち盛りの子どもがいて,教育に最も負担の増える時期でもある。

高度経済成長期には,自動車が急増し,交通戦争という用語が造られ,交通事故による死者が増加の一途をたどった。こうした状況の中で,親を交通事故で亡くしてしまった子どもたちへの経済的,心理的支援が必要となった。彼らは交通遺児と呼ばれた。支援団体などが街角でよく募金活動をする姿を見受けた。

今日では,親を自殺によって亡くしてしまう子どもたちの存在が,クローズアップされるようになった。彼らは自死遺児と呼ばれる。彼らに対して経済的,心理的支援の必要性が高まってきており,交通遺児ばかりでなく自死遺児への支援も必要な時代となってきた。成人期の心の問題は,本人だけの問題ではなく,その家族全体に降りかかってくるのである。

### （6）人のライフサイクルとしての高齢期——60歳〜

人生の最終ステージである高齢期においては，どのように自分の人生を振り返り，肯定的に受け入れていくかが課題であると考えられる。人生最大のライフイベントとして，配偶者の死を体験し，また自分自身の死にも直面しなければならない。

高齢期は，職業からの引退，経済的喪失，心身機能の低下による日常生活能力の低下，配偶者や友人との死別など喪失体験が増加する。これらの要因が絡み合っての認知症の問題は周知のとおりであろうが，ここで取り上げたいのは高齢者のうつ病，特に自殺の増加である。

愛知県の場合，2012（平成24）年度の自殺者は1,454人といわれ，その内，60歳以上の高齢者は約37％といわれている。自殺の原因のほとんどが，うつ病を呈していたといわれている。[10]

人生の最終ステージでの自殺は，非常に残念なことではあるが，喪失体験など自殺に至る要因が身近に多く存在することの裏返しであり，死への準備教育など心理面の援助が必要とされている。

---

## 3 乳児から18歳までの心理・社会的発達の過程

これまで人間の発達に関する研究はさまざまな精神医学者，心理学者などによって行われてきている。ここでは，フロイト，エリクソン，ピアジェ，ロジャーズの発達理論について紹介し，乳児から青年期（18歳）までの心理・社会的発達の過程について概観する。

### （1）フロイトの発達理論

精神分析学の創始者であるフロイトは，初めて発達段階という概念を導入し，定式化したといわれている。フロイトはリビドー（性的エネルギー）がどのように満たされるかについて考え，人間の発達を5つの発達段階（口唇期・肛門期・男根期・潜伏期・性器期）に区分した。

#### 1）口唇期——0〜1歳半

この時期は，乳児が自分の唇と母親の乳房とが触れ合うことで，乳児は快感を得てリビドーが満たされる。つまり，授乳は乳児にとって摂食の意味合いだけでなく，リビドーを満たせてくれる母親との情緒的な絆を深める行為でもあるといえる。乳児は，この母親との情緒的な接触が十分に満たされることによって，母親から離れることができ，母親以外の人々との関わりも求めるようになり，1人で保育園，幼稚園という外的世界を体験するようになる。しかし，母親との接触がうまくいかなかった乳児は，リビドーを十分に満たすことができず，情緒的な問題を引き起こすこともある。

第Ⅰ部　現代社会における児童問題と人間の成長

### 2）肛門期──2～3歳

肛門期は，トイレットトレーニングと深い関係がある。この時期の幼児はいかにうまくトイレットトレーニングを乗り越えるかが課題である。幼児は保護者や保育者などから，トイレできちんと排泄できるようにトレーニングを受ける。幼児は排泄したくなったら，漏らさないようにトイレまで我慢するために肛門筋を閉め，トイレに行ったら肛門筋を緩めることを学ぶ。幼児は肛門筋を緩め排泄する際に生じる快感によってリビドーを満たされるのである。この時期のトイレットトレーニングがうまくいかないと，その後のパーソナリティに影響を及ぼすこともある。

### 3）男根期──3～4歳

この時期に，男児は自分の性器（ペニス）を触ることによって快感を得て，リビドーを満たすといわれている。男児は性的欲求の対象者として，異性の親である母親に愛着を求めるようになる。一方で，男児の同性の親である父親には，憎しみをもつようになる。男児は，このような憎悪の感情を父親に見抜かれてしまうのではないか，わかってしまうと父親にペニスを切り取られてしまうのではないかと恐れ，不安を感じる。これを去勢不安という。

男児は，母親と父親，自分との間に三角関係があると思い，母親を自分のものとして取り込み，父親を消したいと想うようになる。この空想をフロイトはエディプス・コンプレックスと呼んだ。なお，女児の場合には，フロイトはエレクトラ・コンプレックスと呼び，女児はペニス羨望を抱くと考えた。

### 4）潜伏期──4・5～12歳

潜伏期はリビドーが抑制され，性的関心が不活発になる。この時期に，子どもは学校へ行き始め，友人関係や趣味などに関心が向くようになる。潜伏期においては，性的エネルギーが知的能力の向上や社会性を学ぶことなどに向けられ，比較的安定した時期といわれている。

### 5）性器期──12歳～

性器期は思春期から始まり死を迎えるまで継続されるといわれている。フロイトはこの時期に誰しも異性への関心を強く持つようになると述べている。

## （2）エリクソンの発達理論

エリクソンはフロイトの発達理論を継承し，心理社会発達説を提唱した。この説は，人生を「Ⅰ　乳児期」「Ⅱ　幼児前期」「Ⅲ　幼児後期」「Ⅳ　学童期」「Ⅴ　青年期」「Ⅵ　成人前期」「Ⅶ　成人後期」「Ⅷ　老年期」と8つの発達段階に区分し，各発達段階に「達成課題　対　心理的危機」を設けた（表2-1参照）。ここでは本書の対象とする「Ⅰ　乳児期」から「Ⅴ　青年期」までを概観することにする。

「Ⅰ　乳児期」は，フロイトの発達理論では「口唇期」に当たる。フロイトはこの期において母親との接触がうまくいかないとリビドーが満たされず情緒的不安定になると

第2章　人間の成長・発達と児童の心理

表2-1　エリクソンの心理発達説における作業仮設表

| 発達段階 | 精神＝社会的課題と危機 | 基本的徳目（活力） | 重要関係の範囲 | 社会的秩序の関連要素 | 精神＝社会的モダリティ | 精神＝性欲的段階（フロイト） |
|---|---|---|---|---|---|---|
| Ⅰ | 基本的信頼感と不信感 | 希望（のぞみ） | 母性 | 宇宙的秩序 | 得る，お返しに与える | 口唇-呼吸器的，感覚-筋肉運動的（取り入れモード） |
| Ⅱ | 自律感と恥，疑惑 | 意志 | 親 | 「法と秩序」 | 保持する，放出する | 肛門-尿道的，筋肉的（把持-排出的） |
| Ⅲ | 主導感と罪悪感 | 目的 | 基本家族 | 理想の原型（手本） | 作る（求める），「～のように作る」（あそび） | 幼児-性器的，移動的（侵入-包含的） |
| Ⅳ | 勤勉感と劣等感 | 適格 | 「近隣」・学校 | 技術的要素（原則） | ものを作る（完結する），ものを結びつける | 「潜在期」 |
| Ⅴ | アイデンティティとその拡散 | 忠誠 | 仲間集団・外集団，リーダーシップのモデル | イデオロギー的展望 | 自然に振舞う（振舞えない），活動を共有する | 思春期 |
| Ⅵ | 親密感と孤独感 | 愛 | 友情，性愛，競争，協力の関係におけるパートナー | 協力と競争のひな型（模範） | 自分を他人のなかに失い，そして発見する | 性器期 |
| Ⅶ | 生殖感と沈滞感 | 世話（いつくしみ） | 分業と家業の共有 | 教育と伝統の思潮 | 存在を作る，世話する | |
| Ⅷ | 統合感と落胆 | 英知 | 「人類」「私流の」 | 知恵 | あるがままに存在する，非存在（死）に直面する | |

資料：岡堂哲雄による整理，1917。
出所：図2-2と同じ，34頁。

した。エリクソンはこれを基にして，母親との「信頼」関係を形成することを課題とし，信頼関係が築かれないと母親に対する「不信」が生じ，他人への不信，情緒的問題が引き起こされるとした。エリクソンはこれを「基本的信頼 対 基本的不信」と表した。

「Ⅱ　幼児前期」は，フロイトの発達理論では「肛門期」に当たる。フロイトはトイレットトレーニングがうまくいけば，リビドーが満たされるといっている。エリクソンはこれを基にして，トイレットトレーニングをうまく乗り切ることによって「自律性」を獲得し，失敗すると退行や反抗，強迫症状が生じることがあるとしている。エリクソンはこれを「自律性 対 恥，疑惑」と表した。

「Ⅲ　幼児後期」は，フロイトの発達理論では「男根期」に当たる。フロイトはこの時期に去勢不安，エディプス・コンプレックス，エレクトラ・コンプレクスの問題を取り上げている。エリクソンはフロイトのこの問題をうまく乗り切ると「自主性」が獲得され，失敗すると「罪悪感」が形成されると考えた。エリクソンはこれを「自主性 対 罪悪感」と表した。

41

第Ⅰ部　現代社会における児童問題と人間の成長

「Ⅳ　学童期」は，フロイトの発達理論では「潜伏期」に当たる。フロイトによると，この時期，リビドーは抑制され，知的能力の向上や社会性を学ぶことなどに向けられるといっている。エリクソンはこれを基に達成課題を「勤勉性」，それに対しての心理的危機を「劣等感」とした。

「Ⅴ　青年期」は，フロイトの発達理論では「性器期」に当たる。この時期は生殖機能も備わり潜伏していた性欲も開放される。青年は本当の自分とは何か，本当の自分に出会うために「自分探し」の旅に出る。しかし，簡単には本当の自分に出会うことができない。そこで，青年は戸惑い，悩み，葛藤する。エリクソンはこの時期の達成されるべき発達課題を「自我同一性（アイデンティティ）」とし，それに対する心理的危機を「自我同一性拡散」として設定した。本当に自分に出会えたならばアイデンティティを発見できることになり，アイデンティティを発見できないとしたならば自我同一性拡散に陥る。

### （3）ピアジェの認知発達理論

ピアジェの発達理論は，認知機能が成人頃までに発達するとしている。

以下に，簡単に説明をしておきたい。ピアジェの中心概念は，シェマ（認知的枠組み）と呼ばれている。シェマとは，人間が環境に適応していく上での活動のタイプである。たとえば，口に触れた物は何でも吸う（吸綴反射），手に触れた物は何でも握る（把握反射）などが挙げられる。また，ピアジェは，同化，調節，均衡という概念も挙げている。

同化とは，既存のシェマに外界にあるものを合わせることである。たとえば，乳児が母親の乳房を吸うという既存のシェマを，指という外界にあるもので間に合わせようとすると指しゃぶりという行動が出現する。

調節とは，既存のシェマを外界に合うものに変化させていくことをいう。例を挙げると，乳児は口に触れたものはどんなものでも吸っていたが，やがて母親の乳房は吸うもの，それ以外のものは吸わないと区別し，変化させていくのである。

シェマは同化と調節によって変化していくので，不安定な状態に陥ることも考えられる。均衡とはシェマをバランスのとれた安定した状態に発達させることをいう。さて，ピアジェの発達段階は，思考の論理性に関する視点で展開している。具体的には，感覚運動期，前操作期，具体的操作期，形式的操作期の4段階を挙げている。

#### 1）感覚運動期──誕生～2歳

この時期の乳児は，感覚と運動によって外的世界と接触することによって事象を認識すると，ピアジェは考えた。たとえば，おもちゃを手で握って，手を振った時に音が出るとする。乳児はおもちゃを振ること（運動）と音を聞くこと（感覚）とが，協応によっておもちゃの存在を認識する時期である。

#### 2）前操作期──2～7歳

この時期は，見かけにとらわれた認識をすることが特徴である。たとえば，A，Bの

2つのグラスがあったとする。Aの高さよりBの高さの方が高いとする。Aに入っていた水をBに移し替えるだけで水の量が変化したように感じたりする。これを量の保存の問題という。また，この時期は，子どもにA地点にいて，B地点，C地点からどのような景色が見えるかと聞くと，A地点から見える景色と同じものが見えると答える。これを「三つ山問題」といい，自己中心性というこの時期の子どもの特徴を表していると考えられる（図2-3）。

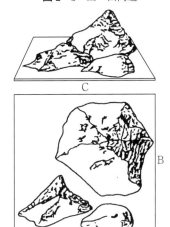

図2-3 三つ山問題

資料：Piaget, J., & Inhelder, B. *The child's conception of space.*, London: Routledge & Kegan Paul., 1956.
出所：二宮克美編『ベーシック心理学』医歯薬出版社，2008年，106頁。

### 3）具体的操作期――7～12歳

この時期は，具体的な思考ができるようになると考えられる。それは思考が体系化，組織化されるからではないかと考えられる。したがって，見かけの変化にとらわれない思考が可能になるのである。

### 4）形式的操作期

この時期は，たとえば「愛」「幸福」「平和」といったような顕在化されない抽象的な概念が理解できるようになる。また，論理的思考ができるようになる時期でもある。

## （4）ロジャーズの自己成長論

人間の成長については，クライエント中心療法を提唱したロジャーズが「有機体（生き物）は，1つの基本的な傾向と動因を持っている。すなわち，体験している有機体を実現し，維持し，強化することである」と述べている。簡単に紹介しておきたい。

つまり人間は，生涯にわたって向上・発展・適応していく資質をもっている（自己実現）。これを促すのが，自分が生きる意味や生きがいについての深い気づきである。このような気づき-自己実現の過程を，自己成長と呼んでいる。このロジャーズの理論は自己理論，自己成長論と呼ばれている。

## 4 年齢別児童家庭福祉の施策

以上，0歳から18歳までの児童の心理・社会的発達過程について概観してきたが，ここでは，児童の年齢とそれに対応した国（厚生労働省）の児童家庭福祉施策の概要を解説する。

日本の児童家庭福祉施策は，日本が直面している急速な少子化の進行を背景に，その流れを変えるべく「すべての子どもが心身ともに健やかに生まれ育成され，安心して子育てができる環境の整備」を目標として展開されている。具体的には，「地域の子育て

第Ⅰ部　現代社会における児童問題と人間の成長

図2-4　年齢別児童家庭福祉施策の一覧

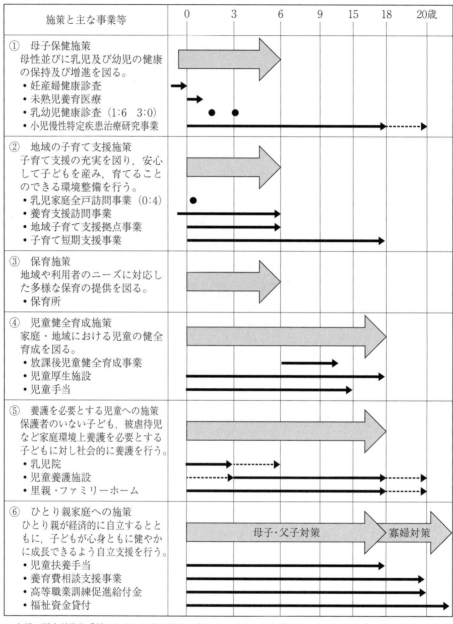

出所：厚生労働省「新たな子ども家庭福祉のあり方に関する専門委員会」第1回資料「子ども家庭福祉施策の一覧」（2015年9月）を参考に筆者作成。

支援施策」や「児童健全育成施策」などの，いわゆるすべての子どもや家庭を対象とした施策から，「保護を必要とする子どもへの施策」や「ひとり親家庭への施策」など，特別な支援が必要な子どもや家庭への対応まで幅広く，さまざまな事業が行われている（図2-4）。

　それぞれの事業は，概ね児童の定義である0歳から18歳までを対象年齢としているが，事業の趣旨から，児童の出生前から予防的な視点から行われる母子保健事業や児童の自

44

第 2 章　人間の成長・発達と児童の心理

立のために必要であれば20歳まで延長できる要保護児童対策，さらには，児童が成人した後も対象となる寡婦対策まで対象年齢の幅もある。

## 注

(1)　岡本夏木「発達」『児童心理学事典』岩﨑学術出版，1974年，576頁。

(2)　レビンソン，D. J.／南博訳『ライフサイクルの心理学』講談社学術文庫，1992年，111頁。

(3)　Elder, G. H. Jr. "The life course and human development" in Lerner, R. M. (ed.) *Handbook of Child Psychology. 5th edition. Vol. 1. The theoretical models of human development.*, NewYork : Wi. 1998, pp. 939-991.

(4)　Jung, C. G. "The Stages of Life" in *The Structure and Dynamics of The Psyche, Collected Works*, Vol. 8. Pantheon Books, 1960, pp. 387-403 (English translation).

(5)　ibid.

(6)　ibid.

(7)　エリクソン，E. H.／小此木啓吾編訳『アイデンティティとライフサイクル』誠信書房，1982年。

(8)　ボウルビィ，J.／黒田実郎ら訳『母子関係の理論 I ——愛着行動』岩﨑学術出版，1976年。

(9)　エリクソン，E. H.，前掲書。

(10)　愛知県警察本部「愛知県の自殺の状況（平成24年）」。

(11)　ロジャース，C. R.／村山正治編訳『人間論』（ロジャーズ全集第12巻），岩﨑学術出版，1967年，61-86頁。

## 参考文献

### ・第2章1〜3

小此木啓吾・馬場謙一編『フロイト精神分析入門』有斐閣，1977年。

河合隼雄『ユング心理学入門』培風館，1967年。

中井吉英「中年期と心身症」中川哲也編『心身症』南江堂，1992年，150頁。

二宮克美編『ベーシック心理学』医歯薬出版社，2008年。

前田重治『続　図説　臨床精神分析学』誠信書房，1994年。

ユング，C. G.／鎌田輝男訳「人生の転換期」『総特集＝ユング』（現代思想臨時増刊）青土社，1980年，42-55頁。

Elder, G. H. Jr. "The life course and human development" in Lerner, R. M. (ed.) *Handbook of Child Psychology. 5th edition. Vol. 1. The theoretical models of human development.*, NewYork : Wi. 1998, pp. 939-991.

Erikson, E. H. *The Life Cycle Completed.* Norton, 1982.（村瀬孝雄・近藤邦夫『ライフサイクル——その完結』みすず書房，1989年）

Jung, C. G. "The Stages of Life" in *The Structure and Dynamics of The Psyche, Collected Works*, Vol. 8. Pantheon Books, 1960, pp. 387-403 (English translation).

Levinson. D. J. *The Seasons of Man's Life.* New York : The William Alanson White Psychiatric Foundation, 1978.（レビンソン，D. J.／南博（『ライフサイクルの心理学 上・下』講談社学術文庫，1992年）

Piaget, J., & Inhelder, B. *The child's conception of space.* London : Routledge & Kegan Paul, 1956.

Rogers, C. R. *On Becoming person, Boston* : Houghton Mifflin, 1961. (村山正治編訳『人間論』 ［ロジャーズ全集12巻］岩崎学術出版社，1967年)

「Learn to Psycholgy 人格心理学　ライフサイクル」(http://www.2px.jp/psycho/p9.htm, 2018 年1月15日アクセス)。

・第2章4

厚生労働省「社会保障審議会（新たな子ども家庭福祉のあり方に関する専門委員会）第1回資 料」2015年9月。

# 第 II 部

## 児童家庭福祉の
## 理念・思想

| 第3章 | 児童家庭福祉の基盤となる理念・思想 |
|---|---|

## 1　児童家庭福祉とは何か

### （1）児童福祉と児童家庭福祉は何が違うのか

　最近の児童に関わる世の中の状況を見ていると，児童の福祉はその児童が生きている環境，特に家庭，さらには地域社会を抜きにしては語ることができないと思われる。つまり，児童福祉を考える時，児童家庭福祉，さらには地域福祉という観点を抜きにしては語ることができない状況にあるといえる。たとえば，児童虐待を例に挙げれば，ここ数日の新聞記事を見ても，いくつかの事件が報道されている。手元の新聞記事の見出しは「4歳児虐待死　母ら逮捕　大阪・殺人容疑　体にあざ数10か所」（「朝日新聞」2017年12月26日付朝刊）という具合である。この事例では，児童を支援するためには，家庭に対する支援ができてこそ問題解決につながることを教えているともいえる。すなわち，児童の状況（衣服を着替えていない等）について通園していた保育所も気にかけていたり，また児童に関する気になる状況（児童の泣き声等）があったため通報もあったり，ということであったが，これらの気づきが残念ながら家庭支援にまではつながらなかったといえる。ここでは，地域社会における連携，つまり住民，保育所，児童相談所，さらには市役所，警察署等の連携がうまく機能することで，児童および家庭への支援が可能になるともいえる。

　児童の権利に関する条約にある「児童の最善の利益」を考えると，このような個別の事件のみではなく，日本社会の直面する大きな児童問題，あるいは児童家庭問題を感じるのである。このことは，児童相談所での虐待関連の相談件数の増加ぶりを見れば，一目瞭然である。虐待に限らずとも，筆者が児童相談所に勤務し，児童・保護者の支援にあたっていた当時から，児童家庭福祉という観点から福祉を考えることの重要性は感じていたが，最近は，特にその思いを強くするのである。

　そのような認識の下，研究者の著作を見てみると，児童福祉から児童家庭福祉へという流れがよくわかる。

　八重樫牧子は，児童家庭福祉という概念について，「子どもと家庭を取り巻く環境の変化に伴い，要保護児童を対象とした対応から児童一般の健全育成と子どもを取り巻く家庭や地域社会を対象とした対応へと視点が拡大され，広い意味での『家庭支援』の必要性が重視されるようになったため，従来の『児童福祉』という概念に代わり，『児童家庭福祉』という概念が使われるようになった[1]」としている。

48

第3章　児童家庭福祉の基盤となる理念・思想

　これと関連して，最近福祉の分野においては，「ウェルフェア（Welfare ＝ 福祉）」という概念で示される「困った状況になった時に支援をする」という従来の立場に加えて，「より望ましい状態になるように支援する」という意味を含む「ウェルビーイング（Well-being）＝ よりよい状態にあること」という概念が多く用いられるようになってきているのも，児童福祉も含む福祉の方向性を示しているといえよう。つまり，困った時の保護的な支援から，積極的な人権の尊重による支援という，児童および家庭にとって望ましい状況を作り出すことに重点が置かれるようになってきているともいえる。

　それでは次に，前述した児童福祉の概念あるいは理念が，どのような経緯を経て生まれてきたのかについて，簡単に触れておく。第2次世界大戦敗戦後の児童の置かれた惨状を目の当たりにして，国は児童の福祉のため，主に保護を中心とした具体的な対応策を打ち出すとともに，委員会等を通じて，児童の福祉はどうあるべきか検討している。その点について，中村強士は，「『児童福祉』の理念は，以上のように捉えられていた。すなわち，戦前の『児童福祉』の段階を脱却し，『歴史の希望』であるすべての子どもを対象に明るく積極的に，健康，生活，教育などが保障されるものとして『福祉』が捉えられていたのである。児童福祉法は，新憲法に基づく，民主主義に徹底した文化国家建設のために必要不可欠な法律とされており，その理念が『児童福祉』であったといえよう[2]」と述べている。


### （2）児童家庭福祉という概念の登場とそれが意味するもの

　それでは，この「児童家庭福祉」という概念に代わって，「児童福祉」という概念が登場したのはいつであろうか。

　それは，「1981（昭和56）年に中央児童福祉審議会がまとめた『今後のわが国の児童家庭福祉の方向について（意見具申）』においてであろう[3]」と中村強士は指摘している。

　この点について，筆者は児童相談所等における実践経験から，その変化，つまり児童福祉から児童家庭福祉への変化を感じていた。つまり，児童相談所における児童や家庭への支援においても当初は個別の支援が中心であったが，次第にグループ指導や地域の関連機関との連携を重視した支援に比重が置かれるようになっていったのである。つまり児童相談所単独の支援では，すでに限界が見えつつあったともいえる。その理由としては児童の抱える問題，たとえば不登校などの問題も，特定の家庭において起こるだけではなく，どの家庭においても起こりうることが次第に明らかになっていったからである。

　これと関連するように，中村強士は，「従来の『児童福祉』概念は，保護が必要な一部の子どもを対象としたものであり，その施策は子どもが育つ家庭と切り離した保護であって家族全体を捉えていなかった…（中略）…これに対して，これからの『児童家庭福祉』は，すべての子どもが対象であり，家庭だけでなく地域など社会全体が責任を持つ『家庭と社会の連携』のもとに施策が行われる必要があるものとして考えられているといってよい[4]」と述べている。

49

第Ⅱ部　児童家庭福祉の理念・思想

　以上を要約すると，「児童福祉」という概念においては，要保護児童を対象とした対応が中心であったが，「児童家庭福祉」という概念においては，子どもと家庭を取り巻く環境，地域社会や社会等の変化に伴い，児童一般の健全育成と子どもを取り巻く家庭や地域社会を対象とした対応へと視点が拡大されて，広い意味での「家庭支援」の必要性が重視されるようになったといえる。

　さらに，国際的な状況をみると，国連などの国際機関や欧米諸国では救貧的あるいは慈善的なイメージを伴う「ウェルフェア（Welfare）＝福祉」という概念に代わり，「ウェルビーイング（Well-being）＝よりよく生きること，自己実現の保障」という概念が多く用いられるようになってきており，このことも児童家庭福祉を考える際には重ね合わせて考えることが重要といえよう。

## 2　救済と保護の思想

### （1）救済と保護の時代

　児童の救済・保護については，生田目喜兵衛が「人類の歴史を振り返ってみれば，人間社会がある限り，いつの時代でも親・兄弟姉妹を失ったり，さまざまな事情により，家庭において親の手で育てることのできない児童が存在することがわかる」[5]と述べているように，支援の手，慈悲の心がいつの時代においても必要なことがうかがわれる。

　現代の日本においても，人と寺院との関係は深いものがある。小さな保育園児・幼稚園児が保育者とともに園内にあるお地蔵様などに首を垂れている姿を，実習指導のため保育園・幼稚園，特に私立の保育園・幼稚園を訪れた時に見ることがある。また最近よく耳にする，四国お遍路などもかなり人気があると聞く。このような現象を見たり，聞いたりする度に，日本人の心には，古今を問わず慈悲のこころが宿っているように思われる。

　さて慈悲の心が具体的な形をとり，実践され始めたのはいつ頃かと考えてみると，中学・高校の歴史の授業でも学んだ仏教伝来（552年ないし538年）の時期にあると考えてもよいであろう。そしてその際に，必ず聖徳太子という名前とともに悲田院が登場していた。ここで展開された慈善事業（貧しい人，病者，孤児がその対象といわれる）は，その後，寺院や心ある慈善家を中心に時代を超えて受け継がれている。たとえば生田目喜兵衛によると，「江戸時代に大きく表面化してきた児童の問題は，捨て子であった。…（中略）…私的な養育の場として，江戸時代末期，明治時代直前に金沢では，小野慈善院が小野太三郎によって創設されている。生活力のない老人，盲人，捨て子などがそこで養護されていた」[6]ということである。

### （2）国家の動きと民間篤志家の努力

　国家による救済の動きとしては，1874（明治7）年の太政官達「恤救規則」が最も有

50

名で，これは児童に限らず「独身，老幼，疾病」などによる生活困窮者に救助米を給付するというものであった。

　一方で，個人の篤志家による慈善事業も，仏教的慈悲の心によるものばかりではなく，キリスト教を信奉する極めて強い意思をもった民間の篤志家によって行われ，各種の施設が開設されている。

　1887（明治20）年には，石井十次が岡山孤児院を設立している。一時は，1,200名の児童を収容したということで，強い意思だけではなく，施設運営のために寄付金などをつのる工夫をしたり，また大原孫三郎などのよき協力者も得たりして困難な状況の中で児童福祉事業を展開したことは驚きに値するものである。

　1891（明治24）年には，石井亮一が「弧女学院（後の滝乃川学園）」を設立している。その中には2人の知的障害児（当時の呼称は白痴児）がいたので，その教育にも力を入れた。日本における知的障害児施設の先駆といえる。

　また1899（明治32）年には留岡幸助が，非行児童の養護・教育のため家庭学校を開設し，これが後に，児童福祉法が制定された時点（1947年）で教護院（教育し保護する施設）と呼ばれ，家庭における養護と学校における教育の機能を持つこととなった。

　教育の分野においても盲ろう教育が実施され，1878（明治11）年から1880（明治13）年にかけて，京都に盲唖院，東京には訓盲院が設置された。その後，1890（明治23）年に長野県松本小学校に知的障害児（当時の呼称は精神薄弱児）の学級ができ，さらに病弱児のために東京市養育院が1909（明治42）年に千葉県船形市町に設立された。1921（大正10）年には肢体不自由児のための施設である柏学園が東京の小石川に開設された。

　以上のように，明治・大正を通じて多くの児童のための施設ができたが，廃止されたものも多い。施設には，民間篤志家や宗教家が情熱を傾けて設けたものが多い。

　福祉に関する一般用語も，明治の前半までは，恤救，救助，慈善などというものが用いられたが，明治の末期には教護事業となり，さらに大正時代になると，社会事業と呼ばれるようになり，考え方には変化がみられるようになった。

　なお，1929（昭和4）年公布の「救護法」（施行は1932〔昭和7〕年）は，戦後まで続いた。


### （3）特定の国民からすべての国民を対象に

　「恤救規則」や「救護法」が，社会生活で保護等の福祉を必要とする「特定の限られた国民」のみを対象とした救貧法であったのに対して，戦後に制定された各種福祉法は，福祉を必要とする「すべての国民」を対象としている。

　戦後に制定された福祉法の主なものとして，具体的には児童福祉法（1947年），身体障害者福祉法（1949年），生活保護法（1950年）等があり，「福祉三法の時代（福祉の確立期）」といわれた。その後，新幹線の開通，東京オリンピックの開催などにも象徴されるように日本は経済的にも高度成長期を迎えて，福祉の分野でも精神薄弱者福祉法

第Ⅱ部　児童家庭福祉の理念・思想

（1960年：1998年に「知的障害者福祉法」となる），老人福祉法（1963年），母子福祉法（1964年：2014年に「母子及び父子並びに寡婦福祉法」となる）が制定され，「福祉六法時代（福祉の充実期）」ともいわれる時代へ入った。その後，1973年には老人医療無料化が実施され，その年は「福祉元年」とも呼ばれ，福祉における黄金期を迎えたが，それは同時に，没落を予想させるものでもあった。歴史とは不思議なもので，同じ年の10月には第4次中東戦争勃発により，第1次オイルショックを迎え，さらに第2次オイルショック（1978年）を経験し，経済は次第に停滞し，やがて福祉施策の見直しへ向かうこととなる。

**3**　地域支援と自立支援の思想へ

### （1）地域支援への動き

　日本における現在の地域状況については，急速な工業化・都市化などにより，昔は農業などを営むことを通じて保たれていた地域社会の伝統・文化・習慣・人間関係などに大きな変化が生じ，地域の連帯感は希薄化し，特に都市部での地域社会の脆弱化が指摘されている。

　このような中で，「住民が地域における生活課題に気づき，住民同士のつながりを再構築し，支え合う中でこれらの課題に対処し，支援する側とされる側相互の自己実現が可能となるような体制を実現する方策を検討するため，2007（平成19）年10月，厚生労働省社会・援護局内に『これからの地域福祉のあり方に関する研究会』が設置された。2008（平成20）年3月には研究会報告書が取りまとめられ，これからの地域福祉の意義や役割，条件について考え方が整理，提示された。」[7]

　この報告書においては，「地域における新たな支え合いの概念」ということで，「住民と行政の協働による新しい福祉」が提案されている。具体的には，3つの力，「自助」「地域の共助」「公的な福祉サービス」による支え合いに基づき，新たな福祉を目指すものである。地域の共助においては，住民が主体となり活動の拠点（例：集会所）を持ち，そこを拠点に自発的な福祉活動（例：簡易なボランティア活動）により生活課題（例：防災，教育，町づくり）へ対応する。一方，公的な福祉サービスでは市町村，事業者，専門家などが対応するとしている。そして，両者を結び付ける地域福祉のコーディネーターを想定している（図3-1）。

　児童に対する福祉施策についても，これまでに述べてきたことと同じ流れが見られる。

　従来は貧困や親の死亡，さらに重い障害のある児童を家庭で養育できないなどの理由により，保護を必要とするようになった児童（要保護児童）は，施設に入所させ保護・養育することが一般的であった。

　しかし，自分が生まれ育った家庭や地域から離れて，長期間施設における生活をする中で，加藤俊二によれば，「さまざまな問題や弊害などが指摘されるようになり，『施設処遇から在宅処遇へ』という流れが次第に強まっていった」[8]という。たとえば，全国の

第 3 章 児童家庭福祉の基盤となる理念・思想

図 3-1 「新たな支え合い」の概念図

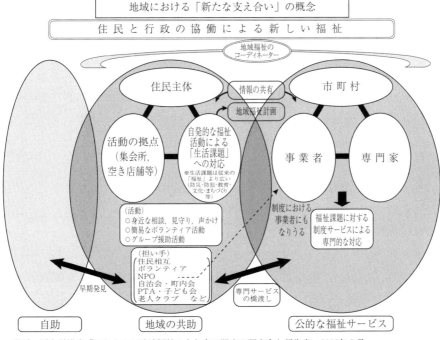

出所：厚生労働省「これからの地域福祉のあり方に関する研究会」報告書，2008年 3 月。

　主な心身障害者コロニーは，障害児の保護者にとって，障害児が親亡き後も，安心して暮らすことのできる場として，保護者の強い希望に基づいて開設された大規模施設の典型であった。この時期には，こういった大規模施設が全国各地に開設されていったが，「在宅処遇」を求める世の中の流れが強くなる中で，次第に自分が生まれた地域での生活や療育が求められるようになった。

　児童相談所においても，「施設処遇」を進める一方で，将来のあるべき福祉の姿を真剣に検討する中で，児童相談所，保健所，市町村福祉・保健センターなど地域の関係機関がそれぞれの機能・役割を活かして連携・協力して，誕生から成人するまでの障害児の生活と教育・発達を保障するとともに，家族の負担を軽減する取り組みが「在宅指導」という考え方の下で進められた。具体的には，在宅障害児巡回療育指導事業，市町村の障害児保育事業，学校教育における養護学校義務化（1979年）等，一連の国の施策とも結びついて，その障害児の生活や発達保障のための地域療育システムや地域ネットワークづくりも盛んになった。

　さらに，「障害児の地域での生活と発達を保障するためのシステムづくり，ネットワークシステムづくりの実践と理論化の取り組みは，やがて養護児童，非行児童，不登校児童やその家族の支援にも応用されていくこととなり，児童相談所の役割は極めて大きなものとなった。そして，地域で起こる不登校や非行の問題についても，個別の相談支援のみでなく，コミュニティおよびグループワークによる支援の取り組みがなされるようになった」[9]とも加藤俊二は述べている。

第Ⅱ部　児童家庭福祉の理念・思想

障害児療育キャンプなどは児童相談所ばかりでなく，他の福祉関係団体などによる実践も盛んで，各地で地道で継続的な実践活動が行われ，効果も生み出していた。

国においても，2011（平成23）年に社会保障審議会児童部会の関係委員会などでの集中的な検討により，「社会的養護の課題と将来像」がまとめられ，可能な限り家庭的養育環境を目指した施設の小規模化，施設機能の地域分散化，家庭的養護の推進（里親，ファミリーホーム）などが推進され，地域で必要な支援を受けつつ生活していくという地域福祉の考え方が，児童家庭福祉の分野においても主流となっていった。

### （2）自立支援に向けて

近年，社会・経済状況の変化により児童・家庭をめぐる状況は大きく変化し，社会的支援を必要とする児童・家庭の範囲や様相も拡大・変化し，複雑・多様化してきた。

このような状況の中で，「自立支援」はいまや社会福祉政策の基本理念の一つになっている。「自立支援」が，国の審議会や社会保障制度の中で取り上げられるようになったのは1990年代に入ってからで，特に1995（平成7）年の社会保障制度審議会勧告「社会保障体制の再構築──安心して暮らせる21世紀の社会を目指して」は，社会保障の理念が「保護・救済」から「自立支援」へと転換する契機となったとされている。

「児童福祉法においても，1997（平成9）年に制度の『抜本的再構築』を図るため大幅な改正が行われ，社会的養護を必要とする児童（要保護児童）への施策は，保護から自立支援へと基本理念の転換が図られた。…（中略）…これは，1994年に批准した『児童の権利に関する条約』の趣旨を具体化するものであるとともに，近年の障害者福祉や老人福祉の分野における『保護から自立支援』へという理念の変化を反映したものともいえる」と牧園清子は述べている。

この自立支援という考え方は，教護院（児童福祉施設）にも適用され，児童福祉法の改正後，名称は児童自立支援施設に変更され，児童の自立を支援するという考え方が明確化された。他の児童福祉施設においても養護施設児や虚弱児施設は児童養護施設，情緒障害児短期治療施設は児童心理治療施設，母子寮は母子生活支援施設となった。

### （3）児童の「自立」と「最善の利益」

児童福祉法は，1947（昭和22）年に制定されて以降，時代の要請，あるいは児童・家庭の置かれている状況の変化に応じられるように何度も改正がなされてきた。

それにもかかわらず最近の児童・家庭・地域の状況は，児童虐待事件などの児童問題に象徴されるように危機的な様相を呈している。そのような状況の中で，2016（平成28）年6月3日に改正児童福祉法が公布された。

改正された児童福祉法をみると，「児童の権利に関する条約の精神にのつとり」と条文中に明記されていることは，児童家庭福祉に対するかなり思い切った意思の表れと考えられる。

第1条に「自立」という概念が明記されていることは，象徴的であるとさえいえる。さらに第2条には，「児童の最善の利益」への配慮，児童の育成においては保護者に第一義的責任があること，などが明確に述べられている。

現代の青少年の生きざま，あるいは彼らが置かれている状況をみてみると，青少年が「自立」することに難しさを感じていること，さらに自立したいと考えていても，それを実現することが困難な社会・経済状況に置かれていることの反映でもあり，このことが青少年の関わるさまざまな問題・事件の一因であるとすれば，私たちは児童の自立が実現するような，あるいは自立を応援するような社会環境を整える責任があり，その意味でも極めて意義があると考える。

### （4）施設養護における自立支援

施設養護は，戦後日本の児童福祉施策の中心的な位置を占めてきた。ここでは，児童福祉施設（保育所は除く）の中でも入所児童数が最も多い児童養護施設の目的規定を取り上げ，施設養護の機能の変化を概観する。

1947（昭和22）年の児童福祉法制定当時には，「養護施設は，乳児を除いて保護者のない児童，虐待されている児童その他環境上養護を要する児童を入所させて，これを養護することを目的とする」と規定されていた。

50年後の1997（平成9）年に児童福祉法が改正され，上記の「入所させて」の後が，「これを養護し，あわせてその自立を支援することを目的とする」となり，この改正で，はじめて「自立」という言葉が条文中に明記された。

さらに2004（平成16）年の改正では，やはり上記の「入所させて」の後が「これを養護し，あわせて退所した者について相談その他の自立のための援助を行うことを目的とする」となり，施設での養護に加えて，「施設退所後の児童に対して相談その他自立のための援助をする」ことが明記された。

このように，施設の養護目的が単なる「養護する」から，「養護し，あわせてその自立を支援する」，さらに「養護し，あわせて退所した者について相談その他自立のための援助を行う」といった具合に児童の自立支援を意識し，入所中のみでなく，その後の支援にまで拡大されたものである。このことは，前述したように社会の変化と，それに伴う地域社会の変貌，そしてその中においてしっかりとした家庭基盤（安全基地）を持たない児童の苦悩を受け止め，寄り添いながら，必要に応じて支援を継続し，真に自立できる状況まで支援していこうとすることは，法律面からも自立を支援していこうとする児童家庭福祉における理念，考え方がにじみ出ているともいえるのではないかと考える。この点について牧園清子は，「自立の支援とは，児童が社会人として自立して生活していくための『総合的な生活力』を育てることであり，基本的生活習慣の習得や職業指導だけを意味するものではない。…（中略）…施設生活の各場面において，児童が『自ら判断し決定する力』を育てていくことを常に念頭においた援助が求められている。

第Ⅱ部　児童家庭福祉の理念・思想

つまり，児童の自主性と自己決定を尊重することが重要である[11]」と述べている。


### 注

(1)　八重樫牧子「今後の児童家庭福祉施策の基本的方」『川崎医療福祉学』5 (1)，1995年，110頁。

(2)　中村強士「『子ども家庭福祉』概念の検討」佛教大学大学院社会福祉学研究科編『佛教大学大学院紀要』37，2009年，78頁。

(3)　同前論文，72頁。

(4)　同前論文，74頁。

(5)　生田目喜兵衛「日本の児童養護の変遷について」『茨城女子短期大学紀要』5，1977年，22頁。

(6)　同前論文，23-24頁。

(7)　厚生労働省社会・援護局「これからの地域福祉のあり方に関する研究会報告書」2008年。

(8)　加藤俊二編著『現代児童福祉論 第2版』ミネルヴァ書房，2008年，74-78頁。

(9)　同前書，75頁。

(10)　牧園清子「児童福祉における自立の支援——施設養護を中心に」『松山大学論集』22(1)，2010年，165 166頁。

(11)　同前論文，170頁。

## 第4章 児童家庭福祉の歴史的変遷

1 **近代史における児童家庭福祉**

### （1）18世紀の思想家

　フランスの哲学者ルソー（Rousseau, J. J.・1712～1778）は，「近代教育思想の祖」とも呼ばれている。著作『エミール』（1762年）の中で，子どもの中に小さな大人の姿を求めることをやめて，「子どものうちに子どもの時期を成熟させるがよい」(1)と述べ，子どもの主体性を大切にし，さらにその子どもがどのような行動を取るのかについても短時間で，安易に評価することは控えるように主張しているのは，児童相談所において児童の福祉を念頭に置いて仕事をしてきた者にとって，こころに響く言葉である。その上で，「へたに教育された子供は，まったく教育されなかった子供よりも，はるかに知恵から遠ざかる」(2)という言葉によっても，教育職にある専門家は，子どもに対していかに適切に対応するかを問われているといえる。筆者は日頃から，子どもの遊びの現状について危惧していることがある。特に，現代のようにIT機器などが進歩し，遊びの中にも電子ゲーム類が浸透してきている時代には，子どもの健全な育成を図り，バランスの取れた成長を後押しするためには，子どもが自然と関わり合う中で，仲間と戯れ，実物に触れることを通して生活の知恵を学べるように環境を整えることが大切であると考える。このような状況の中で，保育所・幼稚園・小学校など，子どもの遊びができる空間，そして仲間，一定の時間が保障され，さらに保育者や教師などの専門職が配置されている環境を大切にしなければならないといえる。さらに福祉・教育に関わる専門職には，ルソーの「一般的に言えば，実物を示すことが不可能な場合の他は，実物のかわりに記号を示すようなことはけっしてしてはいけない。記号が子供の注意力をうばってしまい，それがあらわしているものの方はわすれさせるからである」(3)という言葉も噛み締める必要がある。最後に，ルソーの「万物を創る神の手から出るときにはすべて善いが，人間の手にわたるとすべてが堕落する」(4)という有名な言葉は，子どもに関わる大人，さらに言えば，子どもに関わることを専門としている者，保育者や教育者の責任が重いことを示しており，常に意識しておく必要があろう。

　ルソーは，人間の成長や発達をもたらす力として「自然」「人間」「事物」の3つの力を挙げて，それを活用し，人間を育て，教育していく技術にも光を当てようとしているといえる。

第Ⅱ部　児童家庭福祉の理念・思想

### （2）19・20世紀の思想家・教育者

ペスタロッチ（Pestalozzi, J. H.・1746〜1827）はスイスの教育実践家・思想家である。生涯を通じ，貧しく恵まれない民衆を救済しようと実践教育を続けた。彼は実践の中で，「産業構造の変化に伴い急速に変化する社会の中で家庭という生活と学びの場を失い，またフランス革命の影響を受け孤児とならざるを得なかった時代に翻弄される子どもたちを，そのような社会の中で生き抜いていける道を人間陶冶（教育）という形で探り[5]」，さらに「子どもたちは社会的状態にある人間としてどんなに荒れた姿を見せようとも…（中略）…良くなりたいという小さな芽を宿している存在である[6]」と述べている。ここでは，福祉・教育にたずさわる者が，困難な社会情勢に置かれた子どもに対して，子どもの置かれた状況をどのように理解し，その上で子どもにどう対応していくかが問われているともいえる。彼の教育思想の原点ともいうべきものは，『隠者の夕暮』に示されているといわれる。

一方，イギリスの思想家オーエン（Owen, R.・1771〜1858）は18世紀後半イギリスで始まった産業革命期に紡績工場を経営しながら，幼児のための学校を併設し，社会主義思想に基づく社会改革を提言し，実践した人物として知られている。「彼の教育に関する功績としてスコットランドのニュー・ラナークにおいて自身が経営する紡績工場内に『性格形成学院』を併設したが，ここには幼稚園にあたる『幼児学校』と昼間の『小学校』，夜間に開設される『成人学校』も含まれ，いわば生涯教育機関の先駆例ともいえるものであった[7]」といわれている。このように，子どもの置かれた現状を目の当たりにして，オーエンは教育の充実のために活動し，その後も児童の労働を制限するための法律制定を目指したりして，歴史的には空想的社会主義者と呼ばれることもあるが，実際には前述したような実践を行い，成果も挙げている。

ドイツの教育学者で世界最初の幼稚園「キンダーガルデン」を誕生（1837年）させたといわれるフレーベル（Froebel, F. W. A.・1782〜1852）は，「幼児教育の父」と呼ばれている。先に触れたペスタロッチが初等教育に関心を示したのと比較して，フレーベルは，その知見を幼児教育に応用，展開したともいわれている。そのため，教育における目的と幼児教育・保育における目的についても，その違いを明確化している。彼によれば，「学校教育では教師が教科による訓練と陶冶（教育）を通して子どもがひとりの人間としての全面的成長を目指すが，幼児教育・保育の活動では，乳幼児期の発達から生じる衝動，興味，予感等に，それらに見合う表現を与えて，それらが認知，観察，静観，思考等へ導かれることを目指すのであり，小学校教育の予備ではないとしている[8]」。

ケイ（Key, E. K. S.・1849〜1926）は，スウェーデンの教育者・文明評論家であるが，著書の『児童の世紀』（1900年）では，20世紀の社会に向けて，「女性と子どものために有効な保護法の制定が，今，社会的良心の至上命令となるべきである[9]」と述べている。この指摘は，保護という色彩は強いものの，大きく変わりつつある現代の日本社会，子どもの置かれた状況，さらに子どもを育て教育する家庭の現状を考えると，国をはじめと

第4章　児童家庭福祉の歴史的変遷

して，今一度真剣に考えてみる必要があるものである。勿論，国も子育て支援等に関して予算的にも充実を図ろうとしている点は評価できる。さらに『児童の世紀』の「教育」の章において，「子どもの本質は大人と同等なのに，大人は子どもを下僕のように扱い，子どもに自分の意思を持たせていない…（中略）…子どもの性格のなかには未来を志す力が潜んでいて，また子どもの過ちのなかにも善に対する不朽の芽が含まれているので，『悪い子』であることも子どもの権利であり」[10]得ると論じている。このように子どもの本性に信頼感を置いた未来を志向する考え方も，極めて示唆に富むもので，特に教育現場では心しておきたい考え方といえる。

　次に，イタリアの教育実践家であるモンテッソーリ（Montessori, M. M.・1870〜1952）は，イタリアの教育実践家である。子どもの感覚を大切するというモンテッソーリ法を考え出したことで有名であり，日本の幼稚園などにおいても取り入れられている。この方法は元々，「知的障害児に対して知的水準を上げるというところから始まったものといわれ，1907年に設立した貧困層の健常児を対象とした保育施設『子どもの家』において，その独特な教育法を完成させたといわれている」[11]ものである。また彼女は創造性およびその教育についても論じており，「教育の目的である人格の形成ないし創造的人格の育成が，子ども自身によってなされるとする」[12]と主張している。ここでも子どもの人格については，大人，親，保育者や教師が作り出すというよりも，子ども自身によって作り出されると主張しており，このような子どもの主体性を重視した考え方・実践が現代にも通じるものといえる。

　デューイ（Dewey, J.・1859〜1952）は，アメリカの哲学者である。彼の人間理解の特徴は，人間は他者との関係において自己を実現するというもので，「成長する力は，他者を必要とすることと，可塑性に依存している。この2つの条件はともに児童期と青年期に最高の状態にある。可塑性すなわち経験から学ぶ力は，習慣の形成をもたらす。習慣は，環境を制御する力，環境を人間の目的のために利用する力を与える。…（中略）…成長は生命に特有のものであるから，教育は成長することと全く一体のものであり，それはそれを超えるいかなる目的ももたない」[13]と述べている。この考え方は，児童期及び思春期の重要性を余すことなく指摘している。その上，彼は，人間の自発性を重視し，人間の成長を促すためには，環境を整えることが重要であるとして，それが教育の目的であるとも主張している。この環境を整えることこそ，教育の目指すところであるという主張は，現在の教育現場が抱えるさまざまな問題・課題を思う時，大いに参考にすべきものといえる。

　次に，生涯をかけて孤児救済と子どもの教育に尽くした社会事業家のコルチャック（Korczak, J.・1878〜1942）は，ポーランドの医師・作家・教育者である。第2次世界大戦でナチス・ドイツ軍に占領されたポーランドの強制収容所で，1942年に孤児院の子どもたちとともに抹殺されたといわれている。裕福なユダヤ系家庭に生まれながら，生涯をかけて孤児救済と子どもの教育に尽くした。子どもを子どもとして全人格的に理解し，

59

第Ⅱ部　児童家庭福祉の理念・思想

子どもに寄り添って共に生きようとした。彼は，著作の中で，大人は「今，ここ」で眼前にいる子どもの現実と空想をありのままに受け入れ，寄り添うことが大切であるとし，大人も「ありのままの自分でいなさい。子どもを知ろうとする前に，まず自分自身について知るようにつとめなさい。子どもの権利と責任について述べようとする前に，自分自身に何ができるか知ろうとつとめなさい[14]」と主張し，子どもも大人も，「それぞれの『今，ここ』を生きる存在として尊重されなければならない[15]」とも述べている。

　このような主張も，目標を設定しそれに向けて頑張ることが大切であるとする現代の教育方針の下では，ややもすると忘れられがちであり，「子どもに寄り添う」という姿勢を，特に保育者・教育者は見失わないようしたい。


### （3）日本における児童福祉思想

　この分野における代表者の一人として，石井十次（1865〜1914）を取り上げる。石井は，明治初期の代表的なキリスト教慈善事業家である。1887（明治20）年，医学を志していた石井が岡山へ実習で来ていた時，1人の孤児を預かり，これが救済事業のきっかけになっている。預かる児童の数は次第に増えて，やがて岡山孤児院（正式には「孤児教育会」）を1887年に設立した。

　石井は次々と孤児を預かり，特に東北地方の冷害の救済を通じて孤児・貧児が増えて，一時はその数1,200人あまりとなった。そのような中にあっても，子どもが育つために必要な環境のことを真剣に考え，教育にも力を入れた。

　石井の教育の特徴については岡山孤児院十二訓という形でまとめられているが，その一つが家族主義であった。「子どもたちを指導する時，1人の保育士に十数名の子どもたちを担当させ，1軒の家で家族的な対応をするという方法をとった[16]」。特に筆者が関心を持ったのは，保育士を採用する際の話である。石井は「採用を希望する者に『主婦（＝保育士）の四角（ここには資格という意味が含まれているとのこと）』という，紙の真ん中に正方形の図形が書いてある1枚の紙を渡した。四角の角ごとに文字が記されていた。右の上には，『児童中心主義』，右の下には『共炊共食主義』，その左の上には『早眠早起主義』，最後に『不変不動主義』と書かれていた[17]」という。小舎制という現在にも通じる少人数制の集団指導は，まさに「児童中心主義」を具体化したものといえる。その他，満腹主義，密室主義，非体罰主義，実業主義などを基本方針としていた。以上のように岡山孤児院での実践を十二訓という原則にまとめたこと，そして一時は1,200人にも及ぶ児童を養護できた財政的基盤，運営上の手法，組織のあり方，などからは学ぶべきことが多いと考えられる。特に児童に音楽隊を編成させ，全国をめぐり募金を募ったり，大原孫三郎のような後援者を得たことは施設運営に大きく寄与したといえる。

　その他，明治初期から昭和にかけて，日本独自の救済・保護さらに保育事業において大きな役割を果たした児童福祉の実践家を紹介する。

　赤沢鐘美（1864〜1937）は，1890（明治23）年新潟静修学校を設立した。併設された付

第4章　児童家庭福祉の歴史的変遷

属の保育所は日本最初の保育所とされる。

　石井亮一（1867~1937）は1891（明治24）年10月に濃尾大地震が発生し，親を失った子どもたちを救うために被災地へ向かっている。そして，同年12月に「孤女学院」（東京都）（後に「滝乃川学園」と改称）を開設した。「施設開設については，尊敬するペスタロッチの教育論が大きく影響していたともいわれている[18]」。「そして，この地において，亮一は，孤児救済活動に既に励んでいた岡山孤児院の石井十次と出会い，語り合っている。その後，亮一は十次とともに岡山孤児院を訪れている。この岡山孤児院訪問は，亮一と同様の考えが十次の中にもあることを知らせ，大きな励ましと自信を亮一に与えたといわれる。孤児教育の先駆者である十次もまた亮一と同様，深い神への信仰と，キリストの愛の精神によって孤児教育に邁進していた[19]」。亮一のキリスト者としての実践は，女子教育に始まり，孤児教育，孤女教育を経て，知的障害教育へと移っていった。亮一は，日本の「知的障害教育の父」と呼ばれる。

　留岡幸助（1864~1934）は，1899（明治32）年に「家庭学校」（東京都）を設立し，少年たちの感化教育事業に尽くした熱心なキリスト教徒である。日本における非行少年を感化する思想は，欧米思想に影響を受けて，多くの感化教育事業を推進する者が現れた。この感化事業の推進者の中に，留岡幸助等がいた。留岡は，同志社英学校神学科で学び，丹波教会牧師から1891（明治2）年，北海道空知集治監の教戒師となった後，監獄学，感化教育研究のため単身渡米留学し，帰国後感化教育事業を推進した。「感化法」制定運動で活躍し，1899（明治32）年に東京巣鴨に私立感化施設「家庭学校」を創設，1914（大正3）年に分院として「家庭学校北海道」を開設し感化教育に貢献した。留岡は少年感化の方法について，「非行化の原因の多くは社会的環境的原因によるとし遺伝的原因は極めて少ないと考え…（中略）…感化院創設時，次の4つを感化教育の柱とした。それらは，1基本学力の付与，2農業を主とする労作，3保健体育，4宗教による霊性教育，といったもの[20]」である。

　野口幽香（1866~1950）は，1900（明治33）年に創設された「二葉幼稚園」の創設メンバーの一人で，日本の幼児教育者，社会事業者である。この二葉幼稚園（後に，二葉保育園と改称）は貧困層の幼児を対象とした幼稚園であり，保護と教育の統一という理念をもった保育施設の先駆として有名である。

## 2　児童家庭福祉の幕開け

### （1）戦後処理的な児童福祉からの船出

　1945（昭和20）年の敗戦後，混乱した社会の中で最も大きな影響を受けたのはやはり児童であった。この点について，加藤俊二は，戦争により，親を亡くした孤児・浮浪児（当時の呼称）などに対して，政府は「浮浪児その他の児童保護等の応急措置実施に関する件」（1946年4月）の通達によって，児童を保護することとした。そして1947（昭和22）

61

第Ⅱ部　児童家庭福祉の理念・思想

年の児童福祉法の制定により，その後は，戦争の犠牲になった児童（戦災孤児・浮浪児）を緊急保護する施設処遇を中心に，児童の福祉を進めた。特に食糧事情などにより，やむを得ず食べ物などを盗み，いわゆる非行児になったりした彼らへの援助を中心とした戦後処理的な「福祉」の仕事が始まった，と述べている。

　このように戦後の一定期間，児童への援助は，非行児童を中心に，施設処遇によるものが主なものであったといえる。

### （2）「歴史の希望」としての児童福祉法誕生

　これまで説明してきた経過を経てようやく誕生した児童福祉法は，世界の流れも意識して，日本の児童の人権擁護を明確に規定した法律であった。

　児童憲章（1951年）は，日本国憲法の精神に基づき，「児童は人として尊ばれる。児童は社会の一員として重んぜられる。児童は，よい環境のなかで育てられる」と定めたが，この憲章の精神は，その後の児童福祉の実践の羅針盤として，児童福祉関係者の心に根づくことになった。

　このように児童憲章では，「児童の人権を尊重」し，そのためには「よい環境が必要」であるとする理念は明らかにされたが，大きく変動する時代の流れの中で試練に立たされることとなるのである。加藤俊二は，さらに「戦後11年目となる1956（昭和31）年の経済白書は，『もはや戦後ではない』と宣言した。1957（昭和32）年，国は『新長期経済計画』を決定し，石炭産業から石油産業へと日本のエネルギー政策は大転換が図られた。さらに『国民所得倍増計画』の閣議決定（1960年）により日本は高度経済成長の時代に入ることとなった。児童福祉の分野では，児童相談所が児童福祉行政の中枢的機関と位置付けられ，これまでの『戦後処理的』機関から，『科学的，専門的』機関へと転換が図られることとなった。…（中略）…日本の高度経済成長は，児童を含め人々を幸せにする，つまり福祉の増進を図るだけではなく，負の側面も持っており，児童の福祉に対する弊害ももたらしたのである」と述べている。

　こうして見てくると，前述した経済成長は，児童・家庭の福祉の向上に寄与するばかりでなく，負の側面として児童・家庭に弊害をもたらしたといえる。もう少し具体的にいえば，日本の高度経済成長は，農村から都市へ働きに出てくる中学卒業就職児童（若年労働者）や出稼ぎ労働者によって支えられた面があるが，同時に地域社会に基盤を持たない児童・家族を生み出し，何か問題が起きると，その不安定な生活状況から問題の解決が困難になりがちで，適切な支援がない場合は，さらに大きな問題へと発展していくリスクを抱えていたといえる。この時期に児童相談所は「戦後処理的」機関から，「科学的，専門的」機関への変更を目指していたが，児童への対応の視点が，ややもすると心理学的視点に立った個別的対応になりがちで，社会学的な視点が欠けるという弱点を持っていたのである。つまり児童を取り巻く環境，すなわち家庭や地域など社会的環境へ対応するという視点が欠けていたのではないかともいえるのである。

第4章　児童家庭福祉の歴史的変遷

## 3　児童家庭福祉の発展

### （1）「児童の権利に関する条約」の与えた影響

　児童家庭福祉の分野では，「児童の権利に関する条約」を日本が批准して以降，児童福祉法の改正（1997年）や，「児童虐待の防止等に関する法律」の制定（2000年）などの制度改革によって，条約の趣旨が具体化されてきている。

　児童の権利に関する条約第3条には「児童の最善の利益」が，また第12条には「児童の意見表明権」が規定されているが，これらは1997（平成9）年の改正児童福祉法に組み入れられた。具体的には，児童福祉施設への入所措置などにおいて，児童相談所は児童や保護者の意向を記載すること，さらに，その際，児童相談所による措置の方針と，児童・保護者の意向が異なる場合などには，都道府県児童福祉審議会の意見聴取を行うことが義務づけられた（児童福祉法第26・27条）。児童自身による能動的な権利行使を認める権利条約の趣旨が具体化してきているといえる。

　従来の児童福祉の基本理念は，加藤俊二が説明するように，「児童が心身ともに未成熟であることを理由に，児童福祉の理念主体は児童，実践主体は大人・社会であるとし，理念主体と実践主体とを分離してとらえることが一般的であり，児童は，『愛護され』，『育成され』，『生活を保障される』，いわゆる『受動的権利』を有しているとみなされていた。しかし『児童の権利に関する条約』は，こうした児童の権利に加え，権利行使の主体としての児童の権利，すなわち，児童の有する『能動的権利』を前面に打ち出した点で画期的であった[23]」のである。

　また，1997（平成9）年の児童福祉法改正により，法文中には「自立」という語が多く用いられるようになり，その他の福祉の分野と同様に，「自立」は児童家庭福祉分野でも一つの目的概念となった。

　この改正を踏まえ，1998（平成10）年には厚生省児童家庭局家庭福祉課監修『児童自立支援ハンドブック』では，児童自立支援施策における「自立」や「自立支援」の重要性が明確にされ，「自立は社会生活を主体的に営んでいくことであって孤立ではないから，必要な場合は他者や社会に助言，援助を求める，つまり適切な依存は社会的自立の前提となるものであるとし，発達期における十分な依存体験によって人間への基本的信頼感を育むことが，児童の自立を支援する上で基本的に重要である[24]」と述べられている。

　この自立という概念については，2016（平成28）年6月に公布された改正児童福祉法第1条に，「全ての児童は，児童の権利に関する条約の精神にのつとり，適切に養育されること，その生活を保障されること，愛され，保護されること，その心身の健やかな成長及び発達並びにその自立が図られることその他の福祉を等しく保障される権利を有する」と書かれている。このように，法律の第1条に「自立」という概念が挙げられていることは，現代の児童の置かれている状況を思う時，極めて象徴的であるとさえいえる。

63

第Ⅱ部　児童家庭福祉の理念・思想

### （2）自立と依存の関係

　筆者はここで，この概念の関係について説明を加えたい。子どもの甘え（依存）については，児童相談所において色々な相談にのる中で，母親からよく話題にされるものの一つであった。子どもの甘えへの対応においては，母親がややもすると子どもを早く自立させることに一生懸命になり，甘えを上手く受け止めることができず，親から引き放そうとするため，子どもは母親からかえって離れられなくなるという現象がよく見られる。つまり子どもは甘え（依存）を十分に味わい，満足できてこそ，心も安定する。その結果として，子どもが本来持っている外の世界への好奇心が活性化し，自然に母親から離れ，自分の好きな活動に自主的に取り組んでいく，つまり自立への道を歩むことができるのである。


### 注

(1)　ルソー／平岡昇訳『エミール』河出書房新社，1970年，89頁。

(2)　同前書，90頁。

(3)　同前書，167頁。

(4)　同前書，9頁。

(5)　村野敬一郎「道徳教育を支える基礎的視点に関する考察——J. H. ペスタロッチの道徳教育思想の分析を手掛かりに」『宮城学院女子大学発達科学研究』15，2015年，16頁。

(6)　同前。

(7)　榊原博美「オーエンの幼児教育における環境論——性格形成学院での具体的方法から」『鈴鹿短期大学紀要』30，2010年，145頁。

(8)　児玉衣子「F. W. A. フレーベル『母の歌と愛撫の歌』の教育方法学的検討」『北陸学院短期大学紀要』33，2002年，4 - 5頁。

(9)　ケイ，エレン／小野寺信・小野寺百合子訳『児童の世紀』冨山房，1979年，23頁。

(10)　同前書，139頁。

(11)　入江良英「特別支援保育における『新感覚統合法』の可能性」『埼玉純真短期大学研究論文集』3，2010年，23頁。

(12)　市丸成人「M. モンテッソーリにおける幼児の創造性の教育」『日本保育学会研究発表論文集』27，1974年，329頁。

(13)　デューイ，ジョン／松野安男訳『民主主義と教育　上』岩波書店，1975年，91-92頁。

(14)　塚本智弘『子どもの権利の尊重——子どもはすでに人間である』子どもの未来社，2004年，112頁。

(15)　コルチャック，ヤヌシュ（サンドラ・ジョウゼフ編著）／津崎哲雄訳『コルチャック先生のいのちの言葉——子どもを愛するあなたへ』明石書店，2001年，22頁。

(16)　児嶋草次郎『石井十次の教育に学ぶ』2013年，8頁。

(17)　同前書，9頁。

(18)　葛井義顕「知的障害教育の父，石井亮一研究——弧女学院設立時を中心にして」『金城学院大学論集——人文科学編』6（11），2009年，38頁。

(19)　同前論文，39頁。

(20)　市川隆一郎「留岡幸助と感化事業」『聖徳大学短期大学部紀要』（第三冊分）（11）25，1992

年，5頁。

⑵　加藤俊二編著『現代児童福祉論　第2版』ミネルヴァ書房，2008年，66頁。

⑵　同前書，70-71頁。

⑵　同前書，79頁。

⑵　厚生省児童家庭局家庭福祉課監修『児童自立支援ハンドブック』1998年，30-35頁。


**参考文献**

市川隆一郎「留岡幸助と感化事業」『聖徳大学短期大学部紀要』（第三冊分）（11）25，1992年，
　1-11頁。

市丸成人「M.モンテッソーリにおける幼児の創造性の教育」『日本保育学会研究発表論文集』
　27（5-6），1974年，328-329頁。

入江良英「特別支援保育における『新感覚統合法』の可能性」『埼玉純真短期大学研究論文集』
　3，2010年，19-29頁。

加藤俊二編著『現代児童福祉論　第2版』ミネルヴァ書房，2008年，66-72頁。

葛井義顕「知的障害教育の父，石井亮一研究――弧女学院設立時を中心にして」『金城学院大学
　論集――人文科学編』6（11），2009年，33-43頁。

児嶋草次郎『石井十次の教育に学ぶ』2013年。

児玉衣子「F. W. A. フレーベル『母の歌と愛撫の歌』の教育方法学的検討」『北陸学院短期大学
　紀要』33，2002年，1-14頁。

榊原博美「オーエンの幼児教育における環境論――性格形成学院での具体的方法から」『鈴鹿短
　期大学紀要』30，2010年，145-155頁。

仲康「J. J. ルソーと E. デュルケームにおける根本思想――ルソー『エミール』とデュルケーム
　『道徳教育論』を主題として」『哲學』77，慶應義塾大学，1983年，55-82頁。

水田聖一「J. H. ペスタロッチーに至る直観教育思想の系譜」『富山短期大学紀要』40，2005年，
　93-106頁。

村田康常「児童福祉の基礎的人間観と倫理」『名古屋柳城短期大学研究紀要』29，2007年。

村野敬一郎「道徳教育を支える基礎的視点に関する考察――J. H. ペスタロッチの道徳教育思想
　の分析を手掛かりに」『宮城学院女子大学発達科学研究』15，2015年，11-17頁。

# 第5章 児童の権利と 児童の権利に関する条約

## 1 児童の権利に関する条約に至る歴史的な流れ

### （1）児童の権利の歴史

　中世ヨーロッパでは，子どもは非理性的で欲望のままに生きる動物であるという児童観が中心であった。子どもは未完成な大人で，「小さい大人」と考えられており，大人のような物言い・分別が要求されていたのである。日本では，儒教的精神もあり，子どもは慈しむものではあったが，その独自の存在価値への意識は薄く，自由や権利の主体という考えはなかった。

　1700年代に入り，ルソーは，その著書『エミール』の中で，「成童」という言葉を用いて，児童の独自性，児童としての完成の大切さを主張した。児童の人としての固有の価値や人権を認めることの重要性が主張されており，これが後に「子どもの発見」といわれている。このルソーの思想は，ペスタロッチやフレーベルなどの近代教育思想家により深められ，発展していった。

　1900年にケイは，20世紀を「児童の世紀」と提唱し，児童への注目が高まり，まさに20世紀において，大きな児童観の転換がなされたのである。

　1909年は，アメリカで「第1回白亜館会議（ホワイトハウス会議）（White House Conference of Children）」が行われ，ルーズベルト大統領は，「児童を育成することは，明日の国民を育成することである」と述べ，その会議において，「家庭は文明の最高の創造物」と宣言された。1914年に始まる第一次世界大戦では，多くの人の生命が失われ，社会的に弱い立場にある児童は特に多大な被害を被ることとなった。この反省から，1920年1月に国際連盟が結成され，人間の基本的な権利とともに，児童に対する権利についても活発な議論が行われるようになった。これが，1924年の児童の権利に関するジュネーヴ宣言（Declaration of the Rights of the Child）へとつながっていく。

### （2）児童の権利に関するジュネーヴ宣言

　第1次世界大戦の反省から国際連盟が設立され，児童の権利に関するジュネーヴ宣言が，1924年の第5回国際連盟総会で採択された。その内容は，全5か条にわたり，国際機関による世界最初の児童の国際的宣言として画期的なものであった。

　前文においては，「すべての国の男女は，人類が児童に対して最善のものを与えるべき義務を負うことを認め，人種，国籍または信条に関する一切の事由に関わりなく，す

第5章 児童の権利と児童の権利に関する条約

べての児童に以下の諸事項を保障すべきことを宣言し，かつ自己の義務として承諾する」とし，「児童の最善の利益（best interests of the child）」を保障することが明記された。この「児童の最善の利益」という考えは，後の「児童の権利宣言」「児童の権利に関する条約」へとつながっている。この宣言の5か条は以下のとおりである。

第1条　児童は，身体的ならびに精神的の両面における正常な発達に必要な諸手段を与えられなければならない。

第2条　飢えた児童は食物を与えられなければならない。病気の児童は看病されなければならない。発達の遅れている児童は援助されなければならない。非行を犯した児童は更生させられなければならない。孤児および浮浪児は住居を与えられ，かつ，援助されなければならない。

第3条　児童は，危難の際には，最初に救済を受ける者でなければならない。

第4条　児童は，生計を立て得る地位におかれ，かつ，あらゆる形態の搾取から保護されなければならない。

第5条　児童は，その才能が人類同胞への奉仕のために捧げられるべきである，という自覚のもとで育成されなければならない。

　この宣言は，第2条に特徴づけられるように，児童の生存のための最低保障基準の確保，具体的には，栄養，医療，保護，教育，住宅等の生存権が中心となっている。

### （3）児童の権利宣言

　その後，第2次世界大戦に突入するが，終戦後，2度とこのような戦争が起こらないことを願い，1945年に新たな国際組織として国際連合が設立された。国際連合は，その憲章前文において「われらの一生のうちに二度まで言語に絶する悲哀を人類に与えた戦争の惨害から将来の世代を救い，基本的人権と人間の尊厳及び価値と男女及び大小各国の同権とに関する信念」をうたっている。

　人権に関しては，1948年に「世界人権宣言（Universal Declaration of Human Rights）」が第3回国際連合総会で採択された。これは，すべての人は平等であり，それぞれが同じ権利を持つとした宣言で，その中で「児童」が出る条文は，第25条（生活の保障）と第26条（教育）のみであるが，これが児童に特徴的な人権であると認識されていた。

　「児童の権利宣言」は，1959年の第14回国際連合総会で採択され，児童の権利に関するジュネーヴ宣言の精神と，世界人権宣言の規定の具体化という位置づけを持っていた。この宣言は，児童は児童としての権利をそれぞれ持つことを明示した宣言で，前文及び全10か条の原則からなっている。

　前文では，児童の権利に関するジュネーヴ宣言を基に「人類は児童に対し，最善のものを与える義務を負う」としているが，また「児童は，身体的及び精神的に未熟である

67

第Ⅱ部　児童家庭福祉の理念・思想

ため，その出生の前後において，適当な法律上の保護を含めて，特別にこれを守り，かつ，世話することが必要である」として，社会的弱者であるがゆえに社会的保護を与えるという保護型の児童観を示している。児童の権利宣言の10か条の概要は以下のとおりである。これらは，1989年の「児童の権利に関する条約」の基礎となるものである。

第1条　差別の禁止
第2条　特別な保護と最善の利益についての配慮
第3条　姓名と国籍を持つ権利
第4条　健康に発育し成長する権利
第5条　障害のある児童への特別な治療・教育・保護
第6条　両親の愛護と責任，家庭のない児童等への社会及び公的機関等の義務
第7条　教育を受ける権利と指導の原則
第8条　優先的な保護・救済
第9条　放任・虐待・搾取・売買・労働からの保護
第10条　差別を助長するおそれのある慣行からの保護

### （4）国際人権規約（国際権利章典規約）

「国際人権規約」は世界人権宣言を条約化したもので，1966年に国際連合総会で採択され，1976年に発効している。日本は1978年5月30日に署名し，1979年に国会の承認を得て批准した。

国際人権規約は，社会権規約（A規約）と自由権規約（B規約）に分かれている。社会権規約は「経済的，社会的及び文化的権利に関する国際規約」を指し，自由権を保障するための経済的・社会的基盤が必要とされることから，生存権，教育を受ける権利，労働に関する権利等が記されている。一方，自由権規約は「市民的及び政治的権利に関する国際規約」を指し，思想，表現，行動等を人が自分で決定し，実行することのできる権利等が記されており，これらは法的拘束力がある。

この自由権規約の中に児童の保護規定（第24条）があり，差別の禁止と氏名・国籍を持つ権利が示されている。この規約により，児童の権利宣言の一部が条約のレベルに高められたことや，社会的弱者に対する保護的な人権観から人間としての包括的人権保障へと変化していったことに意義がある。

## 2　児童の権利に関する条約の意義

### （1）制定の意義

「児童の権利に関する条約（Convention on the Rights of the Child）」は，児童の権利宣言（1959年）採択20周年にあたる1979年の国際児童年に検討が始まり，児童の権利宣言30周

年の1989年11月第44回国際連合総会において満場一致で採択され，1990年に発効された。

この草案作りについては，当初，コルチャックの祖国ポーランドにおいて始められ，コルチャック生誕100周年の1978年に国際連合に草案（ポーランド政府案）が提出された。コルチャックは「子どもは，未来ではなく今現在を生きている人間」と主張し，「子どもの権利」について訴え，その精神はこの草案に活かされている。

日本は1994年4月22日に批准したが，批准国としては158番目であった。児童の権利に関する条約は，ソマリアとアメリカ以外のすべての国で批准されていたが，統治機構に欠けていたために批准が遅れていたソマリアの批准が2015年に決まって，締約国・地域の数は196となり，未締約国は1カ国（アメリカのみ）となった。

日本における条約の位置づけについては，日本国憲法第98条第2項において「日本国が締結した条約及び確立された国際法規は，これを誠実に遵守することを必要とする」とあり，締結した条約は，法律に優先し，憲法に準ずる効力を持つとされている。この児童の権利に関する条約は，単なる「宣言」である児童の権利宣言を，締結国に拘束力を持つ「条約」へと進化させたことに大きな意義を持つ。

アメリカは，この条約に対し1995年に署名しているが，批准はしていない。アメリカだけがこの児童の権利に関する条約に批准していない理由は，この条約が，社会権や親・家族についての歴史的考え方，連邦制という州単位の法制度，世界に対する政治的立場などから，この条約に懸念を持っているためと考えられる。

### （2）条約の内容

児童の権利に関する条約は3部構成になっており，第1部が子どもの権利に関する規定41か条，第2部が条約の広報，進捗状況の審査のための委員会設置，報告義務等に関する規定4か条，第3部が署名や批准等に関わる規定9か条となっている。

前文では，国際連合が，世界人権宣言及び人権に関する国際規約から，1924年の児童の権利に関するジュネーヴ宣言及び1959年の児童の権利宣言を経て，この条約に至る経緯が示されている。

第1部では，まず第1条で「児童とは18歳未満の全ての者」と定義しているが，その一方，「その者に適用される法律により早く成年に達したものを除く」として各国の文化や制度に配慮している。なお，日本においては，児童福祉法では，児童は18歳未満と規定されている。

第2条から第6条までは，この条約の基本的な考え方が示されている。第2条では「差別の禁止」，第3条では「児童の最善の利益」，第5条では「父母等の指導権」，第6条では「生命に対する固有の権利，国による生存・発達の確保」について記されている。特に第5条は，父母等が「適当な指示及び指導を与える責任，権利及び義務を尊重する」として父母等の役割を示しているが，第18条では，「児童の養育及び発達についての第一義的な責任を有する」として，さらに踏み込んだ父母等の役割を示している。児

第Ⅱ部　児童家庭福祉の理念・思想

**図5-1**　児童の権利に関する条約にみる子どもの権利内容の構成

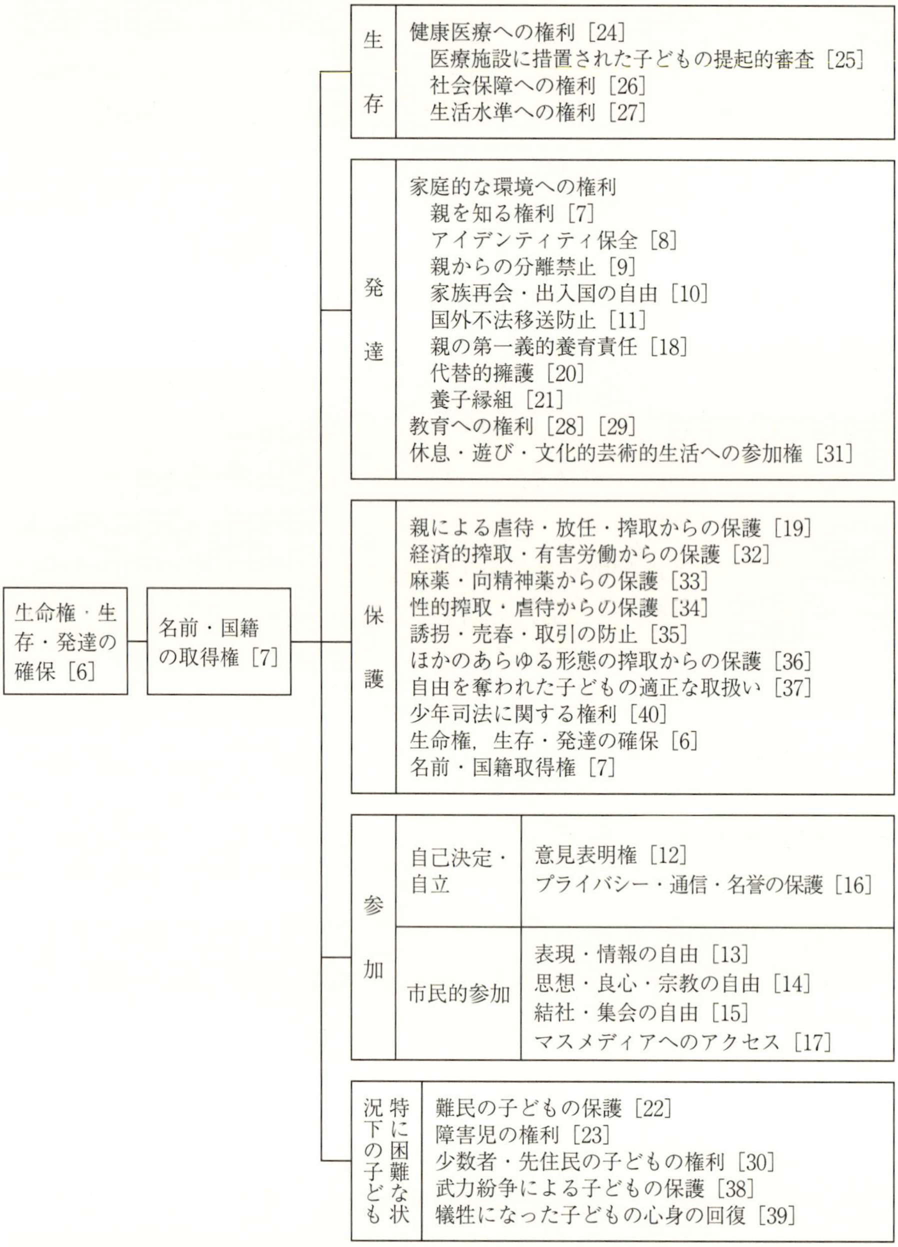

| | | |
|---|---|---|
| 生命権・生存・発達の確保 [6] | 名前・国籍の取得権 [7] | **生存**<br>健康医療への権利 [24]<br>　医療施設に措置された子どもの提起的審査 [25]<br>　社会保障への権利 [26]<br>　生活水準への権利 [27] |

**発達**
家庭的な環境への権利
　親を知る権利 [7]
　アイデンティティ保全 [8]
　親からの分離禁止 [9]
　家族再会・出入国の自由 [10]
　国外不法移送防止 [11]
　親の第一義的養育責任 [18]
　代替的擁護 [20]
　養子縁組 [21]
教育への権利 [28][29]
休息・遊び・文化的芸術的生活への参加権 [31]

**保護**
親による虐待・放任・搾取からの保護 [19]
経済的搾取・有害労働からの保護 [32]
麻薬・向精神薬からの保護 [33]
性的搾取・虐待からの保護 [34]
誘拐・売春・取引の防止 [35]
ほかのあらゆる形態の搾取からの保護 [36]
自由を奪われた子どもの適正な取扱い [37]
少年司法に関する権利 [40]
生命権，生存・発達の確保 [6]
名前・国籍取得権 [7]

**参加**

| 自己決定・自立 | 意見表明権 [12]<br>プライバシー・通信・名誉の保護 [16] |
|---|---|
| 市民的参加 | 表現・情報の自由 [13]<br>思想・良心・宗教の自由 [14]<br>結社・集会の自由 [15]<br>マスメディアへのアクセス [17] |

**特に困難な状況下の子ども**
難民の子どもの保護 [22]
障害児の権利 [23]
少数者・先住民の子どもの権利 [30]
武力紛争による子どもの保護 [38]
犠牲になった子どもの心身の回復 [39]

　注：[　] は条文番号。
　出所：喜多明人「子どもの権利条約」市川昭午・永井憲一（監修）『子どもの人権大辞典』エムティ出版，
　　　　1997年，322頁。

童の権利に関する条約の第1部の41か条に示される権利の内容については，以下の5つ
に分類されている（図5-1）。

　　①　生存に関する諸権利
　　②　発達に関する諸権利

第 5 章　児童の権利と児童の権利に関する条約

③　保護に関する諸権利

④　参加に関する諸権利

⑤　特に困難な状況下の子どもの保護援助と権利


　特にこの条約で特徴的なものは，「④参加に関する諸権利」で，これまでの「保護される子ども」という児童観から，「固有の人格主体，権利の主体としての子ども」という児童観に大きく変化している。この部分について，詳細に見てみよう。

　第12条には「自由に自己の意見を表明する権利」（意見表明権）が，第13条には「表現の自由」，第14条には「思想，良心及び宗教の自由」，第15条には「結社の自由及び平和的な集会の自由」，第16条には私生活・家族・住居・通信・名誉・信用について「恣意的に若しくは不法に干渉され」「不法に攻撃されない」と規定されている。さらに，第17条には大衆媒体（マスメディア）の「情報及び資料を利用することができる」事が規定されている。

　第12条の「意見表明権」については，The Right to Express those Views と書かれており，「意見」が Opinion ではなく View であることに留意したい。また，この条約中，唯一「自己の意見を形成する能力のある児童」に限定しており，表明する事項についても「その児童に影響を及ぼすすべての事項について」と，児童自身に関する個人的事項に限定している。その他，児童の権利に関する条約にみる権利の内容の概要は，図 5 - 1 のとおりである。

　この児童の権利に関する条約には，以下の 3 つの選択議定書がある。選択議定書とは，条約に追加や補強を行うもので，児童の権利に関する条約については，以下の選択議定書が採択・発効されている。


①　子どもの売買，子ども買春及び子どもポルノに関する選択議定書（2000年 5 月国連総会で採択し，2002年 1 月発効。日本は2005年 1 月に批准している。）

②　武力紛争への子どもの関与に関する選択議定書（2000年 5 月国連総会で採択し2002年 2 月発効。日本は2004年 8 月に批准している。）

③通報手続きに関する選択議定書（2011年12月国連総会で採択し2014年 4 月発効したが，日本は未批准である。）


### （3）権利の行使とその制約

　児童の権利に関する条約の作成にあたっての1979年から1989年の議論の中で，最も大きなテーマの一つが，権利の行使に関する制約の問題であった。前述したように，第12条の「意見表明権」には，対象となる児童の制限と対象となる事項に制限が規定されている。さらに，その意見は「児童の年齢及び成熟度に従って相応に考慮されるものとする」とも記されている。

71

第Ⅱ部　児童家庭福祉の理念・思想

　第13条の「表現の自由」の規定についても，「権利の行使については，一定の制限を課することができる」としている（ただし，その制限目的は，「他の者の権利又は信用の尊重」と「国の安全，公の秩序又は公衆の健康若しくは道徳の保護」に限られる）。第14条の「思想，良心及び宗教の自由」の規定についても，父母等が「指示を与える権利及び義務」があることも規定している。第15条の「結社の自由」「平和的な集会の自由」についても，第13条と同様の制限が規定されている。これらは，前文にもあるように，「児童は，身体的及び精神的に未熟である」ため，「特別な保護」を必要としており，「児童の発達しつつある能力に適合する方法で適当な指示及び指導を与える」（第5条）ことが必要と考えられているからである。

## 3　児童の人権に関わるさまざまな課題

### （1）体　　罰

　教育現場における体罰は「教育的配慮」という言葉で正当化されることがあるが，児童の人権の視点から児童の権利に関する条約との関係を見ていく。条約第29条には，児童の教育が指向すべきことについて書かれている。そこには，まず「児童の人格，才能並びに精神的及び身体的な能力をその可能な最大限まで発達させること」とある。そして，第28条において，「学校の規律が児童の人間の尊厳に適合する方法で」運用されることを求めており，人間の尊厳を傷つける体罰は，この条約において違法であり「教育」とすら呼べないものであると考えられる。第37条でも「非人道的な若しくは品位を傷つける取扱い」を禁じている。さらには，第5条，第18条に示されるように「児童の養育及び発達についての第一義的な責任」を有する父母等に対する越権行為の可能性もあり，第3条にある「児童の最善の利益」が考慮されていない。これらのことから，教育現場における体罰は，児童の権利に関する条約に違反していると考えられる。

### （2）い じ め

　学校や子どもがいる集団の中で発生するいじめの問題は，大人社会の歪の現れとして捉えられ，極めて深刻な問題である。現場では，いじめをなくすための多大な努力がなされているが，自分さえ良ければ良いとして，自分の権利ばかりを主張し，相手の権利も尊重するという考えや態度を身に付けていない大人たちの世界，暴力や体罰が横行する大人たちの世界，他人を傷つけることでストレス発散をする大人たちの世界は，確実に子どもの世界を侵食している。大人社会のあり方だけでなく，他人を尊重するという人権教育や道徳教育の不十分さや子ども自身のストレスを受け止められない大人の問題など，必要とされる対応は広範囲に渡る。児童の権利に関する条約の前文では，「児童が，その人格の完全なかつ調和のとれた発達のため，家庭環境の下で幸福，愛情及び理解のある雰囲気の中で成長すべき」であり，「平和，尊厳，寛容，自由，平等及び連帯

の精神に従って育てられるべきである」としているが，現在の子どものおかれている環境は，この理想には程遠い。

教育現場でのいじめについては，第29条の「教育の目的」にある「児童の人格，才能並びに精神的及び身体的な能力をその可能な最大限度まで発達させること」が十分に達成できていないと言えよう。

### （3）児童虐待

日本において，2000年に施行（最終改正：2016年6月）された「児童虐待の防止等に関する法律」（以下，児童虐待防止法）第1条には，「児童虐待が児童の人権を著しく侵害し，その心身の成長及び人格の形成に重大な影響を与える」ものとして，児童虐待を重大な人権侵害としている。児童の権利に関する条約においては，第19条に父母等からの「監護を受けている間において，あらゆる形態の身体的若しくは精神的な暴力，傷害若しくは虐待，放置若しくは怠慢な取扱い，不当な取扱い又は搾取（性的虐待を含む。）からその児童を保護するため」必要な措置をとることが規定されている。また，第34条には，「あらゆる形態の性的搾取及び性的虐待から児童を保護すること」，第39条には，「あらゆる形態の放置，搾取若しくは虐待」に対し，「被害者である児童の身体的及び心理的な回復及び社会復帰を促進するためのすべての適当な措置」をとることが規定されている。

### （4）施設における児童の権利と権利ノート

日本の各都道府県においては，施設に入所している子どものために，「子どもの権利ノート」を作成し配布・活用しているところが多い。たとえば，愛知県には，「コッコさんノート」（高学年用），「ピヨちゃんノート」（低学年用）という名前の権利ノートがある（図5-2，次頁）。内容は，施設で安心して暮らせる権利があること，知る権利や意見表明権，他者のことを考える力や思いやる力，頑張る力の必要なことや相談したい時の方法が書かれている。さらに，施設を通さずに児童相談所の職員に直接相談したい時のために，郵便はがき（ミニレター）が付けられている。このミニレターは，施設内で不適切な行為が行われている時の通報にも使われることを想定している。

### （5）親権と子どもの権利

児童の権利に関する条約第5条には，父母等に対して「児童の発達しつつある能力に適合する方法で適当な指示及び指導を与える責任，権利及び義務」を規定している。第18条には「児童の養育及び発達について父母が共同の責任を有する」とし，父母等は「児童の養育及び発達についての第一義的な責任」を規定している。

日本では，民法において具体的に定められた親権制度がある。民法第818条では「成年に達しない子は，父母の親権に服する。子が養子であるときは，養親の親権に服す

第Ⅱ部　児童家庭福祉の理念・思想

図5-2　あいち子どもの権利ノート（コッコさんノート）

出所：愛知県健康福祉部児童家庭課。

る」としている。第820条の「監護教育権」については「権利を有し，義務を負う」と書かれているものの，子どもの権利や親の責任というよりも，親の権利という視点で親権が記されている。

　民法に示される具体的な親権の内容は，大きく身上監護権と財産管理権とに分けられ，身上監護権には，監護教育権（民法第820条），居所指定権（同第821条），懲戒権（同822条），職業許可権（同823条）などが規定されている。財産管理権は第824条に，財産管理権及び代表権として規定されている。

　近年，児童虐待の急増で，子どもの安全を守ろうとする児童相談所が，虐待をする親（親権者）と対立する場面が多く出てきている。そのような場合，親がよく主張する言い分が「しつけのため（の懲戒）」「親には懲戒権がある」ということである。しかし，子どもに怪我をさせ，あるいは心理的に追い詰め，子どもの健全な発達を害するような懲戒（親権の行使）が認められるはずはない。

　民法の歴史は古く，日本の家族制度の基盤となっている法律である。しかし，日本も，児童虐待の増加や世界的な子どもの人権に対する流れを鑑み，2011年に民法等の一部改正を行った。この民法改正では，「懲戒権」（第822条）や「監護教育権」（第820条）の条文に，「子の利益のために」という文言が追加された。即ち，「子の利益」に反する「懲戒権」や「監護教育権」は認められないことが明記されたことになる。また。従来，親による「親権濫用」や「著しく不行跡」でなければ認められず，ハードルの高かった「親権喪失」（第834条）も「子の利益を著しく害するとき」は審判が可能となり，児童本

人も審判請求ができるようになった。さらには、「2年を越えない範囲」と限定される
も、「子の利益を害するとき」（「著しく」でなくても良い）は、「親権停止」（第834条の2）
の審判をすることが可能となった。その他、「離婚後の子の監護に関する事項の定め等」
（第766条）にも「子の利益を最も優先して」という文言が入っている。これらは、十分
であるかの議論はあるものの、児童の権利に関する条約の基本精神である「児童の最善
の利益」という考えが反映されているといえよう。


### （6）児童の権利に関する条約についての日本への勧告

　児童の権利に関する条約第43条により、締結国の義務履行の進捗状況を審査するため
に「児童の権利に関する委員会」が設けられている。この委員会は18人の専門家で構成
され、締結国が指名した者の名簿から選挙により選出される。また、同第44条により、
各締結国は5年ごとに進捗に関する報告を委員会に提出することとなっている。

　日本は、これまで1996年と2001年、2008年及び2017年の4回報告書を提出し、委員会
において審査がなされている。2008年の日本からの報告に対する委員会による最終見解
（2010年）は、懸念や勧告等91項目に及ぶが、児童に関わる制度等についての日本の問題
点の指摘として一読に値する。その主なものについて示す。児童福祉法の改正等、最近
の法改正の動きと関連して、内容を確認することにより、問題への理解が深まると考える。

　①　フォローアップとしてなされた政策と進展

　前回の審査の後、2つの選択議定書を締結したことを歓迎し、以下の法的措置の採択
を評価。その評価する法的措置とは、児童虐待防止法及び児童福祉法の改正（2004年・
2008年）、刑法改正（2005年）、子ども・若者育成推進法の施行（2010年）、教育基本法の
改正（2010年）などである。

　②　児童の定義（条約第1条）

　婚姻適齢につき少年（18歳）と少女（16歳）の差異について、両性とも18歳とするこ
とを勧告する。

　③　一般原則（条約第2条、第3条、第6条、第12条）

　差別の禁止では、非嫡出子が相続に関して嫡出子と同等でないこと、民族少数者、外
国籍児童、移民労働者の児童、難民児童及び障害のある児童に対する社会的差別が根強
くあることに懸念を示す。

　④　市民的権利及び自由（条約第7条、第8条、第13条〜17条、第19条、第37条(C)）

　体罰について、民法及び児童虐待防止法が、適切なしつけの行為を許容し、体罰への
許容性について不明確であることに懸念を示す。

　⑤　家庭環境及び代替的監護（条約第5条、第18条1及び2、第9条〜第11条、第19条〜第
　　　21条、第25条、第27条4及び第39条）

　家庭環境では、親子関係の悪化に伴って、児童の情緒的及び心理的な幸福に否定的な
影響を及ぼし、その結果、児童の施設収容という事態まで生じているとの報告に懸念を

第Ⅱ部　児童家庭福祉の理念・思想

示す。これらの問題が，高齢者介護と若者との間に生じる緊張状態，学校における競争，仕事と家庭を両立できない状態，特に，ひとり親家庭に与える貧困の影響といった要因に起因している可能性がある問題であることに留意する。

　養子縁組については，国際養子縁組に関する子の保護及び国際協力に関するハーグ条約（1993年）の締結を検討することを勧告する。

　児童虐待とネグレクトでは，民法において「包括的な支配」の実行の権利を与える「親権」の概念及び過剰な親の期待は，児童を家庭での暴力の危険にさらしていることに引き続き懸念を示す。

　⑥　基本的保健及び福祉（条約第6条，第18条3，第23条，第24条，第26条，第27条1～3）

　メンタルヘルスについて，著しい数の児童が情緒面での健康状態が低いとの報告をしていること，また両親や教師との関係の貧しさがその決定要因となっている可能性があることを示すデータに留意する。また，発達障害者支援センターにおける注意欠陥多動性障害（ADHD）の相談数が増加していることに留意する。この現象が主に薬物によって治療されるべき生理的障害とみなされ，社会的決定要因が適切に考慮されていないことに懸念を示す。

　保健サービスでは，学校において行動面での期待を満たさない児童が，児童相談所に送致されていることを，懸念を持って注目する。児童相談所のシステム及びその作業方法に関し，リハビリテーションの成果に関する評価も含め独立した調査を委託し，次回の定期報告にこの調査結果についての情報を含めることを勧告する。

　⑦　特別な保護措置（条約第22条，第38条，第39条，第40条，第37条(b)，第30条，第32条～第36条）

　少年司法について，2000年の少年法改正が処罰的アプローチをとり，少年犯罪者の権利や司法上の保障を制限しているとの第2回政府報告に基づき，2004年2月に表明した委員会の懸念を改めて表明する。特に，刑事責任年齢が16歳から14歳に引き下げられたことは，教育的措置の可能性を減らし，14歳から16歳の間の多くの児童を矯正施設への収容にさらすことになる。刑事責任最低年齢に関する法令を従前の16歳に引き上げることで，見直しを検討することを勧告する。

　この児童の権利に関する委員会の見解については，政府の報告書だけではなく，審査の精度を増すために，国内NGO団体などにもカウンターレポートの提出を求めており，政府の見解とは必ずしも一致しない側面もあると思われるが，現在の日本の児童の権利に関する問題を議論する出発点として，極めて有意義である。


**（7）ハーグ条約**

　オランダのハーグにある「ハーグ国際私法会議（HCCH）」（1893年設立）は，1980年10月25日に「国際的な子の奪取の民事上の側面に関する条約（ハーグ条約）（Hague

第5章　児童の権利と児童の権利に関する条約

**図5-3**　ハーグ条約における子の返還手続き

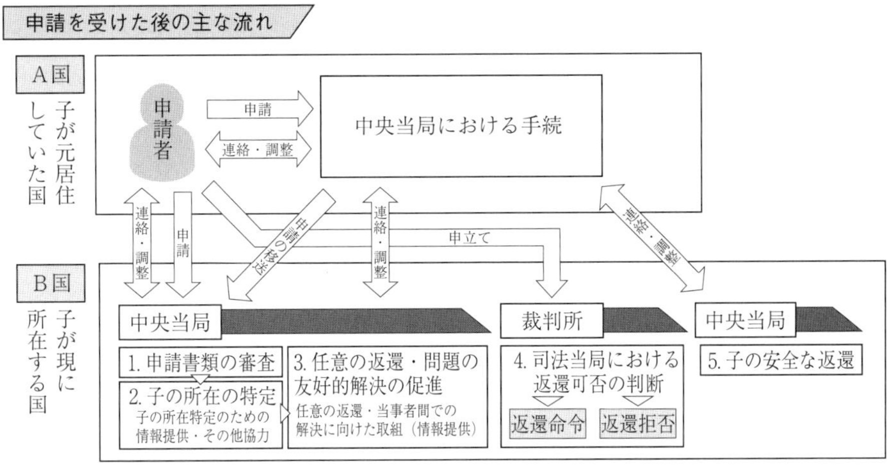

出所：外務省「ハーグ条約」(http://www.mofa.go.jp/mofaj/press/pr/wakaru/fapics/vol82/index.html，2018年1月11日アクセス)。

Convention on the Civil Aspects of International Child Abduction)」を作成し，2016年6月現在，世界94カ国がこの条約を締結している。日本では，2013年に国会において締結が承認され，「国際的な子の奪取の民事上の側面に関する条約の実施に関する法律」が成立した。2014年には条約に署名し，日本でも，ハーグ条約が同年4月1日に発効された。

この条約は，国際結婚の増加に伴い，国際離婚も増加する中，一方の親による子どもの連れ去りや監護権をめぐる国際裁判管轄の問題を解決するために作られたもので，原則として元の居住国に子どもを迅速に返還するための国際協力の仕組みや，国境を越えた親子の面会交流の実現のための協力について定めている。

対象となる児童は16歳未満で，基本理念は「子どもの利益を最優先」することである。子が連れ去られた親は，自国の中央当局（Central Authority：日本の場合は外務省）や連れ去られた先の中央当局を含む締結国の中央当局に対し，子どもの返還に関する援助や子どもとの接触（面会交流）に関する援助の申請ができる。また，裁判所は申し立てを受け，子どもを居住国に返還するかどうかを判断する。「子どもの利益」については，居住国と異なる国への連れ去りによる環境の変化や，もう一方の親との交流が絶たれること等が，子どもの大きな不利益となるとの考えに基づくが，妻へのDVにより逃げた場合など，子どもを戻すべきではないとの意見もある。

また，欧米では離婚後の監護権を両親に認めている国が多いが，日本では一方にしか親権を認めていない（単独親権）ことから，離婚相手との面会交流には，否定的な考えをする者もいる。日本の司法制度では，連れ去った親に有利に働く場合が多く，連れ去った親が親権を獲得する場合も少なくないことや面会交流が十分に担保・保障されていないという現状から，国際的にも同様と考えるという誤解もあると考えられる。

方の主張でDVが認められてしまいがちな傾向も，この問題を難しくしている。もちろん，子どもを返還することで，「子どもが精神的・身体的な被害を受ける」「生存

第Ⅱ部　児童家庭福祉の理念・思想

が困難な状況におかれる」等の子どもの人権や基本的権利を害する恐れがある際には，状況に応じて子どもの返還が義務づけられない場合があるが，親の都合や日本の法整備の不十分さによる誤解等による連れ去りに対しては，国際的基準に合わせて返還が求められ，裁判所の決定により返還命令が発せられることもある。子どもの返還手続きの流れは，図5-3の通りである。

### 参考文献

外務省「児童の権利条約（児童の権利に関する条約）」(http://www.mofa.go.jp/mofaj/gaiko/jido/, 2018年1月11日アクセス)。

外務省「ハーグ条約」(http://www.mofa.go.jp/mofaj/gaiko/hague/index.html, 2018年1月11日アクセス)。

加藤俊二編著『現代児童福祉論 第2版』ミネルヴァ書房，2008年。

川池智子編著『児童家庭福祉論 第3版』学文社，2013年。

喜多明人「子どもの権利条約」市川昭午・永井憲一監修『子どもの人権大辞典』エムティ出版，1997年，322頁。

新保育士養成講座編纂委員会編『児童家庭福祉』全国社会福祉協議会，2015年。

福田公教・山縣文治編著『児童家庭福祉 第3版』ミネルヴァ書房，2013年。

# 第III部

## 児童家庭福祉に
## 関連する法制度

# 第6章 児童福祉法

## 1 児童福祉法の成立の歴史

### （1）児童福祉法制定の経緯

　児童福祉法は，児童やその家庭への福祉に関する事項を総合的に定めた法律である。制定された当初に想定されていた主な対象は，戦争によって親を亡くした児童や，戦後，日本社会が混乱を極め貧困など著しく厳しい生活環境に育つ児童に対しての救済措置としての意味合いが強かった。しかし今日では，児童や児童を育てる家庭がより良い環境下で養育ができるような支援を提供していくことが，その根底となる精神となっている。

　児童福祉に関する総合的な事項を定めている児童福祉法は，1947（昭和22）年に公布され，翌年の1948（昭和23）年に施行された。1945（昭和20）年に，第2次世界大戦が終戦したが，多くの家屋が空襲を受けて焼失し，多数の市民が戦争の犠牲となり，街には，この戦争によって親を亡くした子どもたちがあふれていた。頼る家族もいない子どもたちは，「戦争孤児」や「浮浪児」などと呼ばれ，街で物乞いをする子どもや，窃盗などの犯罪行為を行う子ども，飲酒や喫煙などの非行に走る子どもたちも多かったといわれている。

　こうした子どもたちに対する緊急対策として，政府は1945（昭和20）年に「戦災孤児等保護対策要綱」を定めた。戦争で頼る家族を失った子どもたちに対して国の政策によって保護をする対策が，児童福祉法の制定を待たずして定められたのである。

　1946（昭和21）年には，当時の厚生省の社会局長通知として，「浮浪児その他児童保護等の応急措置実施に関する件」を出した。題目に「応急」という表現が用いられていることからも想像できるように，戦争によって孤児や浮浪児となった子どもたちを保護することは当時，緊急性が帯びていたことがうかがえる。現代のように，子どもの主体的な権利や，自主権を尊重するというよりも，まずは，生存権を保障するために街を彷徨っている子どもたちや，飢えている子どもたちを保護することが最優先事項であった。

　この通知の内容は，「孤児や浮浪児が徘徊するおそれのある場所を巡回し，子どもを保護することや，『児童保護相談所』の設置，『浮浪児保護台帳』の整備などを求めている[1]」。これらの活動によって，子どもを保護するとともに，戦争孤児や浮浪児の実態の把握を図ろうとしたことがうかがえる。

　1946（昭和21）年には東京，神奈川，愛知，京都，大阪，兵庫，福岡の7大都府県の知事に対して「主要地方浮浪児等保護要綱」を通知し，これによって，上記の都府県に

80

第6章　児童福祉法

一時保護所18カ所，児童鑑別所7カ所が設けられた。とりわけ大都市圏に集中していた浮浪児に対して，一時的に保護を行ったり，鑑別所に収容し保護を行うことが要請された。

　さらに，1946（昭和21）年に，当時の厚生大臣は中央社会事業委員会へ「児童保護事業を強化徹底するための具体策に関して」諮問を行い，「法の対象とする児童は特殊児童に限定することなく，全児童に及ぶよう構成することが必要であり，児童福祉の基本法を制定することが喫緊の要務である」として「児童福祉要綱案」を作成し，これが1947（昭和22）年の新憲法下において開催された第1回目の国会へ提出された。

　この段階での行政機関の認識としては，孤児や浮浪児といった，子どもを養育する家族や親族が身近にいないような特別の事情下におかれている児童のみが対象ではなく，親の下で養育を受けている児童であっても，福祉が必要と認められる児童であれば，法の下における福祉の対象として扱われるべきであるという認識である。ここに，現在の児童福祉法の基本形としての萌芽的な考え方が示されるに至った。

### （2）児童福祉法の制定

　前述のような経緯を経て，児童福祉法は1948（昭和23）年に施行された。前述したように，児童福祉法の基本精神は，戦争によって危機に瀕していた多くの子どもたちの生存権のみならず，すべての児童が人間としての最低限の生活を保障することを目的として制定された法律であるということができる。「児童福祉法が，特殊な事情の下にあって特に保護を必要とする児童を保護するに止まらず，進んで凡ての児童を対象とし，その健全なる育成を企図するというような画期的，歴史的法律として成立した」のである。

　児童福祉法は，18歳未満の者を「児童」と定義し，すべての児童を福祉の対象としている。また，制定当時から，児童が要保護の状態に陥らないように「予防的措置」を取ることが念頭におかれ，積極的に児童福祉の増進を図ることを目的とした法律である。

## 2　児童福祉法の概要

　児童福祉法は，1947（昭和22）年に施行された日本国憲法第25条を土台とし，「児童」に関する福祉の総合的な事項を定めた法律として規定されているということができる。日本国憲法第25条の条文は，以下のとおりである。

> 「　　すべて国民は，健康で文化的な最低限度の生活を営む権利を有する。
> 　2　国は，すべての生活部面について，社会福祉，社会保障及び公衆衛生の向上及び増進に努めなければならない」。

　日本国憲法第25条は「生存権」といわれ，この項目は当初の連合国最高司令官総司令

第Ⅲ部　児童家庭福祉に関連する法制度

部（GHQ）案にはなく，制定時に衆議院で討議されて修正追加されたものである。「健康で文化的な最低限度の生活」（日本国憲法第25条）を子どもに特化し提供し維持するため，国は児童への福祉に関する総合的な事項を定めた児童福祉法を制定したのである[6]。児童福祉法は施行以降，今日までに数多くの改正が行われてきているが，2018年1月現在の児童福祉法は，「第1章 総則，第2章 福祉の保障，第3章 事業，養育里親及び養子縁組里親並びに施設，第4章 費用，第5章 国民健康保険団体連合会の児童福祉法関係業務，第6章 審査請求，第7章 雑則，第8章 罰則」の8章により成り立っている。

　本章では，児童家庭福祉を学ぶにおいて，とりわけ重要な事項が記載されている第1章「総則」と第2章「福祉の保障」において定められている事柄の概要をみていく。

### （1）総　　則

#### 1）児童福祉の理念

第1章の「総則」において，第1条に以下のように規定されている。

　　「全て児童は，児童の権利に関する条約の精神にのつとり，適切に養育されること，その生活を保障されること，愛され，保護されること，その心身の健やかな成長及び発達並びにその自立が図られることその他の福祉を等しく保障される権利を有する」（児童福祉法第1条）。

　日本は1994年に「児童の権利に関する条約」に批准した。その精神に則り，第1条では前述したように，児童に対して，その福祉を等しく保障することが明記されている。また，第2条では，以下のように規定されている。

　　「　　全て国民は，児童が良好な環境において生まれ，かつ，社会のあらゆる分野において，児童の年齢及び発達の程度に応じて，その意見が尊重され，その最善の利益が優先して考慮され，心身ともに健やかに育成されるよう努めなければならない。
　　②　児童の保護者は，児童を心身ともに健やかに育成することについて第一義的責任を負う。
　　③　国及び地方公共団体は，児童の保護者とともに，児童を心身ともに健やかに育成する責任を負う。」

　第2条では，児童の育成の第1義的責任は保護者にあることを規定し，国と地方公共団体は児童の保護者とともに児童を育成する責任があることが規定されている。近年，日本の家庭における子育てについては，核家族化等にともなって家庭での養育に保護者が孤立感を抱き，子どもを虐待するケースが散見され，児童虐待が社会問題となってい

る。こうした事態を防ぐために，社会全体で子どもを育てていくことを基本原理とする，「育児の社会化」が目指されているが，児童福祉法の条文では，児童育成の第1義的責任は，まず保護者にあるとの規定がなされている。

第3条では「前2条に規定するところは，児童の福祉を保障するための原理であり，この原理は，すべて児童に関する法令の施行にあたって，常に尊重されなければならない」と規定され，児童に関する他の法令が作られるにあたっては，児童福祉法の理念に相反する内容であってはならないものと定めている。

「第1節　国及び地方公共団体の責務」として，第3条の2では「児童が家庭において心身ともに健やかに養育されるよう，児童の保護者を支援しなければならない」ことが規定されている。また，第3条の3第1項では，市町村の責務として「基礎的な地方公共団体として，児童の身近な場所における児童の福祉に関する支援に係る業務を適切に」行うこととされている。さらに第3条の3第2項では，「都道府県は，市町村の行う…（中略）…福祉に関する業務を適切に行わなければならない」こと，広域的な見地から「専門的な知識及び技術」等を要する業務を行うことが規定され，第3条の3第3項では，「国は市町村及び都道府県の行うこの法律に基づく児童の福祉に関する業務が適正かつ円滑に行われるよう」体制の確保等を行うことが定められている。

このように，国は児童福祉に関する全般的な基盤の整備を行い，都道府県は児童虐待などの専門的知識を要する事柄に対しての支援を行う。さらに市町村は，児童や子育て家庭に最も身近な自治体としての支援を行うというような役割分担が規定されているのである。

### 2）児童等の定義

児童福祉法における「児童」とは，満18歳に満たない者をいう。そして，以下のように児童の年齢等に応じて「乳児」「幼児」「少年」と分類している（児童福祉法第4条）。

　　乳　　児：満1歳に満たない者。
　　幼　　児：満1歳から，小学校就学の始期に達するまでの者。
　　少　　年：小学校就学の始期から，満18歳に達するまでの者。

したがって，「児童福祉」の対象となる年齢は，原則として18歳に達するまでとなる。しかし，児童福祉施設等に入所している児童については，18歳に達した場合に直ちに退所をさせられるということではなく，それぞれの児童がおかれている事情に応じて，18歳の年齢に達した者についても臨機応変に入所の継続などの対応がなされている。さらに，同法では「障害児」「妊産婦」「保護者」について，それぞれ以下のように定義している（児童福祉法第4～6条）。

第Ⅲ部　児童家庭福祉に関連する法制度

　　　　障害児：身体に障害のある児童，知的障害のある児童，精神に障害のある児童（発
　　　　　　　　達障害児を含む），治療方法が確立していない疾病その他の特殊の疾病で
　　　　　　　　あって政令で定めるものによる障害の程度である児童。
　　　　妊産婦：妊娠中または出産後1年以内の女子。
　　　　保護者：親権を行う者，未成年後見人その他の者で，児童を現に監護する者。

　障害児については，その対象の年齢は原則として18歳未満の者である。また，妊娠中
の女子についても「児童家庭福祉」の対象として位置づけられている。とりわけ，若年
での妊娠や，家庭環境が複雑な状況におかれているなど，「出産後の養育について出産
前において支援を行うことが特に必要と認められる妊婦」（児童福祉法第6条の3第5項）
を「特定妊婦」と定義し，支援の対象としている。保護者の規定については，事情によ
り産みの親が親権を持つことができない場合は，未成年後見人などの血縁関係のない者
等が当該児童の保護者となることがある。
　また，慢性的な疾病にかかり長期的に療育が必要で多額の治療費がかかる疾患のうち
「小児慢性特定疾病」に指定されているものについては，「児童または児童以外の満20歳
に満たない者が当該疾病にかかっていることにより，長期にわたり療養を必要とし，及
びその生命に危険が及ぶおそれがあるものであって，療養のために多額の費用を要する
ものとして厚生労働大臣が社会保障審議会の意見を聴いて定める疾病をいう」（児童福祉
法第6条の2）と定義し，児童ではない18歳以上の者も支援の対象としている。

### 3）児童福祉に関する事業

　児童や児童を育てる家庭を主な対象として，今日では児童福祉法に基づいてさまざま
な事業が展開されている。児童福祉法第6条の3第1項から第14項にかけては，児童に
関する各種の事業についての定義が定められている。以下，各事業の概要について解説
を行う。

　① 児童自立生活援助事業

　児童自立生活援助事業とは，「共同生活を営むべき住居における相談その他の日常生
活上の援助及び生活指導並びに就業の支援を行い，あわせて児童自立生活援助の実施を
解除された者に対し相談その他の援助を行う事業」（児童福祉法第6条の3第1項）である。
　措置等によって，児童福祉施設等に入所していた者に対して，退所後に共同生活を営
む場を提供することによって，スムーズに社会生活を営んでいけるようにサポートを行
う事業である。施設を退所後に社会へ適応できず，さまざまな困難を抱える者がいるこ
とから，自立する前に共同生活を行うことによって，社会へ適応できるよう援助を行う
事業である。

　② 放課後児童健全育成事業

　放課後児童健全育成事業とは，「小学校に就学している児童であつて，その保護者が
労働等により昼間家庭にいないものに，授業の終了後に児童厚生施設等の施設を利用し

て適切な遊び及び生活の場を与えて，その健全な育成を図る事業」（児童福祉法第6条の3第2項）である。

今日の日本では，共働き家庭の増加と核家族化に伴い，保護者が昼間に家庭にいない世帯が増加している。放課後児童健全育成事業とは，こうした家庭の児童に遊びや生活の場を提供し，健全にその育成を図ることを目的とする事業である。

③　子育て短期支援事業

子育て短期支援事業とは，「保護者の疾病その他の理由により家庭において養育を受けることが一時的に困難となった児童について，厚生労働省令で定めるところにより，児童養護施設その他の厚生労働省令で定める施設に入所させ，その者につき必要な保護を行う事業」（児童福祉法第6条の3第3項）である。

子育て期にある保護者が病気や事故による怪我等で子育てを一時的に行うことが困難となった時に，児童福祉施設等に子どもを預け，施設が親に代わり子育てを行う事業である。

④　乳児家庭全戸訪問事業

乳児家庭全戸訪問事業とは，「市町村の区域内における原則として全ての乳児のいる家庭を訪問することにより，厚生労働省令で定めるところにより，子育てに関する情報の提供並びに乳児及びその保護者の心身の状況及び養育環境の把握を行うほか，養育についての相談に応じ，助言その他の援助を行う事業」（児童福祉法第6条の3第4項）である。

保健師，助産師，看護師等が乳児のいる家庭を原則としてすべて訪問し，育児等に関する不安や悩みを聞き，子育て支援等に関する情報を保護者へ提供する，広く一般を対象とした事業である。この事業により，児童虐待の早期発見や，保護者の地域での孤立化を防止することが期待できる。

⑤　養育支援訪問事業

養育支援訪問事業とは，「厚生労働省令で定めるところにより，乳児家庭全戸訪問事業の実施その他により把握した保護者の養育を支援することが特に必要と認められる児童…（中略）…若しくは保護者に監護させることが不適当であると認められる児童及びその保護者又は出産後の養育について出産前において支援を行うことが特に必要と認められる妊婦に対し，その養育が適切に行われるよう，当該要支援児童等の居宅において，養育に関する相談，指導，助言その他必要な支援を行う事業」（児童福祉法第6条の3第5項）である。

前項の「乳児家庭全戸訪問事業」の訪問により保護者の養育を支援することが必要と認められた場合，児童の養育に対して，居宅にて相談を受けたり，養育の指導等を行う事業が養育支援訪問事業である。

⑥　地域子育て支援拠点事業

地域子育て支援拠点事業とは，「厚生労働省令で定めるところにより，乳児又は幼児

第Ⅲ部　児童家庭福祉に関連する法制度

及びその保護者が相互の交流を行う場所を開設し，子育てについての相談，情報の提供，助言その他の援助を行う事業」（児童福祉法第6条の3第6項）である。

　現代の日本は，核家族化や地域社会の連帯の希薄化に伴い，子育てに関する知恵が世代を超えて伝わりにくい状況となっている。こうした状況において，子育て中の親は孤立感や不安を抱きやすい状況となっている。地域子育て支援拠点事業は，こうした親子が児童館や保育所等の公共の施設に集い，交流をする中で子育ての不安や悩み等を相談できる場を提供する事業である。

　⑦　一時預かり事業

　一時預かり事業とは，「家庭において保育を受けることが一時的に困難となつた乳児又は幼児について，厚生労働省令で定めるところにより，主として昼間において，保育所，認定こども園…（中略）…その他の場所において，一時的に預かり，必要な保護を行う事業」（児童福祉法第6条の3第7項）である。

　保育所等を利用せずに子育てを行っている保護者が一時的に家庭で子育てを行うことが困難となった時や，保護者が一手に子育てを担っていることによる育児疲れ等を軽減するために，保育所，幼稚園，認定こども園等で一時的に子どもを預かることで，保護者の育児に関わる負担を軽減することを目的として行われている事業である。

　⑧　小規模住居型児童養育事業

　小規模住居型児童養育事業とは，「保護者のない児童又は保護者に監護させることが不適当であると認められる児童の養育に関し相当の経験を有する者…（中略）…の住居において養育を行う事業」（児童福祉法第6条の3第8項）である。

　保護者のいない児童や，虐待等により保護者が養育することが不適当と認められる児童を，養育を行うことに適切な養育者の家庭に当該児童を迎え入れ，養育を行う家庭養護である。従来，施設での養護は大人数での養護となり，施設を利用する児童一人ひとりに職員の目が行き届くことが少なかった。こうした状況において，国はより小規模な環境の下で児童を養育することが望ましい姿であるとし，この事業が展開されている。

　⑨　家庭的保育事業

　家庭的保育事業とは，「家庭において必要な保育を受けることが困難である乳児又は幼児であつて満3歳未満のものについて家庭的保育者の居宅その他の場所において，家庭的保育者による保育を行う事業」（児童福祉法第6条の3第9項）である。保育は多くの場合，保育所等の児童福祉施設で行われることが多いが，近年の都市部における待機児童の増加に伴い，保育の場を増大させる必要性が高まっていること，また，より小規模の保育で児童一人ひとりにきめ細やかな保育を行う必要性の高まりを受けて展開されている事業である。

　⑩　小規模保育事業

　小規模保育事業は，「利用定員が6人以上19人以下の施設において保育を行う事業」（児童福祉法第6条の3第10項）である。保育所等での比較的大人数の保育活動とは異なり，

86

第6章　児童福祉法

子ども一人ひとりの興味・関心に応じた臨機応変な保育活動を展開できることが特徴である。また，集団生活が苦手な児童に対しても保育者が丁寧に対応できることも，この事業の強みである。

⑪　居宅訪問型保育事業

居宅訪問型保育事業は，「当該保育を必要とする乳児・幼児の居宅において家庭的保育者による保育を行う事業」（児童福祉法第6条の3第11項）である。⑨で解説を行った「家庭的保育事業」等は，保育者の自宅等で保育を行う者であるが，本事業は児童の自宅で保育を行うことが特徴である。保育を受ける児童は自宅ということもあり，安心して生活を送りながら保育者による保育を受けることができる。

⑫　事業所内保育事業

事業所内保育事業とは，「保育を必要とする乳児・幼児であつて満3歳未満のものについて，次に掲げる施設において，保育を行う事業」（児童福祉法第6条の3第12項）である。また，同項では，以下のように規定されている。

> 「イ　事業主がその雇用する労働者の監護する乳児若しくは幼児及びその他の乳児若しくは幼児を保育するために自ら設置する施設又は事業主から委託を受けて当該事業主が雇用する労働者の監護する乳児若しくは幼児及びその他の乳児若しくは幼児の保育を実施する施設。
> 　ロ　事業主団体がその構成員である事業主の雇用する労働者の監護する乳児若しくは幼児及びその他の乳児若しくは幼児を保育するために自ら設置する施設又は事業主団体から委託を受けてその構成員である事業主の雇用する労働者の監護する乳児若しくは幼児及びその他の乳児若しくは幼児の保育を実施する施設。
> 　ハ　地方公務員等共済組合法（昭和37年法律第152号）の規定に基づく共済組合その他の厚生労働省令で定める組合…（中略）…が当該共済組合等の構成員として厚生労働省令で定める者…（中略）…の監護する乳児若しくは幼児及びその他の乳児若しくは幼児を保育するために自ら設置する施設又は共済組合等から委託を受けて当該共済組合等の構成員の監護する乳児若しくは幼児及びその他の乳児若しくは幼児の保育を実施する施設。
> 　ニ　満三歳以上の幼児に係る保育の体制の整備の状況その他の地域の事情を勘案して，保育が必要と認められる児童であって満三歳以上のものについて，前号に規定する施設において，保育を行う事業」。

以上のように，原則として企業で働く従業員の子どもを，企業内もしくは企業の近辺に用意した保育施設にて預け保育を行う事業である。主として企業がそこで働く従業員に向けた保育施設を用意することにより，従業員である保護者の保育所等への送迎の負

87

第Ⅲ部　児童家庭福祉に関連する法制度

担を軽減し，仕事と育児の両立を図ることが容易となる。しかし，この事業は比較的大きな規模の企業でないと運営することが困難なため，今後は中小企業にもいかにして浸透をさせていくことができるかが課題である。

⑬　病児保育事業

病児保育事業とは，「保育を必要とする乳児・幼児又は保護者の労働若しくは疾病その他の事由により家庭において保育を受けることが困難となった小学校に就学している児童であつて，疾病にかかっているものについて，保育所，認定こども園，病院，診療所その他厚生労働省令で定める施設において，保育を行う事業」（児童福祉法第6条の3第13項）である。

保護者が就業等をしている際，その子どもが病気等で自宅での保育が困難な場合に，病院や保育所等で一時的に児童を預かり，保護者の就労や児童の健全育成に資する事業である。特に年齢が低い児童ほど突発的な病気になりやすく，また，保護者も急には仕事を休む事ができない場合に利用される。

⑭　子育て援助活動支援事業

子育て援助活動支援事業は，「厚生労働省令で定めるところにより，…（中略）…援助のいずれか又は全てを受けることを希望する者と，当該援助を行うことを希望する者との連絡及び調整並びに援助希望者への講習の実施その他の必要な支援を行う事業」（児童福祉法第6条の3第14項）である。具体的には「児童を保育所まで送迎する，保育所の開始前や終了後に児童を預かる，保護者の急病時や急用がある場合に，当該保護者の児童を預かる[8]」等の援助活動を行う。現代社会の核家族化，地域社会の連帯の希薄化を背景として，展開されている事業である。

**4）里　親**

近年，虐待等の不適切な養育を親から受けることを原因として，実親の下で生活できない児童が増加している。国は，このような要保護児童について，施設のような大人数で子どもたちが生活する環境ではなく，より家庭的な雰囲気のもとで養護を受けられるよう，家庭養護を推進している。その代表的な制度が里親制度である。

里親について，児童福祉法第6条の4を総合的にまとめると，以下のような規定がなされている。

「1　厚生労働省令で定める人数以下の要保護児童を養育することを希望する者のうち，養育里親名簿に登録されたもの。

2　厚生労働省令で定める人数以下の要保護児童を養育すること及び養子縁組によつて養親となることを希望する者のうち，養子縁組里親名簿に登録されたもの。

3　厚生労働省令で定める人数以下の要保護児童を養育することを希望する者のうち，都道府県知事が児童を委託する者として適当と認めるもの。」

第6章　児童福祉法

　里親は，2004（平成16）年の児童福祉法改正において初めて法定化され，親権代行の規定などが盛り込まれた。また，里親の養育内容に関する規定は「里親が行う養育に関する最低基準」に定められている。

### 5）児童福祉施設

　児童への福祉を保障するための施設として，児童福祉施設が設置されている。各施設について，すべての児童を対象としている施設，障害児を対象とする施設，要保護児童を対象としている施設等がある。また，利用形態もその施設の目的に応じて通所型及び入所型に分けられている。

　児童福祉施設について，児童福祉法第7条では「助産施設，乳児院，母子生活支援施設，保育所，幼保連携型認定こども園，児童厚生施設，児童養護施設，障害児入所施設，児童発達支援センター，児童心理治療施設，児童自立支援施設及び児童家庭支援センターとする」と規定している。また，各児童福祉施設の設備の基準や，職員配置等の規定は「児童福祉施設の設備及び運営に関する基準」に定められている。

### 6）児童福祉審議会

　児童福祉法第8条で，「都道府県に児童福祉に関する審議会その他の合議制の機関を置くもの」と規定されている。ただし，都道府県において社会福祉審議会で児童に関する事項を調査審議させる場合においては置かないこともできる。なお，市町村についても「児童福祉に関する審議会その他の合議制の機関を置くことができる」（児童福祉法第8条第3項）と定められている。

### 7）児童相談所

　児童福祉法第12条には，児童相談所についての規定があり，都道府県は児童相談所の設置が義務となっている。2006（平成18）年からは中核市にも児童相談所の設置ができるようになった。2016（平成28）年には，特別区についても設置が可能となるよう改正が行われた。また，児童相談所には児童心理司，医師または保健師，指導・教育担当の児童福祉司をおくとともに，弁護士またはこれに準ずる者の配置も行うこととなった。

### 8）児童委員

　児童福祉法第16条で，「市町村の区域に児童委員を置く」（第1項），「民生委員法による民生委員は，児童委員に充てられたもの」（第2項）と規定されており，民生委員と児童委員は兼務する。児童委員は児童福祉法，民生委員は民生委員法によって規定されているが，その対象が18歳未満である場合には児童委員として，18歳以上である場合には民生委員として活動を行う。


## （2）　福祉の保障

### 1）療育の指導・小児慢性特定疾病医療費の支給等

　障害児や，小児慢性特定疾病の児童に関する福祉の保障について，次の事柄が規定されている。

89

第Ⅲ部　児童家庭福祉に関連する法制度

①　療育の指導

児童福祉法第19条において，保健所長は身体に障害のある児童，疾病により長期にわたり療養を必要とする児童につき診査を行い，又は相談に応じ，必要な療育の指導を行うことと規定されている。

②　小児慢性特定疾病医療費の支給

小児慢性特定疾病とは，悪性新生物，慢性腎疾患，慢性呼吸器疾患，慢性心疾患，内分泌疾患，膠原病，糖尿病，先天性代謝異常，血液疾患，免疫疾患，神経・筋疾患，慢性消化器疾患，染色体または遺伝子に変化を伴う症候群，皮膚疾患が挙げられている。[9]

小児慢性特定疾病について「児童又は児童以外の満20歳に満たない者が当該疾病にかかつていることにより，長期にわたり療養を必要とし，及びその生命に危険が及ぶおそれがあるものであつて，療養のために多額の費用を要するものとして厚生労働大臣が社会保障審議会の意見を聴いて定める疾病をいう」（児童福祉法第6条の2第1項）と規定されている。また，「小児慢性特定疾病医療支援とは，都道府県知事が指定する医療機関に通い，又は入院する小児慢性特定疾病にかかつている児童等であつて，当該疾病の状態が当該小児慢性特定疾病ごとに厚生労働大臣が社会保障審議会の意見を聴いて定める程度であるものに対し行われる医療をいう」（児童福祉法第6条の2第2項）とも規定されている。

小児慢性疾病の療養には多額の費用がかかり，保護者のみが医療費を負担することは，当該家庭の家計にとって負担が大きいことから，この疾病の程度が一定程度以上である児童の保護者に対して，申請に基づいて医療に要する費用（小児慢性特定疾病医療費）が支給されている。

**2）助産施設・母子生活支援施設及び保育所への入所等**

児童福祉法に規定されている児童福祉施設のうち，助産施設，母子生活支援施設，保育所への入所については以下のような規定がある。

①　助産施設

助産施設は「都道府県，市及び福祉事務所を設置する町村は，…（中略）…保健上必要があるにもかかわらず，経済的理由により，入院助産を受けることができない場合において，その妊産婦から申込みがあつたときは，その妊産婦に対し助産施設において助産を行わなければならない」（児童福祉法第22条）と規定された施設である。利用するにおいては，福祉事務所に申し込み，許諾されると利用することができる。

②　母子生活支援施設

母子生活支援施設は「保護者が，配偶者のない女子又はこれに準ずる事情にある女子であつて，その者の監護すべき児童の福祉に欠けるところがある場合において，その保護者から申込みがあつたときは，その保護者及び児童を母子生活支援施設において保護しなければならない」（児童福祉法第23条）と規定された施設である。利用する者は「配偶者のない女子又はこれに準ずる事情にある女子及びその者の監護すべき児童」（児童

90

福祉法第38条）であり，「入所させて，これらの者を保護するとともに，これらの者の自立の促進のためにその生活を支援し，あわせて退所した者について相談その他の援助を行うことを目的とする施設とする」（児童福祉法第38条）と定められている。

入所する母子について，とりわけ近年はDV（ドメスティック・バイオレンス）の被害にあった母親が子どもとともに入所するケースが目立ってきている。1998（平成10）年の児童福祉法の改正により，「母子寮」から「母子生活支援施設」へと名称が変更された。当該母子を保護するのみではなく，生活の支援を行うことが目的として新たに加わった。

③　保　育　所

保育所は「保育を必要とする乳児・幼児を日々保護者の下から通わせて保育を行うことを目的とする施設」（児童福祉法第39条）と規定された施設である。保育所は児童福祉施設において最も利用する児童・保護者が多い施設であり，都市部においては待機児童の問題や，そこで働く保育士不足の問題が顕在化し社会問題ともなっている。

### 3）障害児入所給付費・高額障害児入所給付費等

障害児が入所施設を利用するにあたっては，それに該当する費用について給付費が支給される。障害児入所給付費について児童福祉法では，「都道府県は，入所給付決定保護者が，都道府県知事が指定する障害児入所施設又は指定発達支援医療機関に入所又は入院の申込みを行い，当該指定障害児入所施設等から障害児入所支援を受けたときは，当該入所給付決定保護者に対し，当該指定入所支援に要した費用（食事の提供に要する費用，居住又は滞在に要する費用その他の日常生活に要する費用のうち厚生労働省令で定める費用及び治療に要する費用）について，障害児入所給付費を支給する」（児童福祉法第24条の2）と規定されている。また，当該費用が著しく高額である場合は「高額障害児入所給付費」（児童福祉法第24条の6）が支給される。

### 4）要保護児童の保護措置等

要保護児童とは，「保護者のない児童又は保護者に監護させることが不適当であると認められる児童」（児童福祉法第6条の3第8項）のことである。こうした児童を発見した者に対しては通告義務が課されている。通告先は「市町村，都道府県の設置する福祉事務所若しくは児童相談所又は児童委員を介して市町村，都道府県の設置する福祉事務所もしくは児童相談所」（児童福祉法第25条）である。また，児童福祉法第25条第2項では，要保護児童の通告義務は守秘義務に優先されることが規定されている。

また，要保護児童に関する情報交換の場として「要保護児童対策地域協議会」の規定があり「地方公共団体は，単独で又は共同して，要保護児童の適切な保護又は要支援児童若しくは特定妊婦への適切な支援を図るため，関係機関，関係団体及び児童の福祉に関連する職務に従事する者その他の関係者により構成される要保護児童対策地域協議会を置くように努めなければならない」（児童福祉法第25条の2）と規定されている。

また，保護され，児童福祉施設等に措置がなされた児童について，施設の職員から虐

待を受けるケースが相次いでいる。これを「被措置児童等虐待」という。児童福祉法では「小規模住居型児童養育事業に従事する者，里親若しくはその同居人，乳児院，児童養護施設，障害児入所施設，児童心理治療施設若しくは児童自立支援施設の長，その職員その他の従業者，指定発達支援医療機関の管理者その他の従業者，第12条の４に規定する児童を一時保護する施設を設けている児童相談所の所長，当該施設の職員その他の従業者又は第33条第１項若しくは第２項の委託を受けて児童の一時保護を行う業務に従事する者（以下「施設職員等」と総称する。）が，委託された児童，入所する児童又は一時保護が行われた児童」（児童福祉法第33条の10）に対して，身体的虐待，性的虐待，ネグレクト，心理的虐待を行うことをいう。「施設職員等は被措置児童等虐待その他被措置児童等の心身に有害な影響を及ぼす行為をしてはならない」（児童福祉法第33条の11）ことが規定されている。

---

## 3　児童福祉法の意義

### （1）子どものおかれている環境の変化

　終戦直後から今日にかけて，子どもや子育て家庭のおかれている環境は大きく変化をしている。これに合わせて，それぞれの時代によって，子どもや子育てをする家庭の福祉へのニーズも大きく変化してきている。終戦直後は衣・食・住に関わる，生きるための最低限の生活を子どもや家庭へ保障することが最優先事項として掲げられた。

　その後，高度経済成長を経て，現代のように経済が安定成長の時代に入ると，子どもの主体的権利の保障をはじめとした，児童家庭福祉の「質」の向上が求められるようになっている。それぞれの時代背景により，子どものおかれている環境は変化しており，その変化に応じた児童福祉のあり方が模索され，児童福祉法へも反映がなされてきているのである。

### （2）児童福祉法の今日的意義

　前述したように，児童福祉法は1948（昭和23）年に施行された。当時は戦争で親や親類を亡くし，家もなく路上にたむろする児童を主な救済の対象として制定された法律であったが，今日では18歳未満のすべての児童や子育て家庭を対象とした児童に関する福祉の総合的な法律として据えられている。制定当時から児童福祉法は，子どもの生活を保障し，子どもが心身ともに健やかに成長できるような環境を整えることを主眼にされてきた。

　近年は，児童虐待の相談件数の増加，両親の離婚を主因とする「ひとり親家庭」の増加や，相対的貧困の状態におかれている児童の増加等，児童への福祉は，戦後とは異なる意味で，そのニーズを増大させている。時代環境がどのように変化しても，児童福祉法の精神は今日においても，その意義を保ち，児童に関する総合的な規定が明記され，

児童に関する諸法令が規定される際においても参照されるべき法律として存在している。

### 注

(1) 川﨑二三彦編『児童相談所のあり方に関する研究——児童相談所に関する歴史年表』（平成22・23年度研究報告書），子どもの虹情報研修センター，2013年，3頁。

(2) 同前書，3頁。

(3) 加藤俊二編著『現代児童福祉論 第2版』ミネルヴァ書房，2008年，166頁。

(4) 川嶋三郎『児童福祉法の解説』中央社会福祉協議会，1951年，14頁。

(5) 同前書，18頁。

(6) 「中日新聞」2016年7月25日付朝刊。

(7) 厚生労働省「子育て援助活動支援事業（ファミリー・サポート・センター事業）について」（http://www.mhlw.go.jp/bunya/koyoukintou/ikuji-kaigo01/，2017年6月29日アクセス）。

(8) 同前資料。

(9) 小児慢性特定疾病情報センターHP（http://www.shouman.jp/pdf/contents/disease_list.pdf，2017年6月29日アクセス）。

### 参考文献

山縣文治編『よくわかる子ども家庭福祉 第9版』ミネルヴァ書房，2014年。

ミネルヴァ書房編集部編『社会福祉小六法 2017年版』ミネルヴァ書房，2017年。

<table>
<tr><td>第7章</td><td>児童虐待の防止等に関する法律・<br>配偶者からの暴力の防止及び<br>被害者の保護等に関する法律</td></tr>
</table>

## 1　児童虐待の防止等に関する法律

### （1）児童虐待の現状

#### 1）児童虐待を捉える視点

　児童虐待は，子どもの幸せな未来を奪うものである。虐待を受けた結果，死に至る場合もあるし，身体に障害や傷を残す場合もあるし，心に傷を残す場合もある。さらに，虐待的な環境の中で育ち，心に問題を抱えてそれをうまく処理できず，また適切な大人モデルを獲得できなかったりしたまま成長すると，虐待を受けた人自身に苦難をもたらすだけでなく社会や次の世代にまで負の影響を与えてしまう。

　こうした児童虐待の問題について理解を深め，虐待の予防に取り組み，虐待事例に対しては再発防止や回復に取り組むことが必要である。また，子どもに対してだけでなく，家庭，地域社会，国レベル，地球レベルで，児童虐待問題に取り組み，「一人ひとりの子どもの"いのち"と"たましい"」を何よりも大切なものとして守り育てていく思想と取り組みがしっかりと根づいていくことが，子どもたちの幸せな未来を築くであろうし，ひいては人類の幸せな未来を築いていくことにつながるであろう。

　広義の児童虐待とは，子どもの生存や，心身の健全な成長・発達という基本的人権（＝福祉）を害することを行うこと，もしくは，そうした基本的人権を保障するための必要な措置をとらないことをいう（表7-1）。

　児童虐待は，近年始まった問題ではなく，世界の多くの地域で古くから存在していた。戦争，飢饉，貧困，文化，宗教などのために多くの子どもが，遺棄，嬰児殺し，親子心中，人身売買，性的搾取，児童労働，子ども兵などの犠牲者となってきた。[1]

　日本においてもすでに，1933（昭和8）年に「児童虐待防止法」が制定され，その内容が1947（昭和22）年に制定された「児童福祉法」に引き継がれた。この2つの法律において，子どもの虐待やその監護を怠ることに対して子どもを保護するための方策が示されているものの，長らく子どもを一人の人間として捉え，大切にする思想が十分定着せず，子どもが不当に扱われる時代が長く続いた。

　児童が人として尊厳をもつ存在と捉えられ，家族と社会の責任において生存や心身の健全な発達が図られる必要があることは，戦後まもなく制定された「児童福祉法」や「児童憲章」（1951〔昭和22〕年）に謳われていた。しかし，児童の権利を尊重し，児童虐待を社会全体の問題として認識して取り組むようになったのには，1989年の国際連合総

第 7 章　児童虐待の防止等に関する法律・配偶者からの暴力の防止及び被害者の保護等に関する法律

表 7 - 1　児童虐待の捉え方

| 広義の児童虐待 | 狭義の児童虐待 |
|---|---|
| 　根　拠：児童虐待防止法第 3 条<br>　加害者：保護者及びその他の者による<br>　被害者：児童に対する<br>　態　様：幅広く子どもの福祉を害する<br>　　　　　行為や不作為を含む | 　根　拠：児童虐待防止法第 2 条<br>　加害者：保護者による<br>　被害者：その監護する児童に対する<br>　態　様：四つの行為類型（身体的虐待，性的<br>　　　　　虐待，ネグレクト，心理的虐待） |

出所：井上薫「日本における子ども虐待の現状と対応」『小児歯科臨床』6 (2)，2001年，12頁。

会において「児童の権利に関する条約」が採択され，日本も1994年に批准したことの意義が大きかった。条約によれば，父母が，養育の「第一義的責任を有して」おり，その養育は「児童の最善の利益」の実現のために行うことが原則（第18条 1 ）である。最善の利益の観点から家庭環境に留まることが認められない場合には，子どもは国の保護・援助を受ける権利を持っている。また，最善の利益のために必要であると決定される場合には，国は父母の意思に反して親から分離することができる（第20条 1 ）。さらに，あらゆる不当な扱いから子どもを保護するためにあらゆる適当な立法上，行政上，社会上及び教育上の措置をとらなければならないこと（第19条 1 ）を規定している。

　したがって，虐待を捉える時には，大人や親の意図からではなく，「子ども側から」[2]，生存や健全な成長・発達という子どもの最善の利益に反しているかどうかによって判断する必要がある。

　現在，児童虐待として問題を提起されているのは家庭内の虐待であり，児童虐待防止法第 2 条に規定されている問題である（児童虐待の定義，表 7 - 2 ，次頁）。

### 2 ）児童虐待の実態

　日本における児童虐待の発生件数全体を把握することは，現在のところ困難である。というのは，児童虐待とそうでないものを厳密に区別することは困難であるし，また把握する仕組みが確立していないためである。ただ児童相談所における児童虐待対応件数は，増加傾向にある（図 7 - 1 ，次々頁）。特に近年では，警察からの通告，特に DV（配偶者からの暴力）の目撃による心理的虐待の通告が増えてきている。

　児童虐待の中でも特に重篤である死亡事例については，「社会保障審議会児童部会児童虐待等要保護事例の検証に関する専門委員会」が検証を行っており，第13次（調査対象期間：2015〔平成27〕年 4 月より2016〔平成28〕年 3 月まで）まで行われている。心中以外の虐待死が年間約50人，心中による虐待死が年間約40人であり，重篤な事例は現在のところ増加しているわけではない，というのがデータからは推測される（表 7 - 3 ，次々頁）。

### 3 ）児童虐待が起きる背景

　児童虐待が起きる背景については，様々な実態調査や事例検証を通して，下記のような虐待に至るおそれのある要因（リスク要因）が指摘されてきている。[3]

　①　経済的困難や就労不安定などの家庭に経済的問題があること。

第Ⅲ部　児童家庭福祉に関連する法制度

表7-2　児童虐待防止法第2条の児童虐待の定義

| 児童虐待防止法 | 『子ども虐待対応の手引き』における例示 |
|---|---|
| 第2条　この法律において，「児童虐待」とは，保護者（親権を行う者，未成年後見人その他の者で，児童を現に監護するものをいう。以下同じ。）がその監護する児童（18歳に満たない者をいう。以下同じ。）について行う次に掲げる行為をいう。 | |
| 1 児童の身体に外傷が生じ，又は生じるおそれのある暴行を加えること。 | 身体的虐待<br>•打撲傷，あざ（内出血），骨折，頭蓋内出血などの頭部外傷，内臓損傷，刺傷，たばこなどによる火傷などの外傷を生じるような行為。<br>•首を絞める，殴る，蹴る，叩く，投げ落とす，激しく揺さぶる，熱湯をかける，布団蒸しにする，溺れさせる，逆さ吊りにする，異物をのませる，食事を与えない，戸外にしめだす，縄などにより一室に拘束するなどの行為。<br>•意図的に子どもを病気にさせる。など |
| 2 児童にわいせつな行為をすること又は児童をしてわいせつな行為をさせること。 | 性的虐待<br>•子どもへの性交，性的行為（教唆を含む）。<br>•子どもの性器を触る又は子どもに性器を触らせるなどの性的行為（教唆を含む）。<br>•子どもに性器や性交を見せる。<br>•子どもをポルノグラフィーの被写体などにする。など |
| 3 児童の心身の正常な発達を妨げるような著しい減食又は長時間の放置，保護者以外の同居人による前二号又は次号に掲げる行為と同様の行為の放置その他の保護者としての監護を著しく怠ること。 | ネグレクト<br>•子どもの健康・安全への配慮を怠っているなど。<br>　例えば，(1)重大な病気になっても病院に連れて行かない，(2)乳幼児を家に残したまま外出する，<br>　なお，親がパチンコに熱中したり，買い物をしたりするなどの間，乳幼児等の低年齢の子どもを自動車の中に放置し，熱中症で子どもが死亡したり，誘拐されたり，乳幼児等の低年齢の子どもだけを家に残したために火災で子どもが焼死したりすることも虐待の結果である。<br>•子どもの意思に反して学校等に登校させない。子どもが学校等に登校するように促すなどの子どもに教育を保障する努力をしない。<br>•子どもにとって必要な情緒的欲求に応えていない（愛情遮断など）。<br>•食事，衣服，住居などが極端に不適切で，健康状態を損なうほどの無関心・怠慢，など。例えば，(1)適切な食事を与えない，(2)下着など長期間ひどく不潔なままにする，(3)極端に不潔な環境の中で生活をさせる，など。<br>•子どもを遺棄したり，置き去りにする。<br>•祖父母，きょうだい，保護者の恋人などの同居人や自宅に出入りする第三者が1，2又は4に掲げる行為を行っているにもかかわらず，それを放置する。など |
| 4 児童に対する著しい暴言又は著しく拒絶的な対応，児童が同居する家庭における配偶者に対する暴力（配偶者（婚姻の届出をしていないが，事実上婚姻関係と同様の事情にある者を含む。）の身体に対する不法な攻撃であって生命又は身体に危害を及ぼすもの及びこれに準ずる心身に有害な影響を及ぼす言動をいう。）その他の児童に著しい心理的外傷を与える言動を行うこと。 | 心理的虐待<br>•ことばによる脅かし，脅迫など。<br>•子どもを無視したり，拒否的な態度を示すことなど。<br>•子どもの心を傷つけることを繰り返し言う。<br>•子どもの自尊心を傷つけるような言動など。<br>•他のきょうだいとは著しく差別的な扱いをする。<br>•配偶者やその他の家族などに対する暴力や暴言。<br>•子どものきょうだいに，1～4の行為を行う。など |

出所：厚生労働省雇用均等・児童家庭局総務課長通知「子ども虐待対応の手引き」（雇児総発0823第1号，平成25年8月23日付）2-3頁。

第7章　児童虐待の防止等に関する法律・配偶者からの暴力の防止及び被害者の保護等に関する法律

**図7-1　児童相談所における児童虐待対応件数**

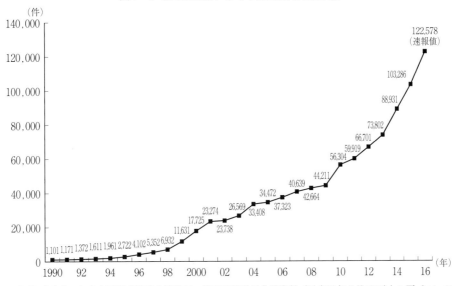

出所：「平成29年度全国児童福祉主管課長・児童相談所長会議資料（平成29年8月17日）」5頁（http://www.mhlw.go.jp/srf/seisakunitsuite/bunya/0000174789.html 2018年1月5日アクセス）。

**表7-3　子ども虐待による死亡事例及び人数**

・死亡事例数及び人数（心中以外の虐待死）

| 区分 | 第1次 | 第2次 | 第3次 | 第4次 | 第5次 | 第6次 | 第7次 | 第8次 | 第9次 | 第10次 | 第11次 | 第12次 | 第13次 | 総数 |
|---|---|---|---|---|---|---|---|---|---|---|---|---|---|---|
| 例数 | 24 | 48 | 51 | 52 | 73 | 64 | 47 | 45 | 56 | 49 | 36 | 43 | 48 | 636 |
| 人数 | 25 | 50 | 56 | 61 | 78 | 67 | 49 | 51 | 58 | 51 | 36 | 44 | 52 | 678 |

・死亡事例及び人数（心中による虐待死）

| 区分 | 第1次 | 第2次 | 第3次 | 第4次 | 第5次 | 第6次 | 第7次 | 第8次 | 第9次 | 第10次 | 第11次 | 第12次 | 第13次 | 総数 |
|---|---|---|---|---|---|---|---|---|---|---|---|---|---|---|
| 例数 | — | 5 | 19 | 48 | 42 | 43 | 30 | 37 | 29 | 29 | 27 | 21 | 24 | 354 |
| 人数 | — | 8 | 30 | 65 | 64 | 61 | 39 | 47 | 41 | 39 | 33 | 27 | 32 | 486 |

出所：社会保障審議会児童部会児童虐待等要保護事例の検証に関する専門委員会「子ども虐待による死亡事例等の検証結果等について（第13次報告）」2017年，6頁（http://www.mhlw.go.jp/stf/seisakunitsuite/bunya/0000173329.html, 2018年1月5日アクセス）。

② 親自身がひとり親家庭，両親不和，被虐待体験といった機能不全家庭で育ってきたこと。

③ 親自身が，アルコール依存症，精神疾患，人格障害，知的障害などの心身の問題を抱えていること。

④ 家庭が社会から孤立していること。

⑤ 子ども自身に障害や問題行動，親との分離体験など育てにくさがあること。

⑥ 夫婦不和，育児に対する否定的イメージ，育児の負担感，予期しない妊娠など夫婦関係または親子関係そのものにストレスや負担感があること。

第Ⅲ部　児童家庭福祉に関連する法制度

　これらの要因が単一の要因によって起きるというよりも，複数の要因が重なり，虐待が発生すると考えられている。

## （2）児童虐待の防止等に関する法律の概要

### 1）法律制定の経緯及び趣旨

　従来，家庭内の児童虐待については，児童福祉法を中心にして対応してきたが，児童相談所における相談件数の急増や，生命を奪われたり，心身に重大は被害を受けたりする子どもが後を絶たないことから，国会の青少年特別委員会で集中的な審議が実施され，議員立法により2000（平成12）年5月に「児童虐待の防止等に関する法律」（以下，児童虐待防止法）が成立し，11月から施行された。この法律の施行に伴い，児童虐待への対応は，児童福祉法と児童虐待防止法という2つの法律に基づいて対応する仕組みとなった。児童虐待防止法の目的は以下の通りである。

　　第1条　この法律は，児童虐待が児童の人権を著しく侵害し，その心身の成長及び
　　　　　人格の形成に重大な影響を与えるとともに，我が国における将来の世代の育
　　　　　成にも懸念を及ぼすことにかんがみ，児童に対する虐待の禁止，児童虐待の
　　　　　予防及び早期発見その他の児童虐待の防止に関する国及び地方公共団体の責
　　　　　務，児童虐待を受けた児童の保護及び自立の支援のための措置等を定めるこ
　　　　　とにより，児童虐待の防止等に関する施策を促進し，もって児童の権利利益
　　　　　の擁護に資することを目的とする。

### 2）法律の概要

　児童虐待防止法の概要は，厚生労働省による通知等[4]を参考にすると次のとおりである。

①　児童虐待の定義と禁止

　法は，第2条で前述の児童虐待の定義を示し，第3条で「何人も，児童に対し，虐待してはならない」とすべての人に児童虐待を禁止している。

②　国及び地方公共団体・親権者の責務

　第4条で，「児童虐待の予防及び早期発見，迅速かつ適切な児童虐待を受けた児童の保護及び自立の支援，並びに児童虐待を行った保護者に対する親子の再統合の促進への配慮その他の，児童虐待を受けた児童が家庭（家庭における養育環境と同様の養育環境及び良好な家庭環境を含む。）で生活するために必要な配慮をした適切な指導及び支援を行うために」必要な体制の整備を行うことが規定されている。

　児童の親権者は，「児童を心身ともに健やかに育成することについて第一義的責任を有するものであって，親権を行うに当たっては，できる限り児童の利益を尊重するよう努めなければならない」（第4条第6項）と，親権者の養育責任と親権の行使は，児童の利益を尊重するためのものであることを求めている。

さらに，国民一般の責務を定め，「何人も，児童の健全な成長のために，家庭（家庭における養育環境と同様の養育環境及び良好な家庭的環境を含む）及び近隣社会の連帯が求められていることに留意しなければならない」（第4条第7項）と，国民一人ひとりに改めて再認識するよう求めている。

③　児童虐待の早期発見・通告

第5条第1項では，「学校，児童福祉施設，病院その他児童の福祉に業務上関係のある団体及び学校の教職員，児童福祉施設職員，医師，歯科医師，保健師，助産師，看護師，弁護士その他児童の福祉職務上関係のある者は，児童虐待を発見しやすい立場にあることを自覚し，児童虐待の早期発見に努めなければならない」と，関係者に虐待の早期発見の義務を求め，さらに「児童虐待防止施策への協力」義務を定めている。

また，「児童虐待を受けたと思われる児童を発見した者は，速やかに，これを市町村，都道府県の設置する福祉事務所若しくは児童相談所又は児童委員を介して市町村，都道府県の設置する福祉事務所若しくは児童相談所に通告しなければならない」（第6条第1項）と，国民の通告義務を定めている。

通告を受けたと「思われる」という文言は，児童虐待が行われたという事実が明らかでなくても，主観的に「児童虐待があったと思われる」場合にも通告の義務が生じることになる。これは，早期発見を図るためには，広く通告が行われることが望ましいという考えに基づいている。

④　安全確認

第8条第1項で通告を受けた市町村又は都道府県設置の福祉事務所，または通告・送致を受けた児童相談所は，「必要に応じ近隣住民，学校の教職員，児童福祉施設の職員その他の者の協力を得つつ，面会などの方法により当該児童の安全の確認を行う」と規定されている。

なお，安全を確認することが任意の調査では困難な場合には，児童福祉法第29条及び児童虐待防止法第9条第1項により，都道府県知事（委任により児童相談所長）が子どもの居所等への職務権限による立入調査をさせ，「必要な調査又は質問をさせることができる」と規定されている。

さらに，児童虐待防止法第8条の2に「出頭要求」，同法第9条の2に「再出頭要求」，同法第9条の3に「臨検・捜索等」があり，安全確認に向けて段階的ではあるが，確実な措置が規定されている。出頭要求とは，児童の保護者に対して，児童を同伴して出頭することを求めることである。また，臨検・捜索とは，裁判官が事前に発する許可状により，児童の住所もしくは居所に立ち入り（臨検），児童を捜すことである。

出頭要求，立入調査，再出頭要求，臨検・捜索は，子どもの安全確認及び安全の確保を目的に行う一連の行政行為であるが，児童相談所は，実行に際して警察官，裁判所との連携・協力を仰ぎつつ行うことになる。

第Ⅲ部　児童家庭福祉に関連する法制度

⑤　保護者に対する指導

児童虐待を行った保護者について「児童福祉法第27条第1項第2号の規定により行われる指導は，親子の再統合への配慮その他の児童虐待を受けた児童が家庭（家庭における養育環境と同様の養育環境及び良好な家庭的環境を含む。）で生活するために必要な配慮の下に適切に行われなければならない」（第11条第1項）と，保護者指導の原則が示されている。

保護者はこの指導措置がとられた場合には，「指導を受けなければならない」（第11条第2項）とされ，受けないときは，都道府県知事は「指導を受けるよう勧告することができる」（第11条第3項）。また，勧告に従わない場合は，第11条第4項の規定により，一時保護，施設入所等措置（児童福祉法第27条第1項3号措置），家庭裁判所の承認による施設入所等の措置の請求（児童福祉法第28条第1項）を請求することができる。

⑥　面会等の制限

児童虐待を受けた児童について，第12条に基づき，一時保護または施設入所等措置が取られた場合において，必要があると認められる場合には，児童相談所長または施設長は，保護者に対して，①児童との面会の制限，②児童との通信の制限，③児童の住所・居所を明らかにしない措置をとることができる。

さらに，都道府県知事は，第12条の4に基づき，「児童虐待を受けた児童について施設入所措置又は一時保護が行なわれ，保護者について児童との面会・通信の全部が制限されている場合において，児童の居所・学校において児童の付きまといや付近のはいかいを禁止する命令を行うことができる」。

これらの措置は，保護者による強引な引き取りや面会・通信の要求が予測される場合に，子どもの連れ去りや再虐待を防いで子どもの安全を確実にし，子どもの保護にあたる職員等とのトラブルを防ぐためのものである。

⑦　親権者の親権濫用の場合の措置

児童相談所長には，親権者の親権濫用の場合の措置として，家庭裁判所に対して，親権喪失，親権停止，管理権喪失の審判の請求またはこれらの審判の取り消し（児童福祉法第33条の7），未成年後見人選任・解任の請求（児童福祉法第33条の7・8）をすることができる。


**（3）児童虐待防止対策の課題**

児童家庭相談体制は，現在，都道府県（児童相談所）と市区町村の二元体制で運用されている。住民にとって身近な市町村で相談できるメリットは大きいものの，児童虐待相談では法的対応をとる必要がある事例は都道府県（政令市及び児童相談所を設置している市等）が担当している。市町村には要保護児童対策地域協議会が設置され，児童虐待事例も要保護児童として情報交換及び連絡調整が行われている。

1990年代から急増した児童虐待相談に対応するため，受け皿を増やすための都道府県

第7章　児童虐待の防止等に関する法律・配偶者からの暴力の防止及び被害者の保護等に関する法律

と区市町村の二元体制の構築，児童家庭相談を担当する職員（児童福祉司や市区町村の担当職員）の増員が図られてきたものの，相談件数の急増に増員が追いついておらず，職員の負担は必ずしも軽減していない。どのような対応体制を作っていくか，さらに検討が必要である。また，その中で働く職員の質の確保という面からみると，現任研修の充実はもちろんのこと，社会福祉，心理，保育や教育の分野で児童虐待対応や社会的養護を担う専門職の養成教育を一層充実させていくことも課題となる。

　児童虐待防止法は，安全確認や親権制限などの面では成果を挙げているが，半面，予防や再発防止の面ではさらなる充実が求められている。子ども・家族の参画を組み入れた「子どものための安全計画」を作り上げる手法の開発，児童虐待の発生予防や親子再統合のための研究や様々なプログラムの開発も課題となっている。

## 2 配偶者からの暴力の防止及び被害者の保護等に関する法律

### （1）取り組みの経緯

#### 1）男女間の暴力の実態

　人々のウェルビーイング（基本的人権の保障，自己実現）の推進のためには，「個人の尊重」（日本国憲法第13条），「男女平等」（日本国憲法第14条）といった憲法が示す基本的理念の実現に向けて取り組み続けることが重要である。そのためには，家庭，学校，職場，地域社会や政治の場など，あらゆる社会的場面で，個人が安心でき，個々人が能力を十分に発揮できる状況を作っていくことを目指し，性別による差別的取り扱いや性に起因する暴力をなくしていくことが大切である。

　しかし，現実には，性に起因する暴力について，かなりの割合で発生しており，女性の被害の方が多いが，男性が被害者の場合もある。内閣府は，1999（平成11）年以降3年おきに「男女間の暴力に関する調査」を行っており，2014（平成26）年調査（男女計5,000人へのアンケート調査）では，次のことが明らかになっている。[(5)]

① 　これまでに結婚したことのある人の内，「身体的暴行」「心理的攻撃」「経済的圧迫」「性的強要」の4つの行為のいずれかについて，配偶者から被害を受けたことがある人は，女性で23.7％，男性で16.6％であった。

② 　「交際相手がいた（いる）」という人では，上記の4つの行為のいずれかについて，当時の交際相手から被害を受けたことがある人は，女性が19.1％，男性が10.6％であった。

③ 　特定の異性からの執拗なつきまといを受けた人は，女性10.5％，男性4.06％であった。

④ 　異性から無理やり性交された経験のある女性は，6.5％であった（女性のみの調査）。

101

第Ⅲ部　児童家庭福祉に関連する法制度

このような性に起因する暴力の影響は，生命や身体の被害，外傷性ストレス障害（PTSD）など様々な心理的な影響，家庭の機能不全や崩壊，仕事や学業の継続ができないなど，被害者とその家族の人生に様々な領域で悪影響を及ぼす可能性がある。

### 2）DV防止対策の経緯

ドメスティック・バイオレンス（Domestic Violence, DV）は，直訳すると「内輪の暴力」「家庭内の暴力」である。家庭内暴力とすると，子どもが親に対して振るう暴力や家庭内の児童虐待も含まれてくる。

しかし，本章の文脈では，男女の親密な関係における暴力のことを指す。親密な関係には，婚姻や同棲をしていない恋人同士も含まれる。日本では，配偶者からの暴力に着目する場合，「夫・パートナーからの暴力」という用語も使用されてきた。

国際的には，1985年の「国連婦人の10年」，1993年の国連総会での「女性に対する暴力の撤廃に関する宣言」採択など，女性に対する暴力について，各国が優先的に対処することが要請されてきた。

暴力については，『配偶者からの暴力相談の手引き 改訂版』では，「殴る，蹴るといった『身体的暴力』」「人格を否定するような暴言を吐く，何を言っても無視をする，生命や身体に対して危害を加えると言って脅すといった『精神的暴力』」「嫌がっているのに性行為を強要する，避妊に協力しないといった『性的暴力』」の他，「生活費を渡さない，親・兄弟姉妹や友人と付き合うことを制限したり禁止する，外出することをゆるさない，常に行動を監視する，子どもに危害を加えると言ったり，子どもを取り上げると言って脅す」などを例示している。[6]

日本においても，こうした国際的動向を受け，1996（平成8）年の男女共同参画答申「男女共同参画ビジョン」や「男女共同参画2000年プラン」の中で女性に対する暴力について取り上げられた。

こうした状況の下，2001（平成13）年4月に「配偶者からの暴力の防止及び被害者の保護に関する法律」が制定された。その後，2度にわたる改正の後，2013（平成25）年6月には第3次改正が行われ，生活の本拠を共にする交際をする関係にある相手からの暴力及びその被害者についてもこの法律が準用されることとなり，法律の題名は「配偶者からの暴力の防止及び被害者の保護等に関する法律」（以下，DV防止法）と改められ，2014（平成26）年1月に施行された。

## （2）配偶者からの暴力の防止及び被害者の保護等に関する法律の概要

### 1）制定の趣旨

DV防止法では，配偶者からの暴力は重大な人権侵害であり，暴力を防止し，被害者を保護する施策を講じ，人権の尊重と男女平等の実現を図るという基本的な考え方が，以下のように「前文」に示されている。

第7章　児童虐待の防止等に関する法律・配偶者からの暴力の防止及び被害者の保護等に関する法律

「我が国においては，日本国憲法に個人の尊重と法の下の平等がうたわれ，人権の擁護と男女平等の実現に向けた取組が行われている。

ところが，配偶者からの暴力は，犯罪となる行為をも含む重大な人権侵害であるにもかかわらず，被害者の救済が必ずしも十分に行われてこなかった。また，配偶者からの暴力の被害者は，多くの場合女性であり，経済的自立が困難である女性に対して配偶者が暴力を加えることは，個人の尊厳を害し，男女平等の実現の妨げとなっている。

このような状況を改善し，人権の擁護と男女平等の実現を図るためには，配偶者からの暴力を防止し，被害者を保護するための施策を講ずることが必要である。このことは，女性に対する暴力を根絶しようと努めている国際社会における取組にも沿うものである。

ここに，配偶者からの暴力に係る通報，相談，保護，自立支援等の体制を整備することにより，配偶者からの暴力の防止及び被害者の保護を図るため，この法律を制定する。」

### 2）「配偶者からの暴力」の定義

DV防止法第1条では，法律の対象である「配偶者からの暴力」について定義している。

「配偶者」には，婚姻の届出をしていないいわゆる「事実婚」を含んでいる。男性，女性の別を問わない。さらに，離婚後（事実上離婚したと同様の事に入ることを含む）も引き続き暴力を受ける場合も含んでいる。

「暴力」とは，「身体に対する暴力…（中略）…又はこれに準ずる心身に有害な影響を及ぼす言動」を指す。なお，保護命令に関する規定等については，「身体に対する暴力又は生命等に対する脅迫」（第10条）のみを対象としている。

「生活の本拠を共にする交際…（中略）…相手からの暴力…（中略）…を受けた者について，この法律を準用する」（第28条の2）とされている。なお，これには，生活の本拠を共にする交際をする関係を解消した後も引き続き暴力を受ける場合も含んでいる。

### 3）国及び地方公共団体の責務・基本方針・基本計画の策定等

国及び地方公共団体には，「配偶者からの暴力を防止するとともに，被害者の自立を支援することを含め，その適切な保護を図る責務」（第2条）がある。

また，内閣総理大臣等は「施策に関する基本方針」（第2条の2）を，都道府県は「都道府県基本計画」（第2条の3）を定めることとされている。なお，市町村には「市町村基本計画」（第2条の3第3項）策定の努力義務がある。

こうした規定を踏まえ，2013（平成25）年12月26日，内閣府，国家公安委員会，法務省，厚生労働省は，「配偶者からの暴力の防止及び被害者の保護等のための施策に関する基本的な方針」を定めて，告示している（2014〔平成26〕年10月1日一部改正）[7]。都道府

第Ⅲ部　児童家庭福祉に関連する法制度

県基本計画は，47都道府県すべてにおいて策定されており，市町村基本計画も1,002市町村が策定しており（2017〔平成29〕年9月1日現在），各行政レベルでの配偶者暴力防止等の取り組みのための計画づくりが進行中である。[8]

#### 4）配偶者暴力相談支援センター

都道府県は，婦人相談所その他の適切な施設を指定し，配偶者暴力相談支援センターの機能を果たすようにしている。また，市町村も適切な施設において配偶者暴力相談支援センターとしての機能を果たすように努めるものとされている。

2017（平成29）年11月2日現在の設置数は，都道府県173カ所，政令指定都市21カ所，市町村84カ所，総計278カ所である。[9] 2016（平成28）年度の配偶者暴力相談支援センターにおける「暴力が関係する相談」の件数は，10万6,367件である。[10] なお，配偶者暴力相談支援センターの具体的な業務は以下のとおりである（第3条第3項第1～6号）。[11]

① 相談又は相談機関の紹介
② カウンセリング
③ 被害者及び同伴者の緊急時における安全の確保及び一時保護
④ 被害者の自立生活促進のための情報提供その他の援助
⑤ 保護命令制度の利用についての情報提供その他の援助
⑥ 被害者を居住させ保護する施設の利用についての情報提供その他の援助

#### 5）被害者の保護

「配偶者からの暴力…（中略）…を受けている者を発見した者は，その旨を配偶者暴力相談支援センター又は警察官に通報するよう努めなければならない」（第6条第1項）と一般からの通報の努力義務を定めている。図7-2に法律全体の流れを示す。また，「配偶者暴力相談支援センター，警察，福祉事務所等…（中略）…の関係機関は，被害者の保護を行うに当たっては，その適切な保護が行われるよう，相互に連携を図りながら協力するよう努めるもの」（第9条）とされている。

#### 6）保護命令

保護命令とは，被害者が，さらに「その生命又は身体に重大な危害を受けるおそれが大きいとき」（第10条）に，裁判所が被害者からの申立てにより加害者に対し発する命令のことである。なお，「保護命令…（中略）…に違反した者は，1年以下の懲役又は100万円以下の罰金に処」せられる（第29条）。この「保護命令の最大の目的は，被害者の生命・身体の安全を守る」ことであり，[12] 立法化に際して最も議論に時間がかけられたテーマであり，保護命令制度の導入は画期的なものであった。なお，保護命令には，以下の種類のものがある。

① 被害者への接近禁止命令
加害者に，被害者の身辺へのつきまとい，又は被害者の住居，勤務先などの付近のは

104

第7章　児童虐待の防止等に関する法律・配偶者からの暴力の防止及び被害者の保護等に関する法律

図7-2　配偶者暴力防止法の概要（チャート）

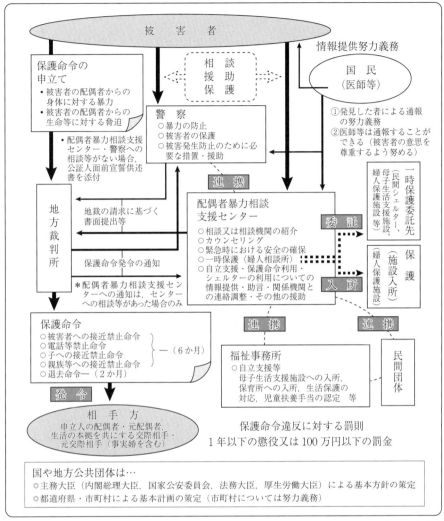

出所：内閣府男女共同参画局「STOP THE 暴力——配偶者からの暴力で悩んでいる方へ」（平成28年度改訂版）2017年，9頁。

いかいを6か月間禁止する（第10条第1項第1号）。

② 退去命令

加害者に，2か月間，被害者と共に住む住居からの退去及び当該住居付近のはいかいの禁止を命ずる（第10条第1項第2号）。

③ 電話等禁止命令（被害者本人のみ）

被害者への接近禁止命令と併せて，加害者に対し，被害者に面会の要求，行動の監視に関する事項を告げること，無言電話等をしてはならないことを命ずる（第10条第2項）。

④ 被害者の子または親族等への接近禁止命令

加害者に，被害者と同居している未成年の子，被害者の親族その他被害者と社会生活において密接な関係を有する者の身辺へのつきまといなどを6か月間（被害者への接近禁

第Ⅲ部　児童家庭福祉に関連する法制度

止命令が発令されている間に限る）禁止する（第10条第3・4項）。

### （3）DV 防止対策の課題

#### 1）DV 以外の問題との連続性の認識

　DV は，配偶者・パートナーからの暴力という意味で，加害者である夫（または妻），被害者である妻（または夫）という二者間で起きる問題である。実際には，児童虐待の通告において最近「面前 DV（子どもが DV を目撃し，心理的虐待を受けること）」の通告件数が増えてきていることからもわかるように，子どもやその他の家族・親族にも被害・影響を及ぼす事象である。

　また，婚姻，事実婚，同棲関係にない恋人間の関係では，「交際相手からの暴力（デート DV）」という用語で，その問題の重要性が社会で認識されはじめている。

　親密な関係でなくても，一方的な思い込みに基づき，執拗につきまとうストーカー行為により生命を失ったり，深刻な被害を受けたりする事例も報道されている。ストーカー行為については，「ストーカー行為等の規制等に関する法律（ストーカー規制法）」による対応が可能である。

　職場や学校，公共空間でのハラスメント（パワーハラスメント，セクシャルハラスメント，アカデミックハラスメントを含む）や学校などにおけるいじめなどと連続する問題として，DV や虐待の問題を捉える必要がある。

　とりわけ，保育・教育・福祉・医療等の領域で，子どもや家族のウェルビーイングに関わる専門職は，個人の尊厳，基本的人権の尊重，暴力の防止について，机上のことではなく身近にあること，すなわち自分も加害者・被害者・発見者・支援者になりうるので，「我が事」として考えておく必要がある。

#### 2）被害者の回復支援・加害者の更生

　被害者の中には様々な人がおり，また心身の問題や生活問題など複合的な問題を抱えている場合もある。そして，相談の場に現れても，「今は加害者から離れない」という気持ちになる場合もある。そういう場合でも，支援者は，被害者を非難せず，被害者との対等な関係を保ち，被害者が孤立してしまわないよう，被害者の応援の輪に入れてもらい，一緒に解決・自立生活に向かうための工夫が求められる。

　被害者に子どもがいて，加害者と離れることができた場合は，ひとり親家庭として生活していくことになる。その家庭を応援する人々には，被害者の意思を尊重しながら，ひとり親家庭の生活問題や養育問題に共通することとして家族の理解や自立生活に向けて応援していくことが期待される。

　また，加害者の更生のためのいわゆる「加害者更生プログラム」については，十分確立し利用しやすい状況にはまだなっていない。被害者及びその家族の安全確保を最優先に確立しつつ，加害者が再び暴力を起こさないための有効な指導の方法の確立も重要な課題であり，実践や調査研究を推進していく必要がある。

第7章　児童虐待の防止等に関する法律・配偶者からの暴力の防止及び被害者の保護等に関する法律

### 3）予防教育

　問題の発生そのものを減らしていくためには，問題が起きるのを防ぐという予防の観点が重要である。家庭の中でも外でも，子どもや女性などへの人権侵害が起きうるという認識を踏まえ，幼児期からの暴力防止教育を推進していく必要がある。

　特に，DV問題については，デートDVについての予防教育が有効であろう。中学・高校，短大や大学，専門学校段階で，授業や特別活動の中でこの問題を取り上げ，親密なカップル間の交際・関係を適切なものにし，他者の人権を尊重する文化づくりをしていくことが望まれる。


## 注

⑴　井上薫「日本における子ども虐待の現状と対応」『小児歯科臨床』6（2），2001年，2頁。

⑵　小林美智子「児童虐待とその対応について」大阪母子保健研究会編『子どもなんて大嫌い』せせらぎ出版，1994年，65頁。

⑶　井上薫，前掲論文，15頁。

⑷　児童虐待防止研究会『児童虐待防止法等関係法令通知集』中央法規出版，2007年，厚生労働省雇用均等・児童家庭局総務課長通知「子ども虐待対応の手引きの改正について」（平成25年8月23日雇児総発0823第1号），厚生労働省児童家庭局長『児童相談所運営指針について』（平成28年9月29日雇児発0929第1号，を参考にしてまとめた。

⑸　内閣府男女共同参画局「男女間における暴力に関する調査報告書」2015年（http://www.gender.go.jp/policy/no_violence/e-vaw/chousa/h26_boryoku_cyousa.html，2017年6月26日アクセス）。

⑹　内閣府男女共同参画局編（2005）『配偶者からの暴力相談の手引き　改訂版』2005年，国立印刷局，5頁。

⑺　内閣府・国家公安委員会・法務省・厚生労働省「配偶者からの暴力の防止及び被害者の保護等のための施策に関する基本的な方針」（平成25年12月26日告示第1号，平成26年10月1日一部改正），2014年。

⑻　内閣府男女共同参画局「都道府県における配偶者暴力防止法に基づく基本計画の策定状況について」（平成29年10月1日時点）2017年。内閣府「市町村におけるにおける配偶者暴力防止法に基づく基本計画の策定状況について」（平成29年10月1日時点）2017年（http://www.gender.go.jp/policy/no_violence/e-vaw/law/pdf/kihon_to.pdf，http://www.gender.go.jp/policy/no_violence/e-vaw/law/pdf/kihon_shi.pdf，2017年12月27日アクセス）。

⑼　内閣府男女共同参画局『都道府県及び市町村における配偶者暴力相談センター数』（平成29年11月2日現在）2017年（http://www.gender.go.jp/policy/no_violence/e-vaw/soudankikan/pdf/center_to.pdf，2017年12月27日アクセス）。

⑽　内閣府男女共同参画局（2017）「配偶者暴力相談支援センターにおける配偶者からの暴力が関係する相談件数等の結果について（平成28年度分）」（平成29年9月15日）（http://www.gender.go.jp/policy/no_violence/e-vaw/data/01.html，2017年12月27日アクセス）。

⑾　内閣府男女共同参画局『STOP THE 暴力　配偶者からの暴力で悩んでいる方へ』（平成28年度改訂版）2017年，4頁。

⑿　南野知恵子・小宮山洋子・大森礼子ら『詳解 DV防止法』ぎょうせい，2001年，35頁。

第Ⅲ部　児童家庭福祉に関連する法制度

⒀　内閣府男女共同参画局，前掲(5)，36頁。

**参考文献**

川崎二三彦『児童虐待——現場からの提言』岩波新書，2006年。

森田ゆり『子どもへの性的虐待』岩波書店，2008年。

内閣府男女共同参画局編『配偶者からの暴力相談の手引き 改訂版』2005年，国立印刷局。

南野知恵子・小宮山洋子・大森礼子ら『詳解　DV防止法』ぎょうせい，2001年。

<table>
<tr><td>第8章</td><td>母子及び父子並びに寡婦福祉法・<br>母子保健法</td></tr>
</table>

## 1 母子及び父子並びに寡婦福祉法

　この法律は，①総則，②基本方針等，③母子家庭に対する福祉の措置，④父子家庭に対する福祉の措置，⑤寡婦に対する福祉の措置，⑥福祉資金貸付金に関する特別会計等，⑦母子・父子福祉施設，⑧費用，⑨雑則，⑩罰則の10章から成り立っている。

### （1）制定の背景

　1929（昭和4）年4月に制定された「救護法」第12条に「幼者居宅救護ヲ受クベキ場合ニ於テ市町村長ノ哺育上必要アリト認ムルトキハ勅令ノ定ムル所ニ依リ幼者ト併セ其ノ母ノ救護ヲ為スコトヲ得」と規定され，1歳以下の幼者，母からなる貧困家庭に対して生活扶助・医療扶助などの保護が行われるようになった。

　その後，1937（昭和12）年には，母と13歳以下の子からなる貧困家庭を対象とした扶助を行うための法律である「母子保護法」が制定されたが，1946（昭和21）年9月，終戦後の経済的，社会的情勢の急転に対処するため制定され，翌月10月の「（旧）生活保護法」施行に伴い，同月廃止された。

　しかし，母子家庭は，その世帯構成等から一般家庭と比べて困窮程度も深刻であり，生活保護法の適用だけで救済することは困難な状況であった。そのことから1952（昭和27）年12月，母子家庭のための低利の福祉資金貸し付け，母子相談員の設置，売店等の設置についての優先許可を主たる内容とした「母子福祉資金の貸付等に関する法律」が制定された。また，1961（昭和36）年には，離別母子世帯等に対する手当として「児童扶養手当法」が制定され，母子家庭への福祉施策は充実していった。

　このような背景の中で，母子福祉施策の中心となる法律の制定を求める機運が高まり，1964（昭和39）年，母子福祉資金の貸付等に関する法律が廃止されると同時に「母子福祉法」が制定された。しかし母子家庭の子どもが20歳以上になっても，母親（寡婦）は一人で生活を支えなくてはならず，収入，就労条件，健康等には相変わらず不安を抱え，生活環境は決して恵まれない現状もあり，母子福祉法成立当時から寡婦福祉法の制定を求める声も上がったが，単独立法とはならず1981年（昭和56）年，母子福祉法の改正により「母子及び寡婦福祉法」が制定，翌1982（昭和57）年施行され，寡婦におかれても母子家庭に準じた福祉措置が講ぜられることになった。

　その後，2014（平成26）年4月に交付された「次代の社会を担う子どもの健全な育成

109

第Ⅲ部　児童家庭福祉に関連する法制度

を図るための次世代育成支援対策推進法等の一部を改正する法律」において，母子家庭
等に対する支援の拡充に併せて，父子福祉資金制度（父子家庭に修学資金，生活資金等を貸
し付ける制度）の創設等，父子家庭に対する支援を拡充することが定められた。これに
伴い，2014（平成26）年10月，法律名が「母子及び父子並びに寡婦福祉法」に改められ
た。

### （2）総　　則

#### 1）母子家庭等及び寡婦の福祉に関する原理

　この法律においての「母子家庭等」とは，「母子家庭及び父子家庭」（第6条第5項）
で定められている。また「寡婦」とは，「配偶者のない女子であって，かつて配偶者の
ない女子として民法第877条の規定により児童を扶養していたことのあるもの」（第6条
第4項）で定められている。

　法律の目的は，「母子家庭等及び寡婦に対し，その生活の安定と向上のために必要な
措置を講じ，もつて母子家庭等及び寡婦の福祉を図るもの」（第1条）である。

　次に基本理念として，「全ての母子家庭等には，児童が，その置かれている環境にか
かわらず，心身ともに健やかに育成されるために必要な諸条件と，その母子家庭の母及
び父子家庭の父の健康で文化的な生活とが保障されるもの」（第2条）であることが述べ
られており，「寡婦には，母子家庭の母等に準じて健康で文化的な生活が保障されるも
のとする」（第2条第2項）とされている。

　この基本理念に基づき，「国及び地方公共団体は，母子家庭等及び寡婦の福祉を増進
する責務を有する」（第3条）とともに，「母子家庭の母及び父子家庭の父並びに寡婦は，
自ら進んでその自立を図り，家庭生活及び職業生活の安定と向上に努めなければならな
い」（第4条）と支援する側の国，地方公共団体，そして支援される側の個人の双方の責
務について規定している。

　また，扶養義務の履行として，「母子家庭等の児童の親は，当該児童が心身ともに健
やかに育成されるよう，当該児童を監護しない親の当該児童についての扶養義務の履行
を確保するように努めなければならない」（第5条）と扶養義務者の責務を述べている。

#### 2）定　　義

　この法において，「配偶者のない女子」とは，「配偶者（婚姻の届けをしていないが，事
実上婚姻関係と同様の事情にあるものを含む）と死別した女子であつて，現に婚姻をしてい
ないもの及びこれに準ずる次に掲げる女子をいう。

　　ア　離婚した女子であって現に婚姻していないもの。
　　イ　配偶者の生死が明らかでない女子。
　　ウ　配偶者から遺棄されている女子。
　　エ　配偶者が海外にあるためその扶養を受けることができない女子。
　　オ　配偶者が精神又は身体の障害により長期にわたって労働能力を失っている女子。

110

カ　前各号に掲げる者に準ずる女子であつて政令で定めるもの。」（第6条第1・2項）
　　以上の規定の他に，配偶者が法令により長期にわたって拘禁されているため，その扶養を受けることができない女子も含まれる。

　「児童」とは，満20歳未満の者（第6条第3項）であって児童福祉法の18歳未満とは異なっている。

　また，「寡婦」とは，一般的に未亡人と同じ意味で使われるが，「配偶者のない女子であつて，かつて配偶者のない女子として民法第877…（中略）…条の規定により児童を扶養していたことのあるものをいう」。つまり夫と死別または離別により，「現に婚姻していない女子で，その扶養する子どもが20歳を超えている場合をいう」。子どもが成人してから配偶者のない女子となった者や子どもを扶養したことのない配偶者のない女子は含まない。

　近年，配偶者からの暴力（ドメスティック・バイオレンス）の社会的問題化により，2001（平成13）年10月，「配偶者からの暴力の防止及び被害者の保護に関する法律」（DV防止法）が施行された。法律は，施行後3年を目処とする見直し規定により，一部改正が2004（平成16）年に一部改正が行われ，暴力定義の拡大，被害者の子どもへの保護命令の拡充，国および地方自治体の配偶者からの暴力防止，被害者の自立支援などの保護を図る責務，配偶者からの暴力防止と被害者保護のための政府の基本的計画の策定などが規定され，2014（平成26）年には，法における加害対象である配偶者（事実婚や元配偶者も含む）の他に，生活の本拠を共にする交際相手も拡大適用対象とし，法律の題名を「配偶者からの暴力の防止及び被害者の保護等に関する法律」と改正された。

　配偶者などがいる女子は，「母子家庭」の定義には外れるが，被害者は経済的自立が困難であり，離婚の意思があっても生活や子どものことを考えると，自らの意思に反して婚姻継続を余儀なくされる事例もある。また配偶者からのDVから逃れるため，子どもたちを連れて，家を飛び出す事例もあるが配偶者から逃れることができても，新しい生活は容易ではなく生活基盤は不安定となりやすい。健康を害しても経済的負担から医療機関への受診が遅れて症状の悪化を招いたり，また医療機関に受診する際に，健康保険者証を使用してしまうと配偶者に居場所がわかってしまうことを危惧して，健康保険者証を医療機関窓口に提示しないで自費受診する場合もあり，過重の経済負担となる場合もある。

　女性相談所などに相談してDV被害者の一時保護施設としての役割も担う，母子生活支援施設に入所できても生活基盤は不安定である。

　離婚が成立していない場合では，これまで「配偶者のいない女子と子ども」とみなされず，児童扶養手当も受給することができなかったが，2012（平成24）年8月，児童扶養手当の支給要件が一部改正され，配偶者からのDVで裁判所からの保護命令が出された場合も新たに支給対象に加わった。今後も資源の拡大，見直しを図りながら，DV被害者世帯への心理，社会的支援が必要とされる。

第Ⅲ部　児童家庭福祉に関連する法制度

### 3）母子及び父子並びに寡婦福祉に関連する主な機関等

#### ①　児童福祉審議会

児童福祉法第8条に規定する審議会であり，「母子・家庭等の福祉に関する事項につき，調査審議するほか，当該各号に定める者の諮問に答え，又は，関係行政機関に意見を具申をすることができる」（第7条）と定めている。

#### ②　母子・父子自立支援員

母子家庭の母や寡婦等に対して相談，自立支援を行う職員で，「配偶者のない者で現に児童を扶養しているもの及び寡婦に対し，相談に応じ，その自立に必要な情報提供及び指導を行う」（第8条第2項第1号）とされており，就業，母子寡婦福祉資金の貸付け等の相談指導や自立に必要な相談支援を行っており，都道府県知事，市長等により委嘱される。非常勤が原則であるが，社会福祉主事または児童福祉司に任用される資格のある者については常勤とすることができる。

#### ③　福祉事務所

社会福祉法第14条に規定される福祉に関して中心的な役割を担う事務所で福祉六法（生活保護法，児童福祉法，母子及び父子並びに寡婦福祉法，身体障害者福祉法，知的障害者福祉法，老人福祉法）に基づき相談支援を行っている。母子家庭等及び寡婦の福祉に関しては，「実情の把握，相談，調査，指導等を行うこと」（第9条）とされており，福祉問題に関わる中核的役割を持つ福祉事務所は，地域で問題の解決のため活動する母子等自立支援員や児童委員等に対しても，安心して活動できるように協力援助していく必要がある。

#### ④　都道府県等

都道府県等の役割については，「母子家庭等及び寡婦の生活の安定と向上のための措置の積極的かつ計画的な実施及び周知並びに母子家庭等及び寡婦の生活の安定と向上のための支援を行う者の活動の連携及び調整を図るように努めるもの」（第10条の2）としている。

## （3）基本方針等

国は，「母子家庭等及び寡婦の生活の安定と向上のための措置に関する基本的方針を定めるもの」（第11条）としている。また，都道府県等は，「基本方針に即した次の母子家庭等及び寡婦自立促進計画を策定する」（第12条）よう定められている。

①　母子家庭等及び寡婦の家庭生活及び職業生活の動向に関する事項
②　母子家庭等及び寡婦の生活安定と向上のため講じようとする施策の基本となるべき事項
③　福祉サービスの提供，職業能力の向上の支援，その他母子家庭等及び寡婦の生活と安定と向上のため講ずるべき具体的な措置に関する事項
④　その他母子家庭等及び寡婦の生活の安定と向上のための措置に関する重要事項

112

第8章　母子及び父子並びに寡婦福祉法・母子保健法

### （4）母子家庭等に対する福祉の措置

　母子家庭等に対する具体的な援助の内容は，以下のように定められており，この法律の中核をなすものである。特に母子福祉資金の貸付け（第13条），父子福祉資金の貸付け（第31条の6）は重要な経済的支援となっている。

#### 1）母子父子福祉資金貸付

　表8-1のように，母子父子福祉資金貸付は12種類ある。それぞれに貸付限度額，償還の据置期間，償還期限，貸付利子等が定められ，運用されている。また，重複して資金の貸付けを受けることは，その貸付資金の内容によっては認められている。

　また，貸付けは個人に限らず，母子・父子福祉団体に対する事業開始資金及び事業継続資金の貸付けもあり，母子家庭等の職場開拓，維持を図るため，政令で定める事業の飲食店業・喫茶店業・理容業・美容業・クリーニング業・物品販売業・物品製造業等に対して行われている。

#### 2）児童扶養手当

　母子家庭等の一人親家庭の児童への経済的支援を目的とした，児童が18歳到達年度末まで受給することのできる児童扶養手当法に基づく児童扶養手当がある。厚生労働省「福祉行政報告例」によると，2017（平成29）年3月末現在，100万9,844人が受給している。内訳は母子世帯91万9,785人，父子世帯が5万7,277人，その他世帯が3万2,782人となっており，類型別では母子世帯では離婚を含む生別世帯が87.5%，死別世帯は0.7%等となっており，また父子家庭では離婚を含む生別世帯が87.8%，死別世帯は8.0%等となっており，いずれの世帯も生別での受給率が高くなっている。

#### 3）日常生活支援

　母子家庭の母が病気等で倒れた場合，相互扶助の精神から他の母子世帯の母が，一時的に子の保育や母の介護にあたることがあったが，1975（昭和50）年度から，予算措置により介護人を派遣する「母子家庭介護人派遣事業」が創設された。その後，父子家庭，義務教育終了前の児童，独居寡婦，同居祖父母等に対象範囲が拡大され，派遣事由についても「自立促進に必要な事由」「社会的事由」も加えられた。

　2002年（平成14）年の法改正により，名称を「母子家庭等日常生活支援事業」と改められ，修学や疾病などにより一時的に家事援助，保育等のサービスが必要となった際の居宅への家庭生活支援員の派遣など内容が拡充された。その後，2014（平成26）年に交付された「次代の社会を担う子どもの健全な育成を図るための次世代育成支援対策推進法等の一部を改正する法律」により，「母子及び寡婦福祉法」が「母子及び父子並びに寡婦福祉法」に改正されたことに伴い，同年，「母子家庭等日常生活支援事業」は「ひとり親家庭等日常生活支援事業」と改正された。

#### 4）売店等の設置の許可及び製造たばこの小売販売の許可等

　母子家庭等の経済的自立を図るための支援として，「公共的施設の管理者は，配偶者のない女子で現に児童を扶養しているもの又は母子・父子福祉団体からの申請があつた

113

第Ⅲ部　児童家庭福祉に関連する法制度

**表8-1**　母（父）子福祉資金の貸付け

| 資金の種別 | 据置期間 | 償還期限 |
|---|---|---|
| 母（父）子事業開始資金 | 貸付けの日から1年間 | 据置期間経過後7年以内 |
| 母（父）子事業継続資金 | 貸付けの日から6箇月間 | 据置期間経過後7年以内 |
| 母（父）子修学資金 | 母（父）子修学資金の貸付けより修学をした者が当該修学を終了して後6箇月を経過するまで | 据置期間経過後20年以内（専修学校に就学する児童又は配偶者のいない女（男）子の20歳以上である子等であって，一般課程を履修するものに係る母（父）子修学資金については，据置期間経過後5年以内） |
| 母（父）子技能習得資金 | 知識技能を習得する期間が満了して後1年を経過するまで | 据置期間経過後20年以内 |
| 母（父）子修業資金 | 知識技能を習得する期間が満了して後1年を経過するまで | 据置期間経過後6年以内 |
| 母（父）子就職支度資金 | 貸付けの日から1年間 | 据置期間経過後6年以内 |
| 母（父）子医療介護資金 | 医療又は介護を受ける期間が満了して後6箇月を経過するまで | 据置期間経過後5年以内 |
| 母（父）子生活資金 | 知識技能を習得する期間が満了して後6箇月を経過するまで | 据置期間経過後20年以内 |
| | 医療又は介護を受ける期間が満了して後6箇月を経過するまで | 据置期間経過後5年以内 |
| | 失業貸付期間が満了して後6箇月を経過するまで | |
| | 生活安定貸付期間が満了して後6箇月を経過するまで | 据置期間経過後8年以内 |
| 母（父）子住宅資金 | 貸付けの日から6箇月間 | 据置期間経過後7年以内 |
| 母（父）子転宅資金 | 貸付けの日から6箇月間 | 据置期間経過後3年以内 |
| 母（父）子就学支度資金 | 母（父）子就学支度資金の貸付けにより小学校又は中学校に入学した者が満15歳に達した日の属する学年を終了して後（その者が死亡したときは，その死亡して後）6箇月を経過するまで | 据置期間経過後20年以内（専修学校に入学する児童又は配偶者のない女（男）子の20歳以上である子等であって，一般課程を履修するものに係る母（父）子就学支度資金については，据置期間経過後5年以内） |
| | 母（父）子就学支度資金の貸付けにより高等学校，大学，高等専門学校又は専修学校に入学した者が当該高等学校，大学，高等専門学校又は専修学校における修学を終了して後（その者が死亡し，又は修学をすることをやめたときは，その死亡し，又はやめて後）6箇月を経過するまで | |
| | 母（父）子就学支度資金の貸付けにより修業施設に入所した者が当該修業施設における知識技能の習得を終了して後（その者が死亡し，又は知識技能の習得をやめたときは，その死亡し，又はやめて後）6箇月を経過するまで） | 据置期間経過後5年以内 |
| 母（父）子結婚資金 | 貸付けの日から6箇月間 | 据置期間経過後5年以内 |

出所：母子及び父子並びに寡婦福祉法施行令第8条並びに第31条の6，を基に筆者作成。

ときは，その公共的施設内において，新聞，雑誌，たばこ，事務用品，食料品その他の物品を販売し，又は理容業，美容業等の業務を行うために，売店又は理容所，美容所等の施設を設置することを許すように努めねばならない」（第25条）ことを定めている。また，製造たばこの小売販売業の許可申請に対しては，「財務大臣は，その者に当該許可を与えるように努めなければならない」（第26条）と規定している。

母子家庭の母や児童に対して雇用の促進を図るため，「国及び地方公共団体は，就職を希望する母子家庭の母及び児童の雇用の促進を図るため，事業主その他国民一般の理解を高めるとともに，職業訓練の実施，就職のあつせん，公共的施設における雇入れの促進等必要な措置を講ずるように努める」（第29条）ものとしている。雇用促進のためには周囲の理解に合わせて，母子等自立支援員，母子家庭等就業・自立支援センター，母子生活支援施設，公共職業安定所等による連携，協力が不可欠となってくる。

#### 5）公営住宅の供給に関する特別の配慮

母子家庭等が住宅を確保することが困難であるという理由から，「公営住宅の供給に関する特別の配慮」（第27条）を定めており，公営住宅への優先入居等を実施している。

### （5）寡婦に対する福祉の措置

母子家庭に対する具体的援助の措置と同様に，寡婦に対しても，寡婦福祉資金の貸付け，寡婦日常生活支援事業，売店等の設備の優先許可，製造たばこの小売販売業の優先許可，寡婦就業支援事業等について定めている。

### （6）福祉資金貸付金に関する特別会計等

都道府県は母子福祉資金貸付金，父子福祉資金貸付金及び寡婦福祉資金貸付制度を実施するにあたり，特別会計の設置義務等，また国は貸付金の財源として都道府県に無利子で貸し付けること等を定めている。この制度の一層の充実を目指すものといえる。

### （7）母子・父子福祉施設

「都道府県，市町村，社会福祉法人その他の者は，母子家庭の母及び父子家庭の父並びに児童が，その心身の健康を保持し，生活の向上を図るために利用する母子・父子福祉施設を設置することができる」（第38条）と定めている。寡婦についても母子家庭に準じて利用することができると規定している。

#### 1）母子・父子福祉センター

「母子・父子家庭に対して，無料または低額な料金で各種相談に応ずるとともに，生活指導，生業の指導を行う等，母子家庭の福祉を総合的に提供する施設」（第39条第2項）である。

#### 2）母子・父子休養ホーム

「母子・父子家庭に対して，無料または低額な料金で，レクリエーションその他休養

第Ⅲ部　児童家庭福祉に関連する法制度

のための便宜を提供する施設」（第39条第3項）である。

　この法律に定める母子家庭を対象とする施設のほか，児童福祉法第38条に基づく母子生活支援施設（旧母子寮），生活保護法第38条による宿所提供施設等がある。

　母子生活支援施設は，「18歳未満の子どもを養育している母子家庭，またはこれに準じる家庭の女性が子供と一緒に利用できる施設で，これらの者の自立の促進のためにその生活を支援し，あわせて退所した者について相談その他の援助を行うこと」を目的としており，特別な事情がある場合，例外的に子どもが20歳になるまで利用ができることになっている。

### （8）費　　用

　市町村が行う母子・父子家庭並びに寡婦日常生活支援事業，生活向上事業についての費用負担については，都道府県が1/4以内，国が1/2以内の補助をし，母子・父子家庭自立支援給付金については，国が3/4以内の補助をすることができるとされ，また，国は都道府県が行う母子・父子家庭並びに寡婦日常生活支援事業，母子・父子家庭並びに寡婦就業支援事業，母子・父子家庭並びに寡婦生活向上事業については，1/2以内，母子・父子家庭自立支援給付金については，3/4以内を補助することができる（第44・45条）と定められている。

### （9）雑　　則

　大都市等の特例として，「この法律に関して都道府県を関係する事務のうち，政令で定めるもの」については指定都市，中核市が行う（第46条）とされている。

## 2　母子保健法

### （1）法律の概要

　この法律は，①総則，②母子保健の向上に関する措置，③母子保健施設，④雑則の4章により成り立っている。

#### 1）制定の背景

　1942（昭和17）年7月，「妊産婦手帳規定」が交付され，妊産婦の心得，妊産婦，新生児の健康チェック，分娩記録などを記入する「妊産婦手帳」制度が確立される。後にこの妊産婦手帳も法律の制定により「母子手帳」，現在の「母子健康手帳」と名称が変更された。この手帳制度は日本が最初に作ったもので，その後，海外でも普及しつつある。

　その後，母子保健行政は，1947（昭和22）年12月に公布された「児童福祉法」の下で乳幼児や妊産婦の死亡率の改善や疾病の予防を目的として，保健所による保健指導，健康診査を中心に行われた。しかし，母子保健の向上や乳幼児保健対策を体系的に児童福祉法で規定することは限界もあったことから，母子保健に関する規定を児童福祉法から

116

独立させ，1965（昭和40）年8月に新しい理念を掲げた「母子保健法」を制定，翌年1月に施行された。

### 2）総　　則

#### ①　母子保健の原理

第1条では，法の目的である「母性並びに乳児及び幼児の健康の保持及び増進を図るため，母子保健に関する原理を明らかにするとともに，母性並びに乳児及び幼児に対する保健指導，健康診査，医療その他の措置を講じ，もつて国民保健の向上に寄与する」ことを定めている。

第2条では，「すべての児童がすこやかに生まれ，かつ，育てられる基盤であること」を示し，第3条では，「乳児及び幼児は，心身ともに健全な人として成長してゆくためにその健康が保持され，かつ増進」に努めるよう規定している。

上記の基本理念に基づき，第4条では，「母性は，自らすすんで，妊娠，出産又は育児についての正しい理解を深め，その健康の保持及び増進に努めなければならない。」と母性及び保護者に対して努力義務を課すと同時に，第5条では，「国及び地方公共団体は，母性並びに乳児及び幼児の健康の保持及び増進に努めなければならない。」と国及び地方公共団体の責務について規定している。

#### ②　定　　義

この法律で使用されている用語について説明する。「妊産婦」とは，妊娠中又は出産後1年以内の女子，「乳児」とは，「1歳に満たない者」，「幼児」とは，「満1歳から小学校就学の始期に達するまでの者」，「保護者」とは，「親権を行う者，未成年後見人その他の者で，乳児又は幼児を現に監護する者」，「新生児」とは，「出生後28日を経過しない乳児」，「未熟児」とは，「身体の発育が未熟のまま出生した乳児であって，正常児が出生時に有する諸機能を得るに至るまでの者」と定義している（第6条）。

### 3）母子保健の向上に関する措置

#### ①　知識の普及と保健指導

母子保健の向上には，知識の普及や保健指導が重要であり，行政の役割として，「都道府県及び市町村は，母性又は乳児若しくは幼児の健康の保持及び増進のため，妊娠，出産又は育児に関し，相談に応じ，個別的又は集団的に，必要な指導及び助言を行い，並びに地域住民の活動を支援すること等により，母子保健に関する知識の普及に努めなければならない」（第9条）としている。

また，普及活動，指導には早期，的確さが求められ，地域住民にとって身近な職種が関わることで効果的な支援が可能となることから，「市町村は，妊産婦や乳幼児の保護者に対して，妊娠，出産，又は育児に関し必要な保健指導を行い，又は医師，歯科医師，助産師若しくは保健師について保健指導を受けることを勧奨しなければならない」（第10条）と規定している。

第Ⅲ部　児童家庭福祉に関連する法制度

② 訪問指導

**妊産婦の訪問指導**　　母子への訪問指導は母子保健にとって重要なものであり，「市町村長は，…（中略）…満1歳6か月を超え満2歳に達しない幼児，…（中略）…満3歳を超え満4歳に達しない幼児」への健康診査の義務（第12条），また，第12条に規定された対象者の他に，「必要に応じ，妊産婦または乳児若しくは幼児」に対する健康診査の実施，勧奨（第13条）について規定している。また，「第13条の健康診査の結果，保健指導を必要とする妊産婦に対して，医師，助産師，保健師などの職員を訪問指導させるとともに，妊娠または出産に支障を及ぼすおそれのある疾病が疑われる場合は，医師などの診察を受けるように勧奨し，受診のために必要な援助をするべきこと」（第17条）と定め，問題の早期発見，早期解決のため義務化している。

**新生児の訪問指導**　　新生児は事故にも遭いやすく，また抵抗力も弱いため，色々な疾患にかかりやすいことから，市町村長は，育児上，必要と思われる新生児に対して，医師，保健師，助産師などに訪問指導をさせることとしている。

**未熟児の訪問指導**　　体重が2,500g未満の乳児が出生した場合，その保護者に対して，速やかに市町村に届け出義務を課している。また市町村長は，乳児の発育，発達面などの把握や保護者の育児などに対する不安の解消のため，必要に応じて，医師，保健師，助産師などに訪問指導をさせることとしている。

特に低体重児を出産した母親は自分を責めるなど，自己肯定感が弱くなったり，また低体重児は生まれて，すぐに高度医療的管理下におかれ，母親の子どもへの関わり制限がされる場合もあり，大切な新生児時期に育まれる母子愛着形成が円滑にできず，その影響で児童虐待行為に及んでしまうという悲惨な事例もある。

このようなことから，保健師などが家庭訪問して，乳児の成長を把握するとともに母親の思いの傾聴，共感などを通じて不安の解消を図る支援もとても重要である。

③ 健康診査

**妊産婦健康診査**　　妊婦及び胎児の健康管理支援のため，妊娠週数に応じて，診察，計測，検査などを行い，その結果は母子健康手帳に記載される。また出産，育児準備のための情報提供や妊婦，家族からの相談にも応じる。

**乳児健康診査**　　乳児の診察，身体計画，全身状態の観察などを通じて，発育状況をチェックし，発達の遅れ，疾病などを発見して適切な指導や育児支援を行う。

一般的には，1か月児健診は出産した医療機関で，3・4か月児健診は市町村の母子保健センターなどでの集団健診を受ける場合が多い。

また，市町村に対して健康診査を行う義務を課しているものとして，次のものがある。

① 1歳6か月児健康診査（満1歳6か月を超え満2歳に達しない幼児）（母子保健法施行規則第2条第1項）

母子保健法施行規則第2条により，次の11項目について行われる。身体発育状況，

118

栄養状態，脊柱及び胸郭の疾病及び異常の有無，皮膚の疾病の有無，歯及び口腔の疾病及び異常の有無，四肢運動障害の有無，精神発達の状況，言語障害の有無，予防接種の実施状況，育児上問題となる事項，その他の疾病及び異常の有無。

　　ⅱ　３歳児健康診査（満３歳を超え満４歳に達しない幼児）（母子保健法施行規則第２条第２項）

　　上記，１歳６か月児健康診査の項目に加え，眼の疾病及び異常の有無，耳，鼻及び咽頭の疾病及び異常の有無の２項目，合わせて13項目について行われる。


**新生児マススクリーニング（先天性代謝異常等検査）**　1977（昭和52）年から新生児における先天性代謝異常などの疾患やその疑いを発見し，発病前から治療ができるようにすることを目的として行われている検査で，疾患はフェニルケトン尿症をはじめとしたアミノ酸代謝異常の３疾患と先天性甲状腺機能低下症（クレチン症）をはじめとした内分泌疾患の３疾患の計６疾患としていたが，1990年代に新しいスクリーニング検査法としてタンデムマス法が開発され，これまでの６疾患の他に新たに，アミノ酸代謝異常の２疾患，有機酸代謝異常の７疾患，脂肪酸代謝異常４疾患が追加され，計19疾患を調べることが可能となった。

　2011（平成23）年，国は各自治体に対して，このタンデムマス法を用いた新生児マススクリーニング検査の導入を積極的に検討するように通達を出している。

④　妊娠の届け出と母子健康手帳

　安心，安全な妊娠期間を過すには，保健師等の早期関わりも必要であることから，「妊娠した者は，…（中略）…速やかに，市町村長に妊娠の届出をするようにしなければならない」（第15条）とされており，それ受けて，「市町村は…（中略）…母子健康手帳を交付しなければならない」（第16条）。この手帳は，国籍や年齢にかかわらず交付されるものである。

　母子健康手帳は，妊娠期から産後まで，新生児期から乳幼児期まで一貫して，健康の記録を医療関係者や保護者自身が記載，参照して，妊産婦，乳幼児に対する健康診査や保健指導の際，活用することを目的としている。

　また母子保健をめぐる状況に照らし合わせ，これまでおおむね10年ごとに見直しがされており，現様式は2012（平成24）年度に改正されたものである。現在の母子健康手帳の記録記載は低体重児の成長記録に馴染まない項目もあり，誰もが安心して使えるように，低体重児用の母子健康手帳を作る自治体も出てきている。

⑤　養育医療

　低体重児に対して，早期関わりのため，「届出の義務」（第18条），「訪問指導」（第19条）を定めている。また，入院となった場合の経済的負担を軽減するため，「市町村は，入院することを必要とする未熟児に対し，その養育に必要な医療（以下，「養育医療」という。）の給付を行い，又はこれに代えて養育医療に要する費用を支給することができ

第Ⅲ部　児童家庭福祉に関連する法制度

る」（第20条）としている。

　養育医療の適応は，出生時の体重が2,000g以下，運動不安，体温が摂氏34℃以下，呼吸器系，循環器系，消化器系などに異常がある場合などとなっており，都道府県知事によって指定された医療機関（指定養育医療機関）に委託して行われている。養育医療申請手続きは地域を管轄する母子保健センター，保健所などで行っている。その他，法では医療施設の整備に関する国及び地方公共団体の努力義務と調査研究の推進について国の努力義務を規定している。

　⑥　費　　用

　法は，母子保健の関する措置にかかる費用に定めており，「健康診査に要する費用…（中略）…は，当該市町村の支弁とする」（第21条）。また「市町村が支弁する第20条の養育医療の費用については，その4分の1を都道府県が負担し，2分の1を国が負担する」（第21条の2，3）としている。また「養育医療については扶養義務者の負担能力に応じて費用を徴収することができる」（第21条の4）としている。

　⑦　小児慢性特定疾患治療研究事業

　未熟児に対する養育医療とは別に，児童福祉法第6条の2第1項に基づき，長期の治療が必要となる小児がん，慢性腎炎，糖尿病等の特定な疾患（対象疾患群14，疾患数704）に罹患する児童等に対して，医療費の自己負担の一部を助成する制度として小児慢性特定疾患治療研究事業がある。

　4）母子保健施設

　法は，市町村に対し，「必要に応じ，母子健康包括支援センターを設置するように努め」ること（第22条）を求めており，母子健康包括支援センターの機能は，母性並びに乳幼児の健康の保持及び増進に関する包括的支援のため，支援に必要な実情の把握，各種相談，保健指導，保険医療又は福祉に関する機関との連携調整，その他厚生労働省令で定める支援を行うこととしている。

　5）雑　　則

　未熟児の死亡率を下げるための医療として養育医療があるが，経済的負担がなく，安心して医療を受けることができるように，「支給される養育医療やこれにかわる金銭給付は非課税とし，また差し押さえの禁止」（第23・24条）を定めている。

　また，法の中で都道府県が行う事務処理について，「都道府県が処理する事務等については，政令の定めるところにより，指定都市および中核市が行うもの」（第26条）とし，事務権限が都道府県から指定都市，中核市に委譲され，住民の身近なところで業務ができるようにされている。


## （2）母子保健の現状と課題

### 1）母子保健施策

　前述のとおり，わが国の母子保健施策は当初，児童福祉法の体系下で実施されていた

第8章　母子及び父子並びに寡婦福祉法・母子保健法

図 8-1　主な母子保健施策

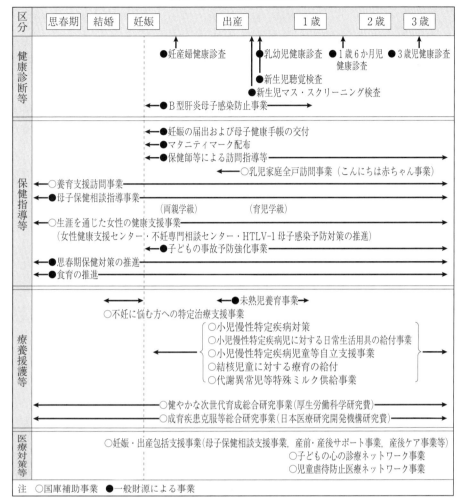

出所：厚生統計協会編『国民の福祉の動向 2013/2014』2015年，114頁。

が，母性並びに乳幼児の健康保持・増進を図るため，1965（昭和40）年に母子保健法が制定された。

母子保健は，妊娠，出産，育児という一連の母性及び父性の対象と乳幼児を中心とする児童を対象としている。母子保健の理念は，思春期から妊娠，出産を通じて母性，父性が育まれ，児童が心身ともに健やかに育つこと目指している（図8-1）。

### 2）「新しい時代の母子保健」の提言

母子を取り巻く社会環境の変化の中で，母子保健施策の推進方向性が検討され，1983（昭和58）年には，中央児童福祉審議会から「今後の母子保健施策のあり方について」意見具申があり，母子保健施策の柱として，①妊産婦・乳幼児の健康診査と保健指導の充実，②周産期医療施設の整備，③健康教育の充実，④母子保健体制の整備等が挙げられた。

1989（平成元）年，中央児童福祉審議会母子保健対策部会「新しい時代の母子保健を

第Ⅲ部　児童家庭福祉に関連する法制度

考える研究会」の報告書では，①「こころ」の健康の重視，②家庭や職場を含めた地域ぐるみの対応の重視，③住民の自主グループへの支援，④相談事業や健康診査事後指導の重視，⑤健康に関する諸科学の進歩への対応，の5項目について基本的な視点と具体的な施策の提言があった。

　さらに2000（平成12）年，21世紀の母子保健の取り組みと方向性と目標を示し，関係機関と団体が一体となって推進する国民運動計画である「健やか親子21（第1次）」が策定され，翌年の2001（平成13）年から，民間協同で母子の健康水準を向上させるための様々な取り組みを開始した。この取り組みは，2014（平成26）年度で終了することに伴い，2013（平成25）年度には最終評価が行われ，2014（平成26）年度には「健やか親子21（第2次）」（2015〔平成27〕～2024年度）の方針が取りまとめられた。「健やか親子21」については，第11章で詳細に述べられているので参照されたい。

### 3）母子保健施策の推進

　乳幼児健診や母子健康手帳などを基にした様々な母子保健施策の普及により，日本の母子保健水準は世界最高水準となった。しかし養育という点においては，核家族化や地域におけるつながりの希薄化などにより，家庭・地域における養育能力が低下し，子育ての孤立化，不安・負担感が増大して問題を抱える事例も多くなっている。このことは個人の問題としてではなく社会的問題として捉えるべきであり，医療，保健，福祉，教育などの関係機関，関係職種の切れ目ない連携支援が必要である。

　また，これまで行政は家族や地域機能を補完するため，多くの母子保健施策を打ち立ててきたが，今後は行政のみならず，地域の持てる力を引き出し，母子を取り巻くあらゆる関係者が協同し，積極的な母子保健施策を推進することが重要であると思われる。

## 3　ひとり親家庭・寡婦の現状と課題

### （1）ひとり親家庭の現状

　ひとり親家庭は，両親がいる家庭と比べて，経済的，社会的，精神的に不安定な状態に陥りやすいため，生活の安定支援のためには，さまざまな配慮が必要となる。

　離婚した際に，子どもが幼いと母親が親権を取ることが多く，子どもとの生計を立てていくために，それまで専業主婦であった母親の場合，就労せざるを得なくなるが，その雇用体系は非正規雇用が多く，経済面で困窮生活を余儀なくされる。一方，父親が親権を取った場合は，父親の雇用形態は正規雇用が多いものの，それゆえ，就労に関わる時間的拘束もあって育児や家事の面で苦労することがある。そのため，ひとり親家庭については，その児童のために必要な保護，指導，助成等が行われると同時に，母親（父親）に対しても，自らが健康で文化的な生活を送りながら，児童の養育責任を負うことができるような援助が求められている。

　それでは，ひとり親家庭の現状について，厚生労働省の2016（平成28）年度全国ひと

122

第8章　母子及び父子並びに寡婦福祉法・母子保健法

**表8-2**　ひとり親家庭の主要統計データ

| | | 母子世帯 | 父子世帯 |
|---|---|---|---|
| 1 | 世帯数（推計値） | 123.2万世帯 | 18.7万世帯 |
| 2 | ひとり親世帯になった理由 | 離婚　79.5%<br>死別　　8.0% | 離婚　75.6%<br>死別　19.0% |
| 3 | 就業状況 | 81.8% | 85.4% |
| | うち　正規の職員・従業員 | 44.2% | 68.2% |
| | うち　自営業 | 3.4% | 18.2% |
| | うち　パート・アルバイト等 | 43.8% | 6.4% |
| 4 | 平均年間収入（母又は父自身の収入） | 243万円 | 420万円 |
| 5 | 平均年間就労収入（母又は父自身の就労収入） | 200万円 | 398万円 |
| 6 | 平均年間収入（同居親族を含む世帯全員の収入） | 348万円 | 573万円 |

注：(1)　上記は，母子又は父子以外の同居者がいる世帯を含めた全体の母子世帯，父子世帯の数。
　　　　母子のみにより構成される母子世帯数は約75.5万世帯。父子のみにより構成される父子世帯
　　　数は約8.4万世帯。（平成27年国勢調査）
　　(2)　「平均年間収入」及び「平均年間就労収入」は，平成27年の1年間の収入。
資料：「平成28年度全国ひとり親世帯等調査」。
出所：厚生労働省「平成28年度全国ひとり親世帯等調査結果の概要」。

り親世帯等調査結果から見てみよう。

### 1）ひとり親世帯数および理由別推移

　ひとり親世帯数は，2006（平成18）年度においては母子世帯数115.1万世帯，父子世帯
24.1万世帯であったものが，2016（平成28）年度では母子世帯数123.2万世帯，父子世帯
18.7万世帯と10年間で母子世帯は7％増となっているが，逆に父子世帯は22.4％減と
なっている（いずれの世帯数も推計値）。

　また，ひとり親世帯になった理由については2006（平成18）年度においての母子世帯
の生別離別率は79.7％，死別は9.7％，父子世帯の生別離別率は74.4％，死別率は
22.1％であったものが，2016（平成28）年度では調査票回収母子世帯数2,060世帯におけ
る生別離別率は79.5％，死別率は8.0％，調査票回収父子世帯数405世帯における生別離
別率は75.6％，死別率は19.0％と10年間に大きな変動はなく，いずれの世帯においても，
生別離別が死別を大きく上回っている。

### 2）ひとり親世帯の就業状況及び所得状況

　調査票回収母子世帯2,060世帯のうち，全体の約81.8％が働いており，そのうち正規
の職員・従業員は44.2％，パート・アルバイト等の非正規従業員は43.8％とほぼ同数と
なっている。それに比較して，調査票回収父子世帯数405世帯のうち，全体の85.4％が
働き，正規の職員・従業員は68.2％，パート・アルバイト等の非正規従業員は6.4％と
正規雇用が圧倒的に多くなっている。父子世帯の平均年間収入は573万円であるのに対
して，母子世帯の平均年間収入は348万円となっている（表8-2）。

　また父子世帯の平均年間収入は，国民生活基礎調査による児童のいる世帯の平均所得

123

第Ⅲ部　児童家庭福祉に関連する法制度

**表8-3　ひとり親の本人が困っていること**

| 区　分 | 母 子 世 帯 | | 父 子 世 帯 | |
|---|---|---|---|---|
| | 平成18年 | 平成28年 | 平成18年 | 平成28年 |
| 総数（世帯数） | ― | 1,543世帯 | ― | 267世帯 |
| 家　　計 | 46.3% | 50.4% | 40.0% | 38.2% |
| 仕　　事 | 18.1% | 13.6% | 12.6% | 15.4% |
| 住　　居 | 12.8% | 9.5% | 7.4% | 4.5% |
| 自分の健康 | 10.6% | 13.0% | 5.9% | 10.1% |
| 親族の健康・介護 | 5.0% | 6.7% | ※ | 11.6% |
| 家　　事 | 1.9% | 2.3% | 27.4% | 16.1% |
| そ の 他 | 5.3% | 4.5% | 6.7% | 4.1% |

注：割合は小数点以下2位を四捨五入していることから内訳合計が総数に合わないこともある。
資料：「平成18年度全国母子世帯等調査」「平成28年度全国ひとり親世帯等調査」。
出所：厚生労働省「平成28年度全国ひとり親世帯等調査結果報告」87頁。

**表8-4　子どもについての悩みの内訳**

・母子世帯の母が抱える子どもについての悩みの内訳（最もあてはまるもの）

| | しつけ | 教育・進　学 | 就　職 | 非行・交友関係 | 健康 | 食事・栄　養 | 衣服・身のまわり | 結　婚問　題 | 障　害 | その他 |
|---|---|---|---|---|---|---|---|---|---|---|
| 平成18年<br>総　数 | (19.0) | (56.4) | (8.0) | (2.0) | (5.2) | (2.4) | (1.2) | (1.2) | (＊) | (4.8) |
| 平成28年<br>総　数 | (13.1) | (58.7) | (6.0) | (3.0) | (5.9) | (2.6) | (0.8) | (0.4) | (4.3) | (5.2) |
| 0～4歳 | (42.7) | (24.4) | (―) | (―) | (8.4) | (9.2) | (3.1) | (1.5) | (3.1) | (7.6) |
| 5～9歳 | (26.7) | (48.2) | (―) | (3.0) | (6.3) | (4.0) | (0.7) | (―) | (5.3) | (5.9) |
| 10～14歳 | (10.4) | (67.4) | (1.3) | (4.7) | (4.7) | (1.7) | (0.4) | (0.2) | (4.4) | (4.7) |
| 15歳以上 | (2.4) | (63.7) | (14.2) | (2.1) | (6.1) | (1.3) | (0.8) | (0.6) | (4.0) | (4.7) |

・父子世帯の父が抱える子どもについての悩みの内訳（最もあてはまるもの）

| | しつけ | 教育・進　学 | 就　職 | 非行・交友関係 | 健康 | 食事・栄　養 | 衣服・身のまわり | 結　婚問　題 | 障　害 | その他 |
|---|---|---|---|---|---|---|---|---|---|---|
| 平成18年<br>総　数 | (12.8) | (50.6) | (6.1) | (1.8) | (7.9) | (8.5) | (3.7) | (3.7) | (＊) | (4.9) |
| 平成28年<br>総　数 | (13.6) | (46.3) | (7.0) | (1.8) | (6.6) | (7.0) | (4.8) | (2.2) | (2.9) | (7.7) |
| 0～4歳 | (35.3) | (17.6) | (―) | (―) | (5.9) | (5.9) | (23.5) | (―) | (―) | (11.8) |
| 5～9歳 | (19.0) | (33.3) | (―) | (―) | (4.8) | (9.5) | (9.5) | (4.8) | (2.4) | (16.7) |
| 10～14歳 | (14.6) | (59.4) | (―) | (2.1) | (3.1) | (7.3) | (3.1) | (1.0) | (3.1) | (6.3) |
| 15歳以上 | (7.7) | (44.4) | (16.2) | (2.6) | (10.3) | (6.0) | (1.7) | (2.6) | (3.4) | (5.1) |

注：表中の割合は「特に悩みはない」と不祥を除いた割合である。
出所：厚生労働省「平成28年度全国ひとり親世帯等調査結果報告」86頁。

124

を 100 として比較すると81.0％となっており，母子世帯では49.2％となっている。

### 3）ひとり親家庭状況

次にひとり親本人が抱えている問題と子どもについての問題について回収調査票からその内容を見てみよう。

① ひとり親の本人が困っていること（表8-3）

困っていることの内訳の割合は2016（平成28）年，2006（平成18）年を比較しても大きな変動は見受けられない。その中で一番困っていることは，いずれも家計のことであり，母子世帯50.4％，父子世帯38.2％を占めている（2016年）。

② 子どものこと（表8-4）

ひとり親世帯にとって，子どもの教育・進学の問題は，さまざまな悩みの中でも最も多く，2016（平成28）年では母子家庭では56.4％，父子家庭では50.6％といずれも50％台である。その次に「しつけ」問題で，いずれの家庭においても10％台となっている。

## （2）ひとり親家庭の子どもの貧困と支援

ひとり親家庭の福祉的支援制度については前述しているので，ここでは今後の課題をいくつか挙げておく。個人の価値観の多様化は家族形態の多様化につながり，今後，この家族形態の多様化は一層進んでいくと思われる。とりわけ「ひとり親家庭」といわれる母子家庭や父子家庭は，これからも増加傾向をたどることだろう。

ひとり親家庭の暮らしの基盤は不安定で，母子世帯における所得・住まいの確保や父子家庭における育児などの深刻な問題を多く抱えている。また物質的には豊かで平等な社会と言われているが，ひとり親世帯の子どもの貧困率は高く，2人に1人は貧困状態にあるという現実があることを知っておかなくてはいけない。それでは国際的に見て，子どもの貧困はどのようになっているのであろう。OECD（経済協力開発機構）による2010（平成22）年の日本の子どもの相対的貧困率は16.0％と加盟国平均の11.3％を上回っており，34カ国中，10番目に高くなっている（図8-2，次頁）。

さらに，家族関係社会支出の規模は，GDP（国内総生産）比をみて，現物給付，現金給付等の支援についてもアメリカ，カナダを除いて他の国と比較して極めて劣悪な状況にあるといえる（図8-3，次頁）。

これらの貧困問題をひとり親家庭が個人的な努力で解決するには限界もある。社会の問題として認識し，ひとり親世帯を社会全体で支えるという支援が望まれる。

母子及び父子並びに寡婦福祉法の基本理念として，「全ての母子家庭等には，児童が，その置かれている環境にかかわらず，心身ともに健やかに育成されるために必要な諸条件と，その母子家庭の母及び父子家庭の父の健康で文化的な生活とが保障されるものとする」とされ（第2条），また，「寡婦には，母子家庭の母，及び父子家庭の父に準じて，健康で文化的な生活が保証されるものとする」（第2条第2項）となっており，この理念に基づき，「母子家庭等および寡婦の福祉の増進に努めるべき国および地方公共団体の

第Ⅲ部　児童家庭福祉に関連する法制度

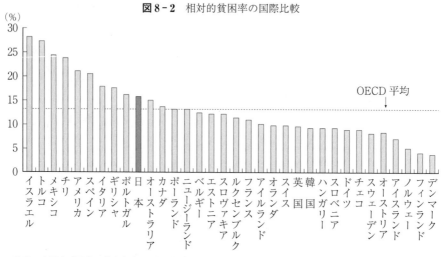

図8-2　相対的貧困率の国際比較

出所：内閣府『子供・若者白書 平成26年版』。

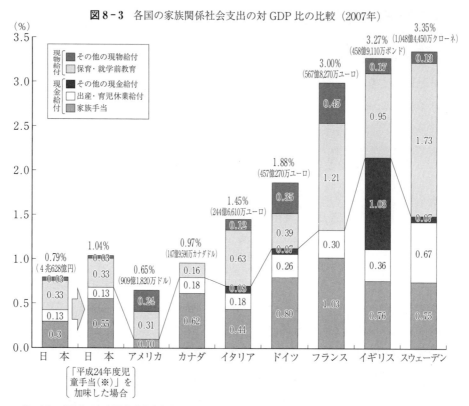

図8-3　各国の家族関係社会支出の対GDP比の比較（2007年）

注：(1)　「平成24年度児童手当を加味した場合」は，家族手当額について，児童手当（2007年度，9,846億円）を平成24年度予算における「児童手当制度給付費総額」（2兆2,857億円）に単純に置き換えて試算したもの。
　　(2)　手当の名称は，「児童手当法の一部を改正する法律」（平成24年法律第24号）による名称としている。
資料：OECD：Social Expenditure Database (Version: November 2008) 2010.11.9 取得データ等
出所：内閣府『子ども・子育て白書 平成24年版』。

責務」が定められている（第3条）。

　ひとり親世帯における子どもの貧困対策支援を図るため，2013（平成25）年6月，国会において，「子どもの貧困対策の推進に関する法律」が成立し，2014（平成26）年1月に施行された。この法律の目的として，第1条には，「子どもの将来がその生まれ育った環境によって左右されることのないよう，貧困の状況にある子どもが健やかに育成される環境を整備するとともに，教育の機会均等を図るため，子どもの貧困対策に関し，基本理念を定め，国等の責務を明らかにし，及び子どもの貧困対策の基本となる事項を定めることにより，子どもの貧困対策を総合的に推進すること」と規定され，第8条では，「政府は，子どもの貧困対策を総合的に推進するため，子どもの貧困対策に関する大綱…（中略）…を定めなければならない」としている。

　この法律を基に国は，2014（平成26）年8月，「子供の貧困対策に関する大綱」を示した。具体的な支援内容は，「教育の支援」「生活の支援」「保護者に対する就労の支援」「経済的支援」の4つであり，子どもの貧困対策が国を挙げて推進されるよう，国，地方公共団体，民間企業等によるネットワークの構築と同時に，国民の幅広い理解と協力の下に子どもの貧困対策を国民運動として展開していくことの重要性が述べられている。その地域力の活用の推進のため，国では，「未来応援ネットワーク事業（子供の未来応援基金）」として民間から寄付を募り，その資金をNPO法人などに支援金として交付し，貧困の状況にある子どもたちの抱える問題を草の根で支援活動するNPO法人などの運営基盤の強化や，掘り起こしを行い，社会全体で子どもの貧困対策を進める環境整備など行っている。

　NPO法人やボランティア団体などの民間発の取り組みとして始まった，貧困家庭や孤食の子どもたちに食事を提供する「子ども食堂」の開設や，勉強が遅れがちな子どもたちに対して「無料学習支援」などの行う団体に対して，公的扶助を行う自治体も出てきているが，運営基盤も脆弱なところもあり，今後，益々の施策の充実を期待したい。

　子どもの貧困は，いじめ，虐待，不登校，非行など様々な問題につながっている。これらの問題は複雑に絡み合っていることが多く，支援にはそれぞれの問題を切り離さず，総合的に捉えて行う必要がある。国の責任の元で関係機関と連携して，負の連鎖を断ち切り，すべての子どもたちが夢と希望を持って成長していける社会の実現のため，子どもの貧困に関わる問題を早急に解決していくことが強く望まれる。


**参考文献**

小田豊・中橋美穂・日浦直美編著『家庭支援論 新版』北大路書房，2014年。

加藤俊二編著『現代児童福祉論 第2版』ミネルヴァ書房，2008年。

関西人間学会編「社会福祉六法・関係法事典」晃洋書房，2006年。

星野政明編集代表，川出富貴子・三宅邦建編『子どもの福祉と子育て家庭支援 新版』みらい，2010年。

森上史朗・柏女霊峰編『保育用語辞典 第6版』ミネルヴァ書房，2010年。

# 第9章　その他の児童家庭福祉関連法

## 1 児童憲章・教育基本法・学校教育法

### （1）児童憲章

　児童憲章は，1949（昭和24）年に中央児童福祉審議会で正式に取り上げられてから2年間にわたり，各界の代表者による審議が行われ，1951（昭和26）年5月5日の「子どもの日」に制定された。児童憲章には，法的拘束力はないが，日本における児童福祉の根本理念となっている。

#### 1）総　　則

#### ①　前　　文

　児童憲章は，正しい児童観の確立と児童の幸福を図ることを目的とする。前文には，「われらは，日本国憲法の精神にしたがい，児童に対する正しい観念を確立し，すべての児童の幸福をはかるために，この憲章を定める」とある。

#### ②　綱　　領

　児童は，社会の一員として人権が尊重され，適切な環境が与えられる。綱領には，「児童は，人として尊ばれる。児童は，社会の一員として重んぜられる。児童は，よい環境のなかで育てられる」の3点が挙げられている。

#### 2）本　　文

　総則を踏まえて，児童の自立を促すための環境として，本文には，「①すべての児童は，心身ともに健やかにうまれ，育てられ，その生活を保障される。②すべての児童は，家庭で，正しい愛情と知識と技術をもつて育てられ，家庭に恵まれない児童には，これにかわる環境が与えられる。③すべての児童は，適当な栄養と住居と被服が与えられ，また，疾病と災害からまもられる。④すべての児童は，個性と能力に応じて教育され，社会の一員としての責任を自主的に果すように，みちびかれる。⑤すべての児童は，自然を愛し，科学と芸術を尊ぶように，みちびかれ，また，道徳的心情がつちかわれる。⑥すべての児童は，就学のみちを確保され，また，十分に整つた教育の施設を用意される。⑦すべての児童は，職業指導を受ける機会が与えられる。⑧すべての児童は，その労働において，心身の発育が阻害されず，教育を受ける機会が失われず，また児童としての生活がさまたげられないように，十分に保護される。⑨すべての児童は，よい遊び場と文化財を用意され，わるい環境からまもられる。⑩すべての児童は，虐待，酷使，放任その他不当な取扱からまもられる。あやまちをおかした児童は，適切に保護指導さ

れる。⑪すべての児童は，身体が不自由な場合，または精神の機能が不十分な場合に，適切な治療と教育と保護が与えられる。⑫すべての児童は，愛とまことによつて結ばれ，よい国民として人類の平和と文化に貢献するように，みちびかれる」の12点が挙げられている。

### （2）教育基本法

#### 1）教育基本法とは

① 教育基本法制定

教育基本法は，第2次世界大戦直後の1946（昭和21）年に設置された教育刷新委員会の立案により，第92回帝国議会審議を経て1947（昭和22）年に制定された。教育基本法は，前文で，民主的で文化的な国家の建設及び世界の平和と人類の福祉の向上への貢献を掲げ，「この理想の実現は，根本において教育の力にまつべきものである」（旧法前文）として，教育の基本を確立するために制定されたのである。

② 教育基本法改正

教育基本法制定後，半世紀を経て，2006年（平成18）年に21世紀を切り拓く心豊かでたくましい日本人の育成を目指す観点から，新たな理念を掲げて改正された。

#### 2）新教育基本法

新教育基本法は，4つの章が立てられ，全18条からなっている。同法は，前文，教育の目的及び理念（第1章），教育の実施に関する基本（第2章），教育行政（第3章），法令の制定（第4章）で構成されている。

① 教育の目的及び理念（第1章）

以下，「教育の目的」「教育の目標」「教育の機会均等」の条文を紹介する。

**教育の目的（第1条）** 第1条は，「教育は，人格の完成を目指し，平和で民主的な国家及び社会の形成者として必要な資質を備えた心身ともに健康な国民の育成を期して行われなければならない」として，教育の目的は，人格の完成を目指し，平和と民主主義を大切にする国民の育成にあることを規定する。

**教育の目標（第2条）** 第2条は，「教育は，その目的を実現するため，学問の自由を尊重しつつ，次に掲げる目標を達成するよう行われるものとする」として，第1条「教育の目的」を実現するために達成すべき，以下の5項目の教育目標を規定している。なお，「教育」には，学校教育，家庭教育，社会教育などすべてが含まれる。「学問の自由」は，日本国憲法（以下，憲法）第23条で，「学問の自由は，これを保障する」と規定している。

① 幅広い知識と教養を身に付け，真理を求める態度を養い，豊かな情操と道徳心を培うとともに，健やかな身体を養うこと。

② 個人の価値を尊重して，その能力を伸ばし，創造性を培い，自主及び自律の精

第Ⅲ部　児童家庭福祉に関連する法制度

神を養うとともに，職業及び生活との関連を重視し，勤労を重んずる態度を養うこと。

③　正義と責任，男女の平等，自他の敬愛と協力を重んずるとともに，公共の精神に基づき，主体的に社会の形成に参画し，その発展に寄与する態度を養うこと。

④　生命を尊び，自然を大切にし，環境の保全に寄与する態度を養うこと。

⑤　伝統と文化を尊重し，それらをはぐくんできた我が国と郷土を愛するとともに，他国を尊重し，国際社会の平和と発展に寄与する態度を養うこと。

　**教育の機会均等（第4条）**　　第4条は，日本国憲法第14条の法の下の平等及び第26条1項の「法律の定めるところにより，その能力に応じて，ひとしく教育を受ける権利を有する」という規定を受けて，教育の機会均等の理念を具体化する。第4条第1項は，「すべて国民は，ひとしく，その能力に応じた教育を受ける機会を与えられなければならず，人種，信条，性別，社会的身分，経済的地位又は門地によって，教育上差別されない」として，能力に応じた教育を受ける機会の保障，教育における差別の禁止を規定する。第4条第2項は，「国及び地方公共団体は，障害のある者が，その障害の状態に応じ，十分な教育を受けられるよう，教育上必要な支援を講じなければならない」として，国及び地方公共団体の障害児教育に関する責務を規定する。第4条第3項は，「国及び地方公共団体は，能力があるにもかかわらず，経済的理由によって修学が困難な者に対して，奨学の措置を講じなければならない」として，奨学措置の国及び地方公共団体の責務を規定する。

　②　教育の実施に関する基本（第2章）

　以下，児童家庭福祉分野に関連が深い，「家庭教育」「幼児期の教育」「学校，家庭及び地域住民等の相互の連携協力」の条文を紹介する。

　**家庭教育（第10条）**　　第10条は，家庭教育における保護者の責任及び国・地方公共団体の支援を規定する。第10条第1項は，「父母その他の保護者は，子の教育について第一義的責任を有するものであって，生活のために必要な習慣を身に付けさせるとともに，自立心を育成し，心身の調和のとれた発達を図るよう努めるものとする」として，保護者が子どもの教育の第一義的責任のあること及び家庭教育の果たすべき役割を明記し，努力目標を規定する。保護者とは，学校教育法第16条において，「子に対して親権を行う者（親権を行う者のないときは，未成年後見人）をいう」と規定している。第10条第2項は，「国及び地方公共団体は，家庭教育の自主性を尊重しつつ，保護者に対する学習の機会及び情報の提供その他の家庭教育を支援するために必要な施策を講ずるよう努めなければならない」として，国及び地方公共団体が家庭教育を支援するための施策を策定する努力義務のあることを規定する。

　**幼児期の教育（第11条）**　　第11条は，「幼児期の教育は，生涯にわたる人格形成の基礎を培う重要なものであることにかんがみ，国及び地方公共団体は，幼児の健やかな成

長に資する良好な環境の整備その他適当な方法によって，その振興に努めなければならない」として，国や地方公共団体に「良好な環境の整備」を重視した教育振興の努力義務があることを規定する。

2005（平成17）年，中央教育審議会は，「子どもを取り巻く環境の変化を踏まえた今後の幼児教育の在り方について（答申）」の中で，幼児教育とは，「幼児が生活するすべての場において行われる教育を総称したもの」であり，「次代を担う子どもたちが人間として心豊かにたくましく生きる力を身に付けられるよう，生涯にわたる人間形成の基礎を培う普遍的かつ重要な役割を担っている」ことを指摘した。[1] 国は，2012（平成24）年，幼児教育の充実を図るため，子ども・子育て支援のための新たな制度を策定する。

**学校・家庭及び地域住民等の相互の連携協力（第13条）**　第13条は，「学校，家庭及び地域住民その他の関係者は，教育におけるそれぞれの役割と責任を自覚するとともに，相互の連携及び協力に努めるものとする」として，学校，家庭及び地域住民の連携協力の努力義務を規定する。

2003（平成15）年，中央教育審議会は，「新しい時代にふさわしい教育基本法と教育振興基本計画の在り方について（答申）」の中で，子どもの健全育成をはじめ，教育の目的を実現する上で，地域社会の果たすべき役割は重要であるとして，「学校・家庭・地域社会の三者が，それぞれ子どもの教育に責任を持つとともに，適切な役割分担の下に相互に緊密に連携・協力して，教育の目的の実現に取り組むこと」を求めた。[2]

### （3）学校教育法

#### 1）学校教育法とは

学校教育法は，日本国憲法及び教育基本法の理念を受けて，1947（昭和22）年に制定され，日本の6・3・3・4制の学校制度の基準を定めた法律である。学校教育法には，教育基本法に基づく具体的な施策として，学校教育の内容や目的等が規定されている。2006（平成18）年の教育基本法改正により，翌年，学校教育法は全面的に改正され，幼稚園から大学までの各学校種の目的及び目標が見直される。学校教育法は，その後も改正が繰り返されて現在に至っている。

#### 2）学校教育法

以下，保育や障害児福祉と関係が深い幼稚園，特別支援教育に係る条文を紹介する。

① 幼　稚　園

2007（平成19）年，中央教育審議会は，「教育基本法の改正を受けて緊急に必要とされる教育制度の改正について（答申）」の中で，幼稚園に関して，「小学校以降の教育との接続を明確にするとともに，これに伴って学校教育法に規定する学校種の規定順について，発達の連続性を踏まえ，幼稚園を最初に規定することが妥当である」という提言をした。[3] 同年の学校教育法改正により，学校種の規定順の最後に置かれていた幼稚園は，「この法律で，学校とは，幼稚園，小学校，中学校，義務教育学校，高等学校，中等教

第Ⅲ部　児童家庭福祉に関連する法制度

育学校，特別支援学校，大学及び高等専門学校とする」（第1条）として，最初に規定された。

**幼稚園の目的（第22条）**　第22条は，「幼稚園は，義務教育及びその後の教育の基礎を培うものとして，幼児を保育し，幼児の健やかな成長のために適当な環境を与えて，その心身の発達を助長することを目的とする」として，幼稚園を教育の基礎段階として位置づけ，適切な環境の整備が重要であることを規定する。幼稚園教育は，義務教育，特に小学校教育との連続性を重視し，子どもにとって有益な環境，教育的な意味のある環境を積極的に構成し，「健やかな成長」に結びつくような援助が求められる[4]。

**幼稚園における教育の目標（第23条）**　第23条は，第22条に規定された幼稚園の目的を実現するために，「幼稚園における教育は，前条に規定する目的を実現するため，次に掲げる目標を達成するよう行われるものとする」として，達成すべき下記5項目の教育目標を規定する。教育目標は，幼稚園の教育内容を構成する「5領域（健康，人間関係，環境，言葉，表現）」に対応している。

①　健康，安全で幸福な生活のために必要な基本的な習慣を養い，身体諸機能の調和的発達を図ること。

②　集団生活を通じて，喜んでこれに参加する態度を養うとともに家族や身近な人への信頼感を深め，自主，自律及び協同の精神並びに規範意識の芽生えを養うこと。

③　身近な社会生活，生命及び自然に対する興味を養い，それらに対する正しい理解と態度及び思考力の芽生えを養うこと。

④　日常の会話や，絵本，童話等に親しむことを通じて，言葉の使い方を正しく導くとともに，相手の話を理解しようとする態度を養うこと。

⑤　音楽，身体による表現，造形等に親しむことを通じて，豊かな感性と表現力の芽生えを養うこと。

**家庭及び地域への支援（第24条）**　第24条は，「幼稚園においては，第22条に規定する目的を実現するための教育を行うほか，幼児期の教育に関する各般の問題につき，保護者及び地域住民その他の関係者からの相談に応じ，必要な情報の提供及び助言を行うなど，家庭及び地域における幼児期の教育の支援に努めるものとする」として，幼稚園が保護者や地域住民の相談に応じ，地域社会の子育て支援の拠点としての役割を担うことを規定する。

**教育課程等に関する事項（第25条）**　第25条は，「幼稚園の教育課程その他の保育内容に関する事項は，第22条及び第23条の規定に従い，文部科学大臣が定める」と規定する。「その他の保育内容に関する事項」は，「預かり保育」に対応した項目である。「文部科学大臣が定める」とは，学校教育法施行規則第38条で，「幼稚園の教育課程その他

132

の保育内容については，…（中略）…，教育課程その他の保育内容の基準として文部科学大臣が別に公示する幼稚園教育要領によるものとする」と規定している。

　②　特別支援教育

　2005（平成17）年，中央教育審議会は，「特別支援教育を推進するための制度の在り方について（答申）」の中で，「障害のある幼児児童生徒の自立や社会参加に向けた主体的な取組を支援するという視点に立ち，幼児児童生徒一人一人の教育的ニーズを把握し，その持てる力を高め，生活や学習上の困難を改善又は克服するため，適切な指導及び必要な支援を行う」ことを提言した。翌年の学校教育法改正（2007年施行）により，従来，障害種別（盲・聾・知的障害・肢体不自由・病弱）ごとに設置された盲学校及び聾学校，養護学校は，特別支援学校に一本化され，障害種別を超えて複数の障害に対応できるようになる。また，小中学校等において，比較的障害の軽度な子どものために設置された特殊学級は，特別支援学級となる。

　**特別支援学校の目的（第72条）**　　第72条は，「特別支援学校は，視覚障害者，聴覚障害者，知的障害者，肢体不自由者又は病弱者（身体虚弱者を含む。以下同じ。）に対して，幼稚園，小学校，中学校又は高等学校に準ずる教育を施すとともに，障害による学習上又は生活上の困難を克服し自立を図るために必要な知識技能を授けることを目的とする」として，特別支援学校の対象となる幼児・児童・生徒，教育の目的を規定し，教育基本法第4条第2項を具体化する。

　**障害の程度（第75条）**　　第75条は，「第72条に規定する視覚障害者，聴覚障害者，知的障害者，肢体不自由者又は病弱者の障害の程度は，政令で定める」として，障害の程度を「政令で定める」と規定する。「政令で定める」とは，以下の学校教育法施行令第22条の3の規定であり，特別支援学校の対象となる障害の程度である。

　①　視覚障害者「両眼の視力がおおむね0.3未満のもの又は視力以外の視機能障害が高度のもののうち，拡大鏡等の使用によつても通常の文字，図形等の視覚による認識が不可能又は著しく困難な程度のもの」。

　②　聴覚障害者「両耳の聴力レベルがおおむね60デシベル以上のもののうち，補聴器等の使用によつても通常の話声を解することが不可能又は著しく困難な程度のもの」。

　③　知的障害者「知的発達の遅滞があり，他人との意思疎通が困難で日常生活を営むのに頻繁に援助を必要とする程度のもの（後略）」。

　④　肢体不自由者「肢体不自由の状態が補装具の使用によつても歩行，筆記等日常生活における基本的な動作が不可能又は困難な程度のもの（後略）」。

　⑤　病弱者「慢性の呼吸器疾患，腎臓疾患及び神経疾患，悪性新生物その他の疾患の状態が継続して医療又は生活規制を必要とする程度のもの（後略）」。

第Ⅲ部　児童家庭福祉に関連する法制度

**特別支援学級（第81条）**　第81条は，特別支援学級の目的及び対象となる幼児・児童・生徒を規定する。第81条第1項は，「幼稚園，小学校，中学校，義務教育学校，高等学校及び中等教育学校においては，次項各号のいずれかに該当する幼児，児童及び生徒その他教育上特別の支援を必要とする幼児，児童及び生徒に対し，文部科学大臣の定めるところにより，障害による学習上又は生活上の困難を克服するための教育を行うものとする」として特別支援学級の目的を規定する。「文部科学大臣の定めるところ」とは，学校教育法施行規則第138条で，「小学校，中学校若しくは義務教育学校又は中等教育学校の…（中略）…教育課程については，特に必要がある場合は，…（中略）…，特別の教育課程によることができる」と規定する。

第81条第2項は，「小学校，中学校，義務教育学校，高等学校及び中等教育学校には，次の各号のいずれかに該当する児童及び生徒のために，特別支援学級を置くことができる」として，①「知的障害者」，②「肢体不自由者」，③「身体虚弱者」，④「弱視者」，⑤「難聴者」，⑥「その他障害のある者で，特別支援学級において教育を行うことが適当なもの」を対象とすることを規定する。「その他障害のある者」には，言語障害，情緒障害・自閉症等が含まれる。

前出の中央教育審議会は，小中学校において通常の学級に在籍する学習障害（LD），注意欠陥多動性障害（ADHD），高機能自閉症等の児童生徒に対する指導及び支援が喫緊の課題であるとして，特別支援教育において，適切な指導及び必要な支援を行うことを提言した。[7]　また，2012（平成24）年，中央教育審議会初等中等教育分科会は，「共生社会の形成に向けたインクルーシブ教育システム構築のための特別支援教育の推進（報告）」の中で，「特別支援教育は，共生社会の形成に向けて，インクルーシブ教育システム構築のために必要不可欠なもの」であり，障害がない児童生徒と「可能な限り共に学ぶことができるよう配慮することが重要である」と指摘している。[8]

第81条第3項は，「前項に規定する学校においては，疾病により療養中の児童及び生徒に対して，特別支援学級を設け，又は教員を派遣して，教育を行うことができる」として，病院内の学級（院内学級）などへの教員の派遣を規定する。

## 2　障害者基本法・障害者基本計画（障害者プラン）・障害者総合支援法等

### （1）障害者基本法

#### 1）障害者基本法とは

#### ①　障害者基本法制定

日本の障害者施策の基本事項を定めた障害者基本法は，1981（昭和56）年の「完全参加と平等」をテーマとする国際障害者年を契機として広がったノーマライゼーション及びリハビリテーションの理念を踏まえ，1970（昭和45）年に成立した心身障害者対策基本法を改正して，1993（平成5）年に制定された。

第9章 その他の児童家庭福祉関連法

② 障害者差別の禁止

障害者基本法は，2004（平成16）年に改正され，障害のある人の自立と社会参加の一層の促進を図るため，障害者への差別の禁止を規定する。

③ 共生社会の実現

国は，2007（平成19）年に署名した「障害者の権利に関する条約」（以下，障害者権利条約）の締結に必要な国内法の整備や制度改革を行うため，2009（平成21）年，障害者制度改革推進本部を内閣に設置する。障害者基本法は，2011（平成23）年に改正され，目的規定に共生社会の実現が明記される。また，障害者の定義を見直し，発達障害が追加される。その後，2012（平成24）年，障害者総合支援法の制定，翌年，障害者差別解消法の制定及び障害者雇用促進法改正を経て，日本は，2014（平成26）年1月，障害者権利条約を締結した。

２）法律の概要

① 法律の目的と障害者の定義

**目的（第1条）**　障害者基本法は，第1条において，「全ての国民が，障害の有無にかかわらず，等しく基本的人権を享有するかけがえのない個人として尊重される」とする理念の下に，「全ての国民が，障害の有無によつて分け隔てられることなく，相互に人格と個性を尊重し合いながら共生する社会を実現するため」「障害者の自立及び社会参加の支援等のための施策を総合的かつ計画的に推進することを目的とする」と規定し，共生社会の実現を明記する（第1条，一部省略）。

**定義（第2条）**　第2条は，障害者の要件を規定する。第2条第1項第1号で，障害者は，「身体障害，知的障害，精神障害（発達障害を含む。）その他の心身の機能の障害（以下，「障害」と総称する。）がある者であつて，障害及び社会的障壁により継続的に日常生活又は社会生活に相当な制限を受ける状態にあるものをいう」として，障害者が日常生活等で受ける制限に，機能障害に加えて，新たに社会的障壁を規定する。第2条第1項第2号で，社会的障壁は，「障害がある者にとつて日常生活又は社会生活を営む上で障壁となるような社会における事物，制度，慣行，観念その他一切のものをいう」として，障害者が日常生活等で受ける制限をもたらす原因となる社会における様々な障壁を規定する。

② 基本原則・国及び地方公共団体の責務及び基本計画

**地域社会における共生等（第3条）**　第3条は，「第1条に規定する社会の実現は，全ての障害者が，障害者でない者と等しく，基本的人権を享有する個人としてその尊厳が重んぜられ，その尊厳にふさわしい生活を保障される権利を有することを前提としつつ，次に掲げる事項を旨として図られなければならない」として，共生社会を実現するために旨とすべき事項を規定する。第3条第1項第1号は，「全て障害者は，社会を構成する一員として社会，経済，文化その他あらゆる分野の活動に参加する機会が確保されること」として，社会参加の機会の確保を規定する。第3条第1項第2号は，「全て

135

第Ⅲ部　児童家庭福祉に関連する法制度

障害者は，可能な限り，どこで誰と生活するかについての選択の機会が確保され，地域社会において他の人々と共生することを妨げられないこと」として，地域社会における共生を規定する。第３条第１項第３号は，「全て障害者は，可能な限り，言語（手話を含む。）その他の意思疎通のための手段についての選択の機会が確保されるとともに，情報の取得又は利用のための手段についての選択の機会の拡大が図られること」として，コミュニケーション手段の選択機会の確保等を規定する。

**差別の禁止（第4条）**　第４条は，差別の禁止に関する規定をする。第４条第１項は，「何人も，障害者に対して，障害を理由として，差別することその他の権利利益を侵害する行為をしてはならない」として，障害を理由とする差別の禁止を規定する。第４条第２項は，「社会的障壁の除去は，それを必要としている障害者が現に存し，かつ，その実施に伴う負担が過重でないときは，それを怠ることによつて前項の規定に違反することとならないよう，その実施について必要かつ合理的な配慮がされなければならない」と規定し，障害者権利条約で導入された合理的配慮の考え方を取り入れる。障害者権利条約は合理的配慮について，「障害者が他の者との平等を基礎として全ての人権及び基本的自由を享有し，又は行使することを確保するための必要かつ適当な変更及び調整であって，特定の場合において必要とされるものであり，かつ，均衡を失した又は過度の負担を課さないものをいう」（障害者権利条約第２条）と定義している。第４条第３項は，「国は，第１項の規定に違反する行為の防止に関する啓発及び知識の普及を図るため，当該行為の防止を図るために必要となる情報の収集，整理及び提供を行うものとする」として，差別の禁止に関する国の役割を規定する。

**国際的協調（第5条）**　第５条は，「第１条に規定する社会の実現は，そのための施策が国際社会における取組と密接な関係を有していることに鑑み，国際的協調の下に図られなければならない」として，共生社会の実現のため，国際社会との協調の必要性を規定する。

**国及び地方公共団体の責務（第6条）**　第６条は，「国及び地方公共団体は，第１条に規定する社会の実現を図るため，前３条に定める基本原則（以下「基本原則」という。）にのつとり，障害者の自立及び社会参加の支援等のための施策を総合的かつ計画的に実施する責務を有する」として，国及び地方公共団体が，基本原則に基づく障害者施策の策定の責務を有することを規定する。

**障害者基本計画（第11条）**　第11条は，障害者施策を定めるための障害者基本計画を規定する。第11条第１項は，「政府は，障害者の自立及び社会参加の支援等のための施策の総合的かつ計画的な推進を図るため，障害者のための施策に関する基本的な計画（以下「障害者基本計画」という。）を策定しなければならない」として，障害者基本計画策定が国の責務であることを規定する。第11条第２項及び第３項は，都道府県による「都道府県障害者計画」策定，市町村による「市町村障害者計画」策定の責務を規定する。

第9章　その他の児童家庭福祉関連法

## （2）障害者基本計画（障害者プラン）

### 1）障害者基本計画策定までの経緯

　国連は，1981年を国際障害者年と定め，各国に障害者対策の取り組みを求める決議をした。翌年には，「障害者に関する世界行動計画」を採択し，1983年から1992年の10年間を「国連障害者の10年」と宣言する。国は，1982（昭和57）年，「国連障害者の10年」の国内行動計画として，「障害者対策に関する長期計画」（昭和57～平成4年度）を策定した。長期計画は，障害者の「完全参加と平等」を実現するための社会づくりを目指す。「国連障害者の10年」の中間年である1987（昭和62）年には，「障害者対策に関する長期計画後期重点施策」（昭和62～平成4年度）を策定した。

### 2）障害者基本計画（新長期計画）

　国は，1993（平成5）年，10年間の「障害者対策に関する新長期計画」（平成5～平成14年度）を策定する。同年，障害者基本法が制定されたことにより，新長期計画は，障害者基本計画として位置づけられる。

### 3）障害者プラン――ノーマライゼーション7か年戦略

　1995（平成7）年，7年間の重点施策実施計画（平成8～平成14年度）である，「障害者プラン――ノーマライゼーション7か年戦略」が策定される。

　障害者プランは，障害者が地域社会の中で共に暮らせる社会をつくることを目指し，障害者施策の分野で初めて，数値目標を設定するなど具体的な施策目標を明記する。

### 4）障害者基本計画（第2次）

　2002（平成14）年，障害者基本法に基づき，10年間の障害者基本計画（平成15～平成24年度）が策定された。障害者基本計画（第2次）は，前期と後期の5年間の計画に分けて数値目標を設定する。

　①　重点施策実施5か年計画（前期）

　2002（平成14）年，前期5年間（平成15～平成19年度）において重点的に実施する施策及び達成目標等を定めた，「重点施策実施5か年計画」（新障害者プラン）が策定される。

　②　重点施策実施5か年計画（後期）

　2007（平成19）年，共生社会実現へのさらなる取り組みを推進するため，後期5年間（平成20～平成24年度）の重点施策実施5か年計画が策定される。後期5か年計画は，地域での自立生活を基本に，障害の特性に応じ，障害者のライフサイクルの全段階を通じた切れ目のない総合的な利用者本位の支援を行うことなどに重点をおく。

### 5）障害者基本計画（第3次）

　2013（平成25）年，5年間の障害者基本計画（平成25～平成29年度）が策定される。障害者基本計画（第3次）は，2011（平成23）年に改正された障害者基本法に基づき，共生社会の実現を基本理念とし，地域社会における共生，差別の禁止，国際協調を基本原則とする。

137

第Ⅲ部　児童家庭福祉に関連する法制度

### （3）障害者総合支援法等

#### 1）制定までの経緯

日本の障害福祉サービスは，従来，行政機関がサービス内容を決定する措置制度により実施されてきた。1998（平成10）年，中央社会福祉審議会社会福祉構造改革分科会は，個人が自らサービスを選択し，サービス提供者との契約により利用する制度への移行の方向性を示す。2000（平成12）年，「社会福祉の増進のための社会福祉事業法等の一部を改正する等の法律」が成立し，身体障害者福祉法，知的障害者福祉法および児童福祉法が改正されて，障害福祉サービスは，契約制度に変更される。2003（平成15）年，市町村を運営主体として，サービス提供者との契約に基づく支援費制度が実施される。しかし，支援費制度は，①障害種別ごとでわかりにくいこと，②サービスの提供において地方公共団体間の格差が大きいこと，③サービスの利用者が急増し，財源の確保が困難になったこと，④精神障害が含まれていないこと等の課題が生じた。

#### 2）法律の制定

2005（平成17）年，支援費制度の課題に対処するため，障害者自立支援法（現・障害者総合支援法）が制定される（2006年施行）。障害者自立支援法の制定により，身体障害，知的障害，精神障害ごとのサービスが一元化され，障害の種別にかかわらず全国一律の共通した枠組みによるサービスが提供される。同時に，サービス内容は，介護や訓練等の機能に応じた体系に再編される。

##### ①　児童福祉法との関連

児童福祉法との関連は，次のとおりである。第1に，児童福祉法に基づく居宅介護（ホームヘルプ），短期入所（ショートステイ），障害児通園（デイサービス）事業等のサービスは，障害者自立支援法に移行し，新たに障害者自立支援法に基づく児童デイサービス事業を創設する。第2に，児童福祉法に基づく育成医療および補装具等のサービスは，障害者自立支援法に移行する。第3に，障害児施設は，原則として，都道府県（児童相談所）の措置から施設との契約制度に変更した。

##### ②　重度障害者の自己負担額増加

利用者負担を所得に応じた負担（応能負担）からサービスの利用量に応じて，1割の定率負担（応益負担）とする制度に変更したため，重度障害者の自己負担額が増加し，全国で違憲訴訟が起きた。

#### 3）障害者自立支援法の改正

2010（平成22）年，障害者自立支援法を抜本的に改正し，新法を施行するまでの空白を埋めることを目的とした，「障がい者制度改革推進本部等における検討を踏まえて障害保健福祉施策を見直すまでの間において障害者等の地域生活を支援するための関係法律の整備に関する法律」（通称「つなぎ法」）が議員立法により成立し，障害者自立支援法が改正された（2010年・2011年一部施行，2012年全面施行）。主な改正点は，次のとおりである。第1に，利用者負担制度を見直し，応益負担を廃止して応能負担を原則とする。

138

第9章　その他の児童家庭福祉関連法

第2に，障害者の範囲を拡大し，発達障害を含める。第3に，市町村に基幹相談支援センターを設置し，自立支援協議会を法定化する等，相談支援を充実する。第4に，障害児支援強化のため，児童福祉法を基本として身近な地域での支援の充実を図る。障害者自立支援法に基づく児童デイサービス事業は，児童福祉法に基づく児童発達支援事業，及び放課後等デイサービス事業（創設）に再編される。第5に，同行援護の個別給付化等，地域における自立した生活のための支援を充実する。

**4）障害者総合支援法の制定**

2012（平成24）年，地域社会における共生の実現に向けて，障害福祉サービスの充実等，障害者の日常生活及び社会生活を総合的に支援することを趣旨とする，「地域社会における共生の実現に向けて新たな障害保健福祉政策を講ずるための関係法律の整備に関する法律」が成立する。障害者自立支援法は，法律名を変更し，「障害者の日常生活及び社会生活を総合的に支援するための法律」（以下，障害者総合支援法）となる（2013年一部施行，2014年全面施行）。障害者総合支援法は，障害者自立支援法を引き継いだので，法の目的及び基本理念，障害者の範囲等の一部改正にとどまる。

① 目的（第1条）

障害者総合支援法は，2011（平成23）年に改正された障害者基本法の基本的理念にのっとり，第1条において，「障害者及び障害児が基本的人権を享有する個人としての尊厳にふさわしい日常生活又は社会生活を営むことができるよう，必要な障害福祉サービスに係る給付，地域生活支援事業その他の支援を総合的に行い，もって障害者及び障害児の福祉の増進を図るとともに，障害の有無にかかわらず国民が相互に人格と個性を尊重し安心して暮らすことのできる地域社会の実現に寄与することを目的とする」と規定し，障害福祉サービスに係る給付に加えて，地域生活支援事業を明記する（第1条，一部省略）。

② 基本理念（第1条の2）

障害者基本法の目的や基本原則を踏まえ，「全ての障害者及び障害児が可能な限りその身近な場所において必要な日常生活又は社会生活を営むための支援を受けられること」「社会参加の機会が確保されること」「どこで誰と生活するかについての選択の機会が確保され，地域社会において他の人々と共生することを妨げられないこと」，社会的障壁の「除去に資することを旨として，総合的かつ計画に行わなければならない」とする新たな基本理念を規定する（第1条の2，一部省略）。

③ 定義（第4条第1項および第2項・第5条第1項）

障害者総合支援法の対象となる障害者は，障害者自立支援法で規定された身体障害者，知的障害者，精神障害者（発達障害者を含む），障害児に加え，範囲を拡大して制度の狭間にあった難病等により障害がある者（児）を含める（第4条第1項および第2項）。「障害福祉サービス」は，居宅介護，重度訪問介護，同行援護，行動援護，療養介護，生活介護，短期入所，重度障害者等包括支援，施設入所支援，自立訓練，就労移行支援，就

139

第Ⅲ部　児童家庭福祉に関連する法制度

労継続支援，就労定着支援，自立生活援助及び共同生活援助をいう（第5条第1項）[9]。

④　自立支援給付（第6条）

自立支援給付は，サービス利用者への個別給付であり，介護給付費，訓練等給付費，地域相談支援給付費，計画相談支援給付費，自立支援医療費，補装具費等から成る（第6条，一部省略）。

自立支援給付の対象となるサービスは，次のとおりである。「介護給付費」は，居宅介護，重度訪問介護，同行援護，行動援護，療養介護，生活介護，短期入所，重度障害者等包括支援，施設入所支援を受けた時，「訓練等給付費」は，自立訓練，就労移行支援，就労継続支援，就労定着支援，自立生活援助，共同生活援助を受けた時，「地域相談支援給付費」は，地域移行支援，地域定着支援サービスを受けた時，「計画相談支援給付費」は，サービス利用支援，継続サービス利用支援を受けた時，それぞれの給付費が支給される。「自立支援医療費」は，身体障害者福祉法に基づく更生医療，児童福祉法に基づく育成医療，精神保健福祉法に基づく精神通院医療費公費負担制度を一元化したものであり，障害者（児）の心身の障害を軽減し，自立した日常生活又は社会生活を営むために必要な医療費として支給される。「補装具費」は，補装具給付制度から補装具費の支給制度に変更されたものである。補装具には，義肢，装具，盲人安全つえ，眼鏡，補聴器，車いす等がある。

⑤　市町村の地域生活支援事業（第77条第1項）

「地域生活支援事業」は，障害者（児）の地域生活を支えるサービスであり，全国一律の必須事業と市町村の判断により実施する事業がある。

市町村の必須事業は，障害者自立支援法で規定された，相談支援事業，成年後見制度利用支援事業，意思疎通支援事業，日常生活用具給付等事業，移動支援事業，地域活動支援センター機能強化事業，および障害者総合支援法により新たに規定された，理解促進研修・啓発事業，自発的活動支援事業，成年後見制度法人後見支援事業，手話奉仕員養成研修事業から成る。

## 3　少年法・児童買春，児童ポルノに係る行為等の規制及び処罰並びに児童の保護等に関する法律

### （1）少年法

#### 1）少年院送致の対象年齢

少年法は，少年の保護・一定の犯罪を犯した刑事事件の特則を規定した法律である。この特則が少年法の特徴で，その特徴とは未成年者には成人同様の刑事処分を下すのではなく，原則として家庭裁判所により保護更生のための処置を下すことを規定する，としている。つまり，少年（未成年男女）の将来に着目している所である。

そもそも，この少年法の成り立ちは，触法少年に対する行政機関による保護処分について定めた1922（大正11）年に制定された旧少年法に由来する。新しくは2007（平成19

年の改正で，少年院送致の対象年齢は「おおむね12歳以上」となる，と改めた。しかし，「おおむね」の言葉の持つ意味があいまいであるため，法務省は「おおむね」の幅を「１歳程度」とした。したがって，現行の少年法では11歳の者も少年院収容の可能性がある。次に，この少年法の基本的な考え方について説明する。

### ２）成人の刑事事件と少年事件（少年保護事件）の違い

少年法において，少年とは20歳未満のものをいう。女子も少年といい，正確には女子少年という。成人の刑事事件と少年事件の違いは，たとえば同じ窃盗事件を起こしたとしよう。すると，結果は同じ処分にならなければおかしいと考えられる。しかし，少年事件の場合，この少年法が適応されるために同じ処分にはならないのである。

つまり，少年法の考えは，罰を受けさせることではなく，法を順守する人間に立ち直らせることを目的としているのである。

具体的に述べると，仮にＡという16歳の少年と，Ｂという16歳の少年２人が同じ金品10万円分相当を万引きしたとしよう。２人はいずれも初犯であった。当然，前述の説明から少年法が適応されるため成人とは異なった同じ処分が２人に下されると考えられる。しかし，少年法の考えではこの２人が同じ処分になるとは限らないのである。

Ａは，普段から学校にもまじめに登校し，家計を助けるためにアルバイトも行っている。交友関係も学校，アルバイト先の店員などで，さして際立った交遊はない。今回の万引きはでき心で行った行為であり，本人も深く反省をしている。

Ｂは学校には行かず，アルバイトも行っていない。交友関係は警察に追われ，逃げ続けている少年数名と行動を共にしている状況である。不適切な行動を繰り返し起こしては近隣から苦情が上がっていた。そして今回，遊ぶ金が欲しくなり売却目的で万引きを行った，というものである。

万引きなどにより下される家庭裁判所からの処分には「保護観察，児童自立支援施設等送致，少年院送致などの保護処分，児童相談所長送致，検察官送致」などがある。ちなみに少年院とは矯正教育を行う場であり，刑務所とは本質的に異なる。またよく聞かれる少年鑑別所とは審判のために身柄を拘束して，こころと身体，考え方などを調べる施設であり，その職員のほか家庭裁判所調査官も赴いて少年の調査を行っているところである。また，そのほか「再審不開始，不処分」という決定もある。「審判不開始」は，裁判官が決定を下す審判というものを開かないで事件を終わりにしようとするものである。「不処分」は審判の結果，特に処分をしないというものである。

このように，少年法は，ただ犯罪に対して処分し，罪を受けさせるというものではない。あくまでも，法を順守する人間に立ち直らせることを目的とし，社会的責任が取れる存在へと社会化させる意図を含んでいるのである。

### ３）少年犯罪を防ぐのは「厳罰」か「教育」か

かねてより，社会福祉学，社会学，及び関連領域を中心に少年犯罪を防ぐためには，「厳罰」によりその更生を期待し，社会一般に適応できる社会性を獲得した方が良いの

第Ⅲ部　児童家庭福祉に関連する法制度

か。あるいは，同じ目的であっても「教育」によって社会性の獲得をした方が良いのか，という議論がある。

　苅谷剛彦は，教育社会学の立場から「どのような家庭に生まれ育ったかによって，本人の能力にしても，どれだけ頑張ろうとするかという意欲にしても，親からのはげましや期待にしても，ある程度の違いが生まれていることはどうやら否定できない[10]」と述べている。つまり，少年のおかれた「環境」により獲得される社会性に隔たりが生じることは否定できないと述べているのである。

　少年の育ち，いわゆる環境が与える影響は社会性の獲得にとって，とても大きな要因である。家庭やそれに代わる環境で，日常において獲得されたハビトゥス（慣習・文化資本）は少年たちの意識に上るより，もっと暗黙的に獲得されているのであろう。昨今，法改正を重ねるごとに厳罰化が強まったという見解もある。これもまた一つのハビトゥスなのかもしれない。読者の皆さんは，どのように議論されるだろうか。

## （2）児童買春，児童ポルノに係る行為等の規制及び処罰並びに児童の保護等に関する法律

### 1）買春の意味・定義

　「買春」（かいしゅん）は，社会一般的には売春あるいは売買春と記述されている。この言葉を聞いて何を連想するだろうか。「売春」「買春」「売買春」という言葉に含まれる意味は果たしてどのようなものだろうか。

　『新社会学辞典』によると，「売春は女性側にたち，対償を受け，又は受ける約束で，不特定の相手方と性交すること。買春は男性側にたち規定された言である[11]」と定義されている。

　ここには，社会学に基づいた規定が述べられているが，実際には対償を受け，不特定の相手方と性交することであり，「報酬」「対償」「性交関係」である。性行為による意図的な交換システムともいえる。

　児童においてはこのシステムの限りではなく，大人による一方的な売る行為，買う行為も懸念しておかなければならない。したがって，この大人側からの一方的な行為に関する環境や関係，そのような関係に至る「場」にまで社会的に防止しよう，というものが「児童買春禁止法」であるといえよう。

### 2）法律の内容

　この法律の正式名称は，「児童買春，児童ポルノに係る行為等の規制及び処罰並びに児童の保護等に関する法律」である。

　児童買売春と聞くと，何を連想されるだろうか。児童福祉の現場を見ると児童売春及び買春は日常生活のいたるところで垣間見られる。

　社会生活の困窮から親に働かされる。生活困窮のため自ら売春を目的とした，いわゆる風俗の環境に身を投じる。薬物依存から抜けられず，薬物を得るために性行為を強制される。あるいは薬物を投与され，依存状態に陥らせたのち，風俗などで働かせる，な

142

第9章　その他の児童家庭福祉関連法

どである。ここでは買売春について日本の歴史や経緯については触れないが，この児童買春防止法の目的は児童を性的被害，性行為ないしは性的行為から守る法律と捉えられよう。


注

⑴　中央教育審議会「子どもを取り巻く環境の変化を踏まえた今後の幼児教育の在り方について（答申）」2005年（文部科学省HP［http://www.mext.go.jp/b_menu/shingi/chukyo/chukyo0/toushin/05013102/002.htm，2016年11月28日アクセス］）。

⑵　中央教育審議会「新しい時代にふさわしい教育基本法と教育振興基本計画の在り方について（答申）」2003年（文部科学省HP［http://www.mext.go.jp/b_menu/shingi/chukyo/chukyo0/toushin/030301.htm，2016年11月28日アクセス］）。

⑶　中央教育審議会「教育基本法の改正を受けて緊急に必要とされる教育制度の改正について（答申）」2007年（文部科学省HP［http://www.mext.go.jp/b_menu/shingi/chukyo/chukyo0/toushin/07031215.htm，2016年11月28日アクセス］）。

⑷　清水俊彦『学校教育法ハンドブック』教育開発研究所，2010年，58-59頁。

⑸　中央教育審議会「特別支援教育を推進するための制度の在り方について（答申）」解説教育六法編集委員会（『解説教育六法 2016 平成28年版』三省堂，2016年，1036頁）。

⑹　学校教育法施行令第22条の3は，「法第75条の政令で定める視覚障害者，聴覚障害者，知的障害者，肢体不自由者又は病弱者の障害の程度は，次の表に掲げるとおりとする」と規定している（解説教育六法編集委員会，前掲書，207-208頁）。

⑺　注⑸と同じ。

⑻　中央教育審議会初等中等教育分科会「共生社会の形成に向けたインクルーシブ教育システム構築のための特別支援教育の推進（報告）」（解説教育六法編集委員会，前掲書，1037頁）。

⑼　就労定着支援，自立生活援助は，2016（平成28）年の障害者総合支援法改正により創設される（官報（号外第123号）「障害者の日常生活及び社会生活を総合的に支援するための法律及び児童福祉法の一部を改正する法律」2016年6月3日付）。

⑽　苅谷剛彦『学校って何だろう』筑摩書房，2013年，213頁。

⑾　森岡清美・塩原勉・本間康平編『新社会学辞典』有斐閣，1993年，1168頁。


**参考文献**

・第1節

解説教育六法編集委員会『解説教育六法 2016 平成28年版』三省堂，2016年。

小林健一『保育に役立つ教育制度概説 第3版』三恵社，2011年。

清水俊彦『学校教育法ハンドブック』教育開発研究所，2010年。

田嶋一・中野新之祐・福田須美子・狩野浩二『やさしい教育原理 新版補訂版』有斐閣，2011年。

浪本勝彦・三上昭彦『「改正」教育基本法を考える』北樹出版，2008年。

ミネルヴァ書房編集部編『社会福祉小六法 2016年版』ミネルヴァ書房，2016年。


・第2節

加藤俊二編著『現代児童福祉論 第2版』ミネルヴァ書房，2008年。

厚生労働統計協会『国民の福祉と介護の動向 2015/2016』2015年。


143

第Ⅲ部　児童家庭福祉に関連する法制度

社会福祉士養成講座編集委員会編『障害者に対する支援と障害者自立支援制度　第5版』中央法
　　規出版，2016年。

社会福祉の動向編集委員会編『社会福祉の動向 2016』中央法規出版，2016年。

福田公教・山縣文治編著『児童家庭福祉　第4版』ミネルヴァ書房，2015年。

ミネルヴァ書房編集部編『社会福祉小六法 2016年版』ミネルヴァ書房，2016年。

・第3節

苅谷剛彦『学校って何だろう』筑摩書房，2013年。

森岡清美・塩原勉・本間康平編『新社会学辞典』有斐閣，1993年。

# 第 IV 部

児童家庭福祉に関連する
施策・機関・サービス

# 第10章　児童家庭福祉行政・専門機関の組織と専門性

## 1　児童福祉行政機関の組織と専門性

　児童福祉法第2条第3項には「国及び地方公共団体は，児童の保護者とともに，児童を心身ともに健やかに育成する責任を負う」と定められており，国と地方公共団体（都道府県，市，特別区，町村）は児童家庭福祉に関する様々な施策を行っている。

### （1）　国及び地方公共団体の組織と審議機関

#### 1）国の組織

　国における社会福祉に関する担当行政機関は「厚生労働省」であり，その中の「子ども家庭局」が児童家庭福祉に関する施策を所管している。関係する課としては，総務課，保育課，家庭福祉課，子育て支援課，母子保健課があり，日本の児童家庭福祉施策の企画・立案，施策実施に必要な予算の獲得と配分，地方公共団体が行う児童家庭福祉行政の指導等を行っている。

#### 2）地方公共団体の組織

　都道府県においては，健康福祉部，福祉保健部等の名称で社会福祉関係の部局が置かれ，その下に子ども家庭課，子育て支援課等の名称で児童家庭福祉施策を所管する課・室が設けられている。都道府県は，児童福祉施設の認可と指導監査，児童福祉施設（保育所等を除く）への入所措置，市町村に対する指導・援助を行うとともに，専門の行政機関として児童相談所，福祉事務所，保健所等の設置・運営を行う。指定都市については，一部の例外を除いて，概ね都道府県と同様の事務を処理することになっており，ほぼ都道府県と同じ組織になっている。

　一般の市，特別区，町村では，担当事務部局として都道府県と同様の部・課・室が設けられ，保育所，児童厚生施設等の設置・運営，地域子ども・子育て支援事業の実施等，地域住民に密着した業務を行っている。

　なお，児童家庭福祉に関する国と地方公共団体の責務について，2016（平成28）年の児童福祉法改正で第3条の2及び3条の3において，市町村は基礎的な自治体として児童の身近な場所における児童の福祉に関する支援を適切に行うこと，都道府県は市町村の業務が適正円滑に行われるよう市町村への援助と専門的な知識技術や広域的な対応が必要な業務を適切に行うこと，国は市町村や都道府県の業務が適正円滑に行われるよう体制の確保や市町村，都道府県への助言，情報提供等を行うと明記された。

146

### 3）審議機関

国や地方公共団体の児童家庭福祉施策が適切に行われるためには，行政担当者だけがその内容を決定するのではなく，広く児童家庭福祉等に関する専門家の意見を聞きながら，社会のニーズに合った施策を展開していく必要がある。そのために，国（厚生労働省）には，厚生労働大臣からの諮問を受け，各種社会保障制度等に関する事項について調査，審議する「社会保障審議会」が設置されている。社会保障審議会の中には所掌する分野に応じて部会が設置されており，児童家庭福祉に関することについては，「児童部会」が中心となり，児童家庭福祉施策のあり方等について審議されている。

地方公共団体については，児童福祉法第8条及び第9条で都道府県（政令市，中核市含む）に児童福祉審議会（社会福祉法で定める社会福祉審議会の中での対応も可）を設置することとされており，児童福祉に関する知事の諮問に応じて調査，審議し，意見を述べる権限を持っている。なお，市町村については設置は任意となっている。


## （2）実施機関

### 1）市 町 村

2004（平成16）年の児童福祉法改正により，それまで児童に関する相談がほぼ児童相談所に集中していた体制が改められ，市町村が児童相談の一義的な窓口として位置づけられた。また併せて，第25条の2で要保護児童の適切な保護や特定妊婦等への適切な支援を図るために，関係機関等で構成される「要保護児童対策地域協議会」を置くことも規定された。

なお，2016（平成28）年の児童福祉法改正を経て，市町村の業務として児童福祉法第10条では，児童及び妊産婦の福祉に関し，①必要な実情の把握に努めること，②必要な情報の提供を行うこと，③家庭その他からの相談に応ずること並びに必要な調査及び指導を行うこと，④③のほか，家庭その他につき，必要な支援を行うこと，⑤③のうち専門的な知識及び技術を必要とするものについては，児童相談所の技術的援助及び助言を求めること，⑥③の業務を行うにあたって医学的，心理学的，教育学的，社会学的及び精神保健上の判定を必要とする場合には，児童相談所の判定を求めること，と規定されている。

また，児童福祉法第10条の2では，上記①から⑥のサービスを一体的に提供する拠点を整備することに努めることが規定されている。

さらに，従来は，市町村は専門的な対応や措置等が必要であると判断される事案について児童相談所に送致（その権限と責任に任せる）するという規定だけであったものが，一義的な児童相談や子育て支援によって対応すべき事案であるとされた場合には，児童相談所から市町村に送致できるようになる（児童福祉法第26条第1項第3号）など，市町村の児童家庭福祉サービスに関して果たす役割はますます重要になってきている。

第Ⅳ部　児童家庭福祉に関連する施策・機関・サービス

### ２）児童相談所

　児童相談所は児童福祉法第12条に基づいて各都道府県に設けられた児童福祉の専門行政機関であり，都道府県（指定都市を含む）に設置義務が課されている。なお，2006（平成18）年４月からは中核市程度の人口規模（30万人以上）を有する市も，2017（平成29）年４月からは特別区も設置することができるようになった。児童相談所はそれぞれ管轄区域をもっており，管轄区域は人口規模等を考慮して決められている。2017（平成29）年４月１日現在，全国で210カ所設置されている。

### ①　児童相談所の機能

　「児童相談所運営指針」（厚生労働省通知，2017年）によると「児童相談所は，市町村と適切な役割分担・連携を図りつつ，子どもに関する家庭その他からの相談に応じ，子どもが有する問題又は子どもの真のニーズ，子どもの置かれた環境の状況等を的確に捉え，個々の子どもや家庭に最も効果的な援助を行い，もって子どもの福祉を図るとともに，その権利を擁護することを主たる目的」としており，以下の機能を持つとされている。

　**市町村援助機能**　　市町村による児童家庭相談への対応について，市町村相互間の連絡調整，市町村に対する情報の提供その他必要な援助を行う機能である（児童福祉法第12条第２項）。

　**相談機能**　　子どもに関する家庭その他からの相談のうち，専門的な知識及び技術を必要とするものについて，必要に応じて児童の家庭，地域状況，生活歴や発達，性格，行動等について専門的な角度から総合的に調査，診断，判定（総合診断）し，それに基づいて援助指針を定め，自ら又は関係機関等を活用し一貫した子どもの援助を行う機能である（児童福祉法第12条第２項）。

　**一時保護機能**　　子どもの安全を迅速に確保し適切な保護を図るため，又は子どもの心身の状況，その置かれている環境その他の状況を把握するために，子どもを家庭から離して一時保護する機能である（児童福祉法第12条第２項，第12条の４，第33条第１・２項）。この一時保護は親権を行う者の同意なしで行うことができるが，その期間については２カ月を超えてはならないとされている。なお，必要がある場合は期間の延長が認められるが，それが子どもの親権を行う者の意に反するときは，児童福祉審議会の意見を聴かなければならないとされている（児童福祉法第33条第３～５項）。

　**措置機能**　　子ども又はその保護者を児童福祉司，児童委員（主任児童委員を含む），児童家庭支援センター等に指導させ，又は子どもを児童福祉施設指定医療機関に入所させ，又は里親に委託する等の機能（児童福祉法第26条，第27条）。児童福祉法上は都道府県知事の権限として整理されているが各都道府県が定める事務委任規則によって，その権限は児童相談所長に委任されている。

　なお，児童相談所はこれまでも，里親からの相談に応じたり必要な情報提供等を行うこととされてきたが，2016（平成28）年の児童福祉法改正により，児童福祉法第11条第１項第２号において，里親制度のより一層の推進を図るために，里親制度の普及啓発か

148

第10章　児童家庭福祉行政・専門機関の組織と専門性

**図10-1　児童相談所における相談援助活動の体系・展開**

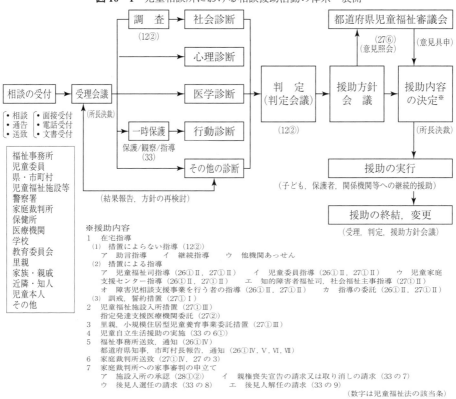

出所：厚生労働省「児童相談所運営指針」を基に筆者修正。

ら里親の選定及び里親と児童のとの間の調整並びに児童の養育に関する計画の作成までの一貫した里親支援が児童相談所の業務として位置づけられた。

② 児童相談所の業務の流れ

児童相談所は，一般家庭からの相談，地域住民や市町村等の関係機関からの通告，家庭裁判所からの送致等を受け付け，必要な調査・診断，判定を行い，「援助方針会議」の決定を経て，在宅による指導，施設等への入所措置等の様々な援助が行われる。その流れを示したものが図10-1である。

③ 児童相談所の相談内容

児童相談所で対応する相談の内容は，表10-1（次頁）のように分類されている。これは厚生労働省が「福祉行政報告例」として定めたものであり，これに基づき，全国の児童相談所は，相談の状況について共通した分類や統計を行っている。その件数の推移を示したのが表10-2（次々頁）である。これを見ると，障害相談が件数，割合とも最も高く，概ね全体の半数を占めていることがわかるが，近年では，養護相談（特に児童虐待相談）の件数，割合が急激に増加していることがわかる。

ちなみに，表10-3で2015（平成27）年度に愛知県の児童相談所が対応した相談件数を示したが，相談実件数では，総件数1万5,302件に対して虐待相談が3,188件（20.8％），

149

第Ⅳ部　児童家庭福祉に関連する施策・機関・サービス

**表10-1**　児童相談所が受け付ける相談の種類と内容

| 大分類 | 相談の種類 | 内　　　容 |
|---|---|---|
| 養護相談 | 児童虐待相談 | 児童虐待の防止等に関する法律の第2条に規定する次の行為に関する相談<br>　(1)身体的虐待（生命・健康に危険のある身体的な暴行）<br>　(2)性的虐待（性交，性的暴行，性的行為の強要）<br>　(3)心理的虐待（暴言や差別などにより心理的外傷を与える行為）<br>　(4)ネグレクト（保護の怠慢や拒否により健康状態や安全を損なう行為） |
| | その他の相談 | 父又は母等保護者の家出，失踪，死亡，離婚，入院，稼働及び服役等による養育困難児，迷子，親権を喪失した親の子，後見人を持たぬ児童等児童虐待相談以外の環境的問題を有する児童，養子縁組に関する相談 |
| 保健相談 | 保健相談 | 未熟児，虚弱児，内部機能障害，小児喘息，その他の疾患（精神疾患を含む）等を有する児童に関する相談 |
| 障害相談 | 肢体不自由相談 | 肢体不自由児，運動発達の遅れに関する相談 |
| | 視聴覚障害相談 | 盲（弱視を含む），ろう（難聴を含む）等視聴覚障害児に関する相談 |
| | 言語発達障害等相談 | 構音障害，吃音，失語等音声や言語の機能障害をもつ児童，言語発達遅滞，学習障害や注意欠陥多動性障害等発達障害を有する児童等に関する相談。ことばの遅れの原因が知的障害，自閉症，しつけ上の問題等他の相談種別に分類される場合はそれぞれのところに入れる |
| | 重症心身障害相談 | 重症心身障害児（者）に関する相談 |
| | 知的障害相談 | 知的障害児に関する相談 |
| | 発達障害相談 | 自閉症若しくは自閉症同様の症状を呈する児童，ADHDに関する相談 |
| 非行相談 | ぐ犯等相談 | 虚言癖，浪費癖，家出，浮浪，乱暴，性的逸脱等のぐ犯行為若しくは飲酒，喫煙等の問題行動のある児童，警察署からぐ犯少年として通告のあった児童，又は触法行為があったと思料されても警察署から法第25条による通告のない児童に関する相談 |
| | 触法行為等相談 | 触法行為があったとして警察署から法第25条による通告のあった児童も，犯罪少年に関して家庭裁判所から送致のあった児童に関する相談。受け付けた時には通告がなくとも調査の結果，通告が予定されている児童に関する相談 |
| 育成相談 | 性格行動相談 | 児童の人格の発達上問題となる反抗，友達と遊べない，落ち着きがない，内気，緘黙，不活発，家庭内暴力，生活習慣の著しい逸脱等性格もしくは行動上の問題を有する児童に関する相談 |
| | 不登校相談 | 学校及び幼稚園並びに保育所に在籍中で，登校（園）していない状態にある児童に関する相談。非行や精神疾患，養護問題が主である場合等にはそれぞれのところに分類する |
| | 適性相談 | 進学適性，職業適性，学業不振等に関する相談 |
| | 育児・しつけ相談 | 家庭内における幼児のしつけ，児童の性教育，遊び等に関する相談 |
| | その他の相談 | 上記いずれにも該当しない相談 |

出所：厚生労働省「児童相談所運営指針」。

第10章　児童家庭福祉行政・専門機関の組織と専門性

表 10 - 2　全国の児童相談所が対応した相談件数の推移

| 区　　　分 | | 養護相談 | | 保健相談 | 障害相談 | 非行相談 | 育成相談 | その他相談 | 計 |
|---|---|---|---|---|---|---|---|---|---|
| | | 児童虐待 | その他 | | | | | | |
| 1998（平成10）年度 | 件数 | 6,932 | 29,439 | 8,637 | 176,601 | 17,631 | 70,891 | 25,051 | 335,182 |
| | 割合 | 2.1% | 8.8% | 2.6% | 52.7% | 5.2% | 21.1% | 7.5% | 100% |
| 2003（平成15）年度 | 件数 | 26,620 | 39,681 | 6,964 | 159,017 | 16,508 | 65,478 | 27,361 | 341,629 |
| | 割合 | 7.8% | 11.6% | 2.0% | 46.6% | 4.8% | 19.2% | 8.0% | 100% |
| 2008（平成20）年度 | 件数 | 43,291 | 41,983 | 2,970 | 182,524 | 17,172 | 55,005 | 21,469 | 364,414 |
| | 割合 | 11.9% | 11.5% | 0.8% | 50.1% | 4.7% | 15.1% | 5.9% | 100% |
| 2014（平成26）年度 | 件数 | 89,810 | 55,560 | 2,317 | 183,506 | 16,740 | 50,839 | 21,356 | 420,128 |
| | 割合 | 21.4% | 13.2% | 0.5% | 43.7% | 4.0% | 12.1% | 5.1% | 100% |

出所：厚生労働省「福祉行政報告例」を基に筆者作成。

表 10 - 3　愛知県の児童相談所が対応した相談件数（2015年度）

| 区　　　分 | | 養護相談 | | 保健相談 | 障害相談 | 非行相談 | 育成相談 | その他相談 | 計 |
|---|---|---|---|---|---|---|---|---|---|
| | | 児童虐待 | その他 | | | | | | |
| 相談実件数 | 件数 | 3,188 | 2,495 | 61 | 6,611 | 510 | 2,230 | 207 | 15,302 |
| | 割合 | 20.8% | 16.3% | 0.4% | 43.2% | 3.3% | 14.6% | 1.4% | 100% |
| 相談延件数 | 件数 | 115,730 | 59,457 | 291 | 23,916 | 11,303 | 10,223 | 274 | 221,194 |
| | 割合 | 52.3% | 26.9% | 0.1% | 10.8% | 5.1% | 4.6% | 0.1% | 100% |

出所：愛知県記者発表資料（2016年5月30日）を基に筆者作成。

その他養護相談が2,495件（16.3%）となっているものの，相談延件数では，総件数22万1,194件に対して，虐待相談が11万5,730件（52.3%），その他養護相談が5万9,457件（26.9%）となっており，実件数では37%程度であった養護相談が延件数では80%程度を占めるまでになっている。これは，たとえば障害相談が療育手帳の判定を主な内容として1件当たり1〜2回の相談で終了するのに対して，養護相談（児童虐待を含む）は複雑で難しい事案が多く，何度も調査や相談が行われていることを窺わせるものであり，近年の児童相談所業務の中心は養護相談（児童虐待を含む）になってきているといえる。

④　児童相談所の職員

児童相談所には，その高度な専門的な役割を果たすために，児童福祉法で以下のように必要な職員を置くこと及びその資格要件が定められている。

**所長（児童福祉法第12条の2及び第12条の3）**　児童相談所長として法に定められている権限，都道府県知事等から委任された権限を行使する。資格要件は「医師であって精神保健に関して学識経験を有する者」「大学において心理学を専修する学科又はこれに相当する課程を修めて卒業した者」「社会福祉士」等となっている。

**児童福祉司（児童福祉法第13条）**　「児童，保護者等から児童の福祉に関する相談に応じ，必要な調査，社会診断を行い，子ども，保護者，関係者等に必要な支援・指導を

151

第Ⅳ部　児童家庭福祉に関連する施策・機関・サービス

行う」。資格要件は「大学において心理学，教育学若しくは社会学を専修する学科又は
これらに相当する課程を修めて卒業した者であつて，厚生労働省令で定める施設におい
て1年以上児童その他の者の福祉に関する相談に応じ，助言，指導その他の援助を行う
業務に従事した者」「医師」「社会福祉士」「社会福祉主事として，2年以上児童福祉事
業に従事した者であつて，厚生労働大臣が定める講習会の課程を修了したもの」等と
なっている。その配置基準は「児童福祉法施行令」で当該児童相談所の管轄地域の人口
4万人に1人以上（2019（平成31）年度から適用。経過的措置があり，それまでは6万人）を
配置することを基本として，当該児童相談所の虐待相談対応件数に応じて上乗せすると
されている。

　また，2016（平成28）年の児童福祉法改正で新たに以下の職員を配置することとされ
た。これらの職員は従前から多くの児童相談所で配置されていたが，法的に初めて規定
されたものである。

　　**スーパーバイザー（指導及び教育を行う児童福祉司）（児童福祉法第13条第5項及び同条第6項）**
一般の児童福祉司が職務を行うために必要な専門的技術に関する指導及び教育を行う児
童福祉司。資格要件は概ね5年以上児童福祉司としての勤務経験を有する者であり，配
置基準は「児童福祉法施行令」で児童福祉司5人につき1人を配置するよう定められて
いる。

　　**児童心理司（児童福祉法第12条の3第6項第1号）**　　心理に関する専門的な知識及び技
術を必要とする指導を行う。資格要件は「大学において心理学を専修する学科又はこれ
に相当する課程を修めて卒業した者」等とされており，配置基準については，「児童相
談所運営指針」で児童福祉司2人に1人以上配置することとされている。

　　**医師又は保健師（児童福祉法第12条の3第6項第2号）**　　児童の健康及び心身の発達に
関する専門的な知識や技術を必要とする指導を行う。配置基準については，「児童相談
所運営指針」で医師又は保健師1人以上とされている。

　　**弁護士（児童福祉法第12条第3項）**　　法的な専門的知識や技術を必要とする複雑で困
難な事案に対応する弁護士を配置（または準ずる措置）。

　3）福祉事務所
　福祉事務所は，社会福祉法第14条に規定されている「福祉に関する事務所」をいい，
福祉六法（生活保護法，児童福祉法，母子及び父子並びに寡婦福祉法，老人福祉法，身体障害者
福祉法，知的障害者福祉法）に定める援護，育成又は更生の措置に関する事務を行う第一
線の社会福祉行政機関である。都道府県及び市（特別区を含む）は設置が義務付けられ
ており，町村は任意で設置することができる。

　なお，老人，身体障害者，知的障害者の分野で都道府県から町村へ施設入所措置事務
等が移譲されていることから，都道府県福祉事務所では，福祉三法（生活保護法，児童福
祉法，母子及び父子並びに寡婦福祉法）を所管している。

　職員として社会福祉主事，身体障害者福祉司，知的障害者福祉司，母子自立支援員等

152

第10章　児童家庭福祉行政・専門機関の組織と専門性

の職員が配置されている。児童家庭福祉分野の業務としては，社会福祉主事等による児童や保護者の指導，施設入所措置や専門的な対応が必要な事案の児童相談所への送致（児童福祉法第25条の８），児童家庭相談の実施（多くの福祉事務所では「家庭児童相談室」が設置されている），助産施設，母子生活支援施設への措置（児童福祉法第22・23条）等を行っている。

#### 4）保健所等

保健所は地域保健法第５条により，都道府県，指定都市，中核市その他の政令で定める市又は特別区に設置されている。保健所は第一線の総合的な保健衛生の行政機関であり，人口等に関する各種統計や食品衛生，環境衛生，医事・薬事，精神保健，感染症予防などに関する業務を行っている。

児童家庭福祉に関する業務としては，児童福祉法第12条の６で，児童の保健・予防に関する知識の普及，児童の健康相談，健康診査，保健指導，身体に障害のある児童及び疾病により長期にわたる療養を必要とする児童に対する療育指導，児童福祉施設に対する栄養の改善その他衛生に関する助言を行うとされている。2004（平成16）年の児童福祉法改正法により，児童相談所長は，相談に応じた児童，その保護者又は妊産婦について，保健所に対し，保健指導その他の必要な協力を求めることができることが規定された。

なお，地域保健法と母子保健法の改正により，1997（平成９）年から地域における母子保健サービスは市町村が実施することになったことから，乳幼児の健康相談，保健指導，健康診査については，市町村保健センター（地域保健法により，地域住民に身近な対人保健サービスを総合的に行う拠点として，市町村に設置することができる）が中心となって行われている。

また，2016（平成28）年の母子保健法改正（第22条）により，児童虐待の予防を念頭に，市町村は，妊娠期から子育て期にわたる切れ目のない総合的相談や支援をワンストップで実施できる「子育て世代包括支援センター」（法律上は「母子健康包括支援センター」という名称）の整備に努めることとされた。

#### 5）児童家庭支援センター

児童虐待の増加や発達障害児に対するケア等，専門的な援助を必要とする子どもや家庭が増加する中，児童相談所の機能を補完する身近な相談機関として，1997（平成９）年の児童福祉法改正により設置が定められた。当初は児童福祉施設への附設が要件であったが，2007（平成19）年の児童福祉法改正で附設要件はなくなった。

児童福祉法第44条の２には「地域の児童の福祉に関する各般の問題につき，児童に関する家庭その他からの相談のうち，専門的な知識及び技術を必要とするものに応じ，必要な助言を行うとともに，市町村の求めに応じ，技術的助言その他必要な援助を行うほか，第26条第１項第２号及び第27条第１項第２号の規定による指導を行い，あわせて児童相談所，児童福祉施設等との連絡調整その他厚生労働省令の定める援助を総合的に行

153

第Ⅳ部　児童家庭福祉に関連する施策・機関・サービス

うことを目的とする施設とする」と規定されている。

　具体的には，来所や電話による子どもや子育てに関する相談援助，市町村からの依頼に応じた家庭訪問事業等への職員の派遣，施設を退所して間もない子どもの家庭等，児童相談所から委託された子どもや家庭への相談援助を行っている。

　国が定めた要綱により，相談・支援を担当する職員（児童福祉司に相当する資格要件を満たすもの）2名，心理療法等を担当する職員1名の配置が定められている。2015（平成27）年10月現在，全国で109カ所が運営されている。

#### 6）児童委員

　「民生委員法」に基づいて地域社会の福祉を増進することを目的として市町村の区域に置かれている民間奉仕者である「民生委員」を，児童福祉法では「児童委員」と規定している。児童福祉法第17条で，児童委員は区域内の児童や妊産婦について，①その生活及び取り巻く環境の状況を適切に把握しておくこと，②その保護，保健その他福祉に関し，サービスを適切に利用するために必要な情報の提供その他の援助及び指導を行うこと，③児童及び妊産婦に係る社会福祉を目的とする事業を経営する者又は児童の健やかな育成に関する活動を行う者と密接に連携し，その事業又は活動を支援すること，④児童福祉司又は福祉事務所の社会福祉主事の行う職務に協力すること，⑤児童の健やかな育成に関する気運の醸成に努めること，⑥そのほか，必要に応じて，児童及び妊産婦の福祉の増進を図るための活動を行うこと，が職務とされている。

　なお，児童福祉に関することを専門的に担当する「主任児童委員」が児童委員の中から指名され，児童の福祉に関する機関と児童委員との連絡調整を行うとともに，児童委員の活動に対する援助及び協力を行うことが職務とされている。任期は3年で，市町村の人口規模に応じて配置基準が定められている。2015（平成27）年3月31日現在の全国の定数は，児童委員21万4,493人，主任児童委員2万1,803人となっている。

### 2　福祉における施設サービス専門機関

#### （1）児童福祉施設

　児童福祉に関する施設サービスとしては，児童福祉法第7条で規定される「児童福祉施設」がある。これは，児童等に適切な環境を提供して保護・治療，指導・援助，自立支援などを行い，児童の福祉を図ることを目的とする施設である。児童福祉施設の種類については，表10-4のとおりであるが，利用するにあたり，児童相談所等の行政機関の措置決定が必要なもの（乳児院，児童養護施設，児童心理治療施設，児童自立支援施設），利用者が希望する施設を選択し地方公共団体に利用を申込み，行政と契約するもの（助産施設，母子生活支援施設，保育所，幼保連携型認定こども園），利用者は児童相談所の障害児施設給付費支給決定を受けて，指定施設との契約によりサービスを利用するもの（障害児入所施設，児童発達支援センター。なお，児童虐待等の理由により児童相談所が措置入所を

第10章　児童家庭福祉行政・専門機関の組織と専門性

表10-4　児童福祉施設の目的・対象者等の一覧

| 施設の種類 | 種　別 | 入(通)所・利用別 | 設 置 主 体 | 施設の目的と対象者 |
|---|---|---|---|---|
| 助産施設<br>（児福法第36条） | 第2種 | 入　所 | 都道府県<br>市町村　　　　　＝届出<br>社会福祉法人　＝認可<br>その他の者　　＝認可 | 保健上必要があるにもかかわらず，経済的理由により，入院助産を受けることができない妊産婦を入所させて，助産を受けさせる |
| 乳児院<br>（児福法第37条） | 第1種 | 入　所 | 同　　上 | 乳児（保健上，安定した生活環境の確保その他の理由により特に必要のある場合には，幼児を含む。）を入院させて，これを養育し，あわせて退院した者について相談その他の援助を行う |
| 母子生活支援施設<br>（児福法第38条） | 第1種 | 入　所 | 同　　上 | 配偶者のない女子又はこれに準ずる事情にある女子及びその者の監護すべき児童を入所させて，これらの者を保護するとともに，これらの者の自立の促進のためにその生活を支援し，あわせて退所した者について相談その他の援助を行う |
| 保育所<br>（児福法第39条） | 第2種 | 通　所 | 同　　上 | 保育を必要とする乳児・幼児を日々保護者の下から通わせて保育を行う |
| 幼保連携型認定こども園<br>（児福法第39条の2）<br>（認定こども園法） | 第2種 | 通　所 | 国，都道府県<br>市町村　　　　　＝届出<br>社会福祉法人　＝認可<br>学校法人　　　＝認可<br>その他の者　　＝認可 | 義務教育及びその後の教育の基礎を培うものとしての満3歳以上の幼児に対する教育及び保育を必要とする乳児・幼児に対する保育を一体的に行い，これらの乳児又は幼児の健やかな成長が図られるよう適当な環境を与えて，その心身の発達を助長する |
| 児童厚生施設<br>（児福法第40条）<br>児童遊園<br>児童館 | 第2種 | 利　用 | 国・都道府県<br>市町村　　　　　＝届出<br>社会福祉法人　＝認可<br>その他の者　　＝認可 | 児童に健全な遊びを与えて，その健康を増進し，又は情操をゆたかにする |
| 児童養護施設<br>（児福法第41条） | 第1種 | 入　所 | 都道府県<br>市町村　　　　　＝届出<br>社会福祉法人　＝認可<br>その他の者　　＝認可 | 保護者のない児童（乳児を除く。ただし，安定した生活環境の確保その他の理由により特に必要のある場合には，乳児を含む。以下この条において同じ。），虐待されている児童その他環境上養護を要する児童を入所させて，これを養護し，あわせて退所した者に対する相談その他の自立のための援助を行う |
| 障害児入所施設<br>（児福法第42条）<br>福祉型<br>医療型 | 第1種 | 入　所 | 同　　上 | 障害児を入所させて，保護，日常生活の指導及び独立自活に必要な知識技能の付与及び治療を行う |
| 児童発達支援センター<br>（児福法第43条）<br>福祉型<br>医療型 | 第2種 | 通　所 | 同　　上 | 障害児を日々保護者の下から通わせて，日常生活における基本的動作の指導，独立自活に必要な知識技能の付与又は集団生活への適応のための訓練及び治療を提供する |
| 児童心理治療施設<br>（児福法第43条の2） | 第1種 | 入　所<br>通　所 | 同　　上 | 家庭環境，学校における交友関係その他の環境上の理由により社会生活への適応が困難となった児童を短期間入所させ，又は，保護者の下から通わせて，社会生活に適応するために必要な心理に関する治療及び生活指導を主として行い，あわせて退所した者について相談その他の援助を行う |
| 児童自立支援施設<br>（児福法第44条） | 第1種 | 入　所<br>通　所 | 国・都道府県<br>市町村　　　　　＝届出<br>社会福祉法人　＝認可<br>その他の者　　＝認可 | 不良行為をなし，又はなすおそれのある児童及び家庭環境その他の環境上の理由により生活指導等を要する児童を入所させ，又は保護者の下から通わせて，個々の児童の状況に応じて必要な指導を行い，その自立を支援し，あわせて退所した者について相談その他の援助を行う |
| 児童家庭支援センター<br>（児福法第44条の2） | 第2種 | 利　用 | 都道府県<br>市町村　　　　　＝届出<br>社会福祉法人　＝認可<br>その他の者　　＝認可 | 地域の児童の福祉に関する各般の問題につき，児童に関する家庭その他からの相談のうち，専門的な知識及び技術を必要とするものに応じ，必要な助言を行うとともに，市町村の求めに応じ，技術的助言その他必要な援助を行うほか，保護を要する児童又はその保護者に対する指導及び児童相談所等との連携・連絡調整等を総合的に行う |

出所：厚生労働統計協会「国民の福祉と介護の動向 2015/2016」を基に筆者修正。

第Ⅳ部　児童家庭福祉に関連する施策・機関・サービス

決定する場合もある）に分けることができる。また児童が家庭から離れて施設で生活し，施設が家庭の養育機能を代替する入所型の施設，家庭で生活しながら家庭養育の補完的な機能を果たす通所型施設，また，保護者の養育の支援を行う利用型の施設に分類することもできる。

### （2）児童福祉施設の設置と運営

#### 1）児童福祉施設の設置

　国は厚生労働省組織令に基づいて，児童自立支援施設2カ所（国立武蔵野学院，国立きぬ川学院），知的障害児入所施設1カ所（国立秩父学園）を設置している。これらの施設は，児童福祉法に定める目的に沿って児童の保護，自立支援，指導等を行うが，全国の児童自立支援施設と知的障害児入所施設の指導的な役割とともに，それぞれの施設職員養成機関を持っている。

　都道府県（指定都市含む）は児童福祉法施行令第36条により児童自立支援施設の設置義務があるが，その他の施設は，条例により設置する。市町村はあらかじめ必要な事項を都道府県知事に届け出て児童福祉施設を設置することができる。また，国，都道府県，市町村以外の者（社会福祉法人等）が設置する場合には都道府県知事の認可が必要になる。

#### 2）児童福祉施設の運営

　児童福祉施設の運営は，それぞれの施設の目的に沿って，利用する児童の権利と安全・安心な生活が保障され，その中で保護と指導，自立支援が適切に行われる必要がある。そのために，児童福祉法第45条では，厚生労働省が示す基準に基づいて，都道府県は条例によって施設の設備と運営に関する基準を定めなければならないとされている。具体的には，共通事項として援助の一般原則，懲戒権濫用の禁止，衛生管理等が，個々の施設種別ごとに職員の配置基準，職員の要件，設備等の基準等が定められているが，これはいわゆる最低基準（この基準を下回った場合は，改善の勧告や命令の対象になるもの）であり，施設は最低基準を超えて，常に，その設備及び運営を向上させなければならないとされている。

　また，児童養護施設等の入所施設は児童が施設を選べない措置による入所であることや，施設長に親権代行等の規定があることから，児童の権利擁護の観点からも，その運営の公平性が問われる。そこで，3年に1回以上の外部の第三者による施設運営に関する評価を受ける義務が課されている。さらに，児童福祉法第33条の10では，施設の職員等による入所児童等への虐待が「被措置児童等虐待」として規定されており，虐待の禁止とともに，発生した際の通告や対応等について定められている。

第10章　児童家庭福祉行政・専門機関の組織と専門性

## 3　施設職員の専門性と課題[1]

### （1）職員の資質と専門性

　ここでは自分自身の経験も振り返りつつ，施設職員の資質と専門性について論じたい。まずは職員の資質について論じる際には，次のような点を確認しておく必要がある。

　第1に理由はどうであれ「施設の職員として働きたい」という気持ちがあるかどうかである。この気持ちをいつ抱くか，一人ひとり異なっているであろう。さらにこの気持ちがいつまで続くかも人によって違うといえよう。話を具体的にするため，筆者が日頃教えている保育者・教師養成系の女子大学での状況を紹介してみる。講義科目の中では保育実習（＋指導）・教育実習（指導）という実習科目が施設職員の資質や専門性を考える上で参考になる。授業をする中で，保育者・教師になりたいという気持ちに関してはどの学生も共通して持っているものの，保育者・教師になりたいと思った理由・動機・時期は一人ひとり異なっていることがよくわかる。実習経験の意義は大きい。

　保育実習において学生は保育所・施設での実習を，教育実習においては幼稚園か小学校での実習を経験することとなる。多くの学生は，これらの実習を経験することで，自分がどのような保育者・教育者になりたいか，どのようなところで保育者・教育者の仕事をしたいか，あるいはどのような職場が自分には適しているか，などといったことについて具体的なイメージを持てるようである。中には，実習体験を通じて，自分は保育者・教育者には向いていないとの結論を出す学生も一定数存在する。この現象は残念なものではあるが，別の視点で考えてみれば，あいまいな気持ちのまま保育者・教育者になり就職してからすぐに仕事をやめてしまうよりは，本人にとっても，職場にとっても，そして何よりも保育・教育の対象となる子どもとその保護者にとっても，よいことではないかと思える。

　第2は，施設職員が，「職員として，ふさわしい知識・技術・倫理観を身に付けている」かどうかという，ごく当たり前のことについてである。

　施設職員が，職員になる前の高校・専門学校・短大・大学等において，職員として働くのに必要な専門的知識や技能，さらに倫理観を習得していなければならず，もしこの点で不安があれば，何らかの方法で補うことが望まれる。また職員になってからも専門性を高めるための研修などが欠かせない。

　第3は，施設職員になる前に施設などで実習による「現場経験」をしており，かつ，「実習を乗り切れたという体験」をしているかどうかということである。専門職といえども仕事をする上では，知識・技術・倫理観だけでは埋めることのできない側面がある。つまり，施設職員に求められている知識・技術・倫理観も「経験」を通してこそ真の実践力となる。このように経験こそが両者の溝を埋め，職員の専門性を支える大切な部分を担っているのである。

157

第Ⅳ部　児童家庭福祉に関連する施策・機関・サービス

## （2）専門性を支え高めるための3つの視点

　さて上に述べた3点を確認した所で，次に，施設職員の専門性を支え，高めるために必要と考えられる点を，3つの視点から説明してみる。

### 1）現場経験から得られた知識等に基づく視点

　この視点は，筆者自身が児童福祉施設（児童自立支援施設）で働いた「現場経験からの視点」ともいうべきもので，そこで大切と思われたものを中心に論じたい。

　①　自分の専門性を高めるためには外の世界を知る努力をすること

　「井の中の蛙」ということわざがあるように，私たちはややもすると自分の生きている，あるいは働いている世界（職場）でのあり方が外の世界（職場）での常識と大きく異なっている場合があってもそれに気づかず，ごく当たり前であると考える傾向がある。しかし，外の世界（職場）にいるものからすると，そこで当たり前のように行われていること，言われていること，考えられていることが，時として，とても常識とはいえないと感ずることがある。

　つまり，外の世界（職場）で生きてみて，あるいは働いてみて，初めてその違いの大きさに気づき，自分がいかに狭い世界で生きていたのかを思い知らされることがある。特に，施設職員の関わる相手が，子どもであれ，大人の利用者であれ，人であるということを考える時，職員の存在と影響力はきわめて大きく，いい加減にしておくことは許されない。施設で働く職員は，できるだけ機会を見つけて外の世界を知り，自分が当たり前としている視点とは，別の視点から眺めてみたり，考えてみたり，さらに実践してみることが大切といえる。

　②　日常的に行っている支援・指導を振り返ること

　この支援（以下「支援・指導」を「支援」と呼ぶ。厳密な意味での区別はしていないが，「支え援助する」という語感を大切にしたい）の内容を記録にとどめ，必要に応じてまとめ，他の職員と議論してみる，さらには機会をみて発表してみるよう努めることが大切である。

　私たちは，どのような職業についていても，日常の実践活動から学ぶことが多い。しかし，実践活動に関わるものは，日々の忙しさに追われ，自分の行った支援の結果を十分に振り返ることなく日々過ごしてしまうということも多い。日々の支援の内容を記録に残すことは職員として当然行っていると思われるが，その記録を定期的にまとめ，振り返り，第三者も交えて検討するとなると，職員自身がそのことを日頃から意識してまとめることが必要であり，しかも検討の場を持っていないとなかなか難しいことである。

　専門職にある施設職員としては，支援の内容を記録に取ることで，自分の行ったこと，その時の思い，そしてその結果などを整理してまとめ，さらにそれを他の職員と議論することを通じて，自分の気づかなかったことを発見し，それを自分の中に取り込むことで，自分自身の専門性を高めることにつながる。このことは，職員同士が共有できる，よりよい支援の枠組みにもつながると同時に，施設で生活する子どもや利用者に対する支援の一貫性・継続性を保障することにもなる。それはとりもなおさず，その施設自体

158

第10章　児童家庭福祉行政・専門機関の組織と専門性

の支援能力の向上と施設への信頼感につながるのである。

　このような経過を経てまとめられた考え方・支援の枠組みは，施設内部にとどめてお
かず，可能であれば，外の世界，たとえば研修会，学会等でも発表し，さまざまな議論
を経ることを通じて，さらに普遍性のある考え方になり，多くの施設の職員の共有財産
にもなると思われる。

　③　専門職にあるものは専門家であるべきではないと考えてみること

　この考え方は筆者の持論ではあるが，専門職であるものほど，相手に対して，「謙虚」
でいる意識をより持たなければならないということである。その理由は，施設職員が対
応する相手は，前述したように何らかの理由で支援を必要としている子ども，あるいは
利用者，そしてその保護者・関係者，つまり何らかの意味で「困難な状況に置かれてい
る人」だからである。人は，一人ひとり異なり，多様性を有している。そのような多様
性を持つ個人に対応するということは，対応する側にも，相手の気持ち・ニーズを敏感
に感じとり，理解・共感でき，さらにどうすべきかを柔軟に，幅広く考えることができ
る能力，つまり相手のために最も適切な支援ができる能力が求められるということでも
ある。

　このような対応ができるためには，施設職員自身が，相手に教える，支援するという
姿勢だけではなく，常に相手から，教えていただく，学ばせていただくといった「謙虚
さ」が求められるのである。このような謙虚さを持つことによってこそ専門性はさらに
磨かれ，相手の信頼，尊敬を得ることができる。

　④　支援においては「最初の出会い」が重要であること

　人の出会いとは不思議なもので，最初の出会い，そしてその際のやり取り，コミュニ
ケーションが後々まで影響してくるため，細心の注意を払い丁寧な対応をしたいもので
ある。困難な状況にある人ほど，それは子どもであろうと大人であろうと，最初の出会
いに対して大きな不安とともに大きな期待も抱いている。それゆえ，施設職員は相手と
出会った瞬間から支援が始まると考え，細心の注意を払いつつ相手の気持ちをしっかり
と感じ取り受け止めながら理解し，その後の支援がうまく展開していくような工夫をし
て，最初の出会いを「意味ある時間」とするように最大限の努力をしなければならない。

　このように最初の出会いは，その後の支援に大きな影響を及ぼす可能性のある，きわ
めて大切な時間であるが，対応する側の施設職員にとっては，毎日行っている業務の一
つに過ぎない時間でもある。特に経験豊富な施設職員ほど，業務や職場に慣れており，
日常の業務の忙しさの中で仕事を効率的に行うためにも，余計なことは考えず，無意識
的に行動しがちになる。ある面で，それは必要な習慣化であり，効率的に業務をこなす
ことができることを意味する。しかしそのような慣れた対応が，期待を抱きつつ，しか
し大きな不安を感じながら訪れている子どもや利用者，さらにその保護者・関係者に
とっては，軽く扱われているというマイナスの印象を与えることにもなりえることを肝
に銘じておく必要がある。

159

第IV部　児童家庭福祉に関連する施策・機関・サービス

### 2）社会福祉学からの視点——バイスティックの原則から

　これについては，代表的でかつ実践的な考え方，原則に絞って紹介する。社会福祉の現場においては，ケースワークつまり個別援助技術（方法）の能力がきわめて重要であり，その技術（方法）の代表的なものに「バイスティックの原則」がある。この原則について解説する。

　① 「個別化」の原則

　この原則では，目の前にいる子ども，利用者，そしてその保護者は，年齢も，性別も，身分も，生活の状況などもすべて異なっており，それぞれが個性，あるいは個別性をもった存在であると考えることの大切さを述べている。もう少し具体的にいえば，一人ひとり異なる相手に対して対応したり，支援したりする時は，先入観を持たず，あるがままの相手を受け止め，正しく理解した上で，その相手に対して最も適したと思われる対応・支援を考えて，実践しなければならない，ということである。

　② 「受容」の原則

　受容という言葉は，人に対する対応の仕方の一つとして，よく耳にし，比較的よく知られているものである。当然のこと，施設職員はこの原則を理解し実践できなければならない。受容という言葉は，「受ける」という言葉と「容れる」という言葉から成り立っている。そのため，対応した相手の言動がどのようなものであっても，それを受け入れなければならないと考えてしまいがちである。しかし，ここで注意しておきたいことは，「容れる」という言葉の解釈である。これは，相手の言動をそのまま受け入れるということを意味しているのではなく，あくまで相手の言動に対して，その裏にある気持ちを相手の立場に立って受け止め理解するということであり，決してそれをそのまま承認する，正しいと認める，ということではないということを意識しておきたい。

③ 「秘密保持」の原則

　これは専門職にあるものが必ず守らなければならないもので，「守秘義務」と深い関係がある。施設職員は，職務上知りえた情報などを決して他人などに漏らしてはならないということであり，説明の必要もないように思えるが，そこに大きな落とし穴があるともいえる。

　たとえば，自分の近くに誰もいないものと思い，職員同士が職務上知りえた情報を不用意に伝え合ったりしていたところ，その情報に関係する第三者が偶然，聞いてしまったということが実際に起きている。その情報を聞いた人が，当の本人にその内容を伝え，職員との信頼関係が大きく損なわれてしまったのである。一つの実例を紹介しておきたい。施設での1日の仕事も終わり，行きつけの喫茶店で一息ついて，その日の出来事を職員同士で振り返りながら話をしていた。ほっとした雰囲気の中で，職員がその日起きた子ども同士のけんかについて情報交換し，子どものけんかの原因について議論する中で親の育て方の問題点にまで話が及び，議論が白熱していた。

　ところが，話題になっていた子どもと親のことを知っている別の親が偶然，その喫茶

店でお茶を飲みながらその話を聞いていた。後から子どもの親にそのことを伝えたため，その親から苦情が直接施設長へ寄せられて，大きな問題となったというものである。これは，あまりに軽率な行為であり，厳に慎しまなければならない。ただ，情報の扱いにあまりにも神経質になり過ぎて，情報の共有化が著しく制限されては，子どもや利用者への支援を進めていく上での障害にもなりうる。つまり，情報を共有するに当たり，しかるべき場所が必要となる。施設における連携は極めて重要であるため，情報の共有化はどうしても必要である。ただし，個人の情報の扱いには細心の注意を払うとともに，外部機関との情報の共有化が必要な場合は，必ず関係者に丁寧に説明をした上で了解を得て，情報の共有化を進めなければならない。

④　「非審判的態度」の原則

この原則については，野球の審判員のことをイメージすると理解しやすいと思われる。たとえば，主審は，必ずストライクかボールどちらかの判定を下さなければならない。ストライクまたはボールのどちらとも言えないというのは，決して許されないのである。

しかし，この原則は，その人の言動について，それは正しい（ストライク），それは正しくない（ボール）と判断しないものである。その理由の一つは，人の言動は100％正しい，あるいは正しくない，と言い切れない側面を持っているためである。もう一つの理由は，もしも施設職員の側が，子どもや利用者，あるいは保護者の言動について，それは正しい，正しくないという具合にいつも判断を下していると，子どもたちも利用者も保護者も，自分で判断する必要性がなくなるのである。つまり相談に来た人が，いろいろと自分で考えて，自分自身で決断を下し，問題解決を図るというという，その人にとって最も大切な考える機会を奪い，相談に来た人自身の問題解決能力を高める機会を奪うことすら意味するからである。

⑤　「統制された情緒的関与」の原則

これは施設職員が自分自身の感情を適切に統制する中で，子どもや利用者，さらに保護者の支援にあたることの大切さを説明しているものである。専門職といえども，感情を持った一人の人間である。その時の自分自身の感情，気持ちのあり方次第では，普段とは大きく異なる発言，対応，支援をしてしまう危険性をはらんでいる。

それゆえに，日頃から職務に従事している時は，自分自身の心身を最善の状態にしておく責任があるといえる。その上で，仮に関わっている相手の感情が不安定で，考えられないような言動を示したとしても，それに「巻き込まれず冷静に対応する」ことが要求される。施設職員自身が，自分の気持ちをいかに冷静に保ち，適切な情緒的関わりを維持する事は重要である。仕事の中では，どんな時にも適切な支援ができるように，日頃から，理論的にも学び，また実践的にも訓練を積んでおくことが期待されるのである。

⑥　「相手の感情を適切に表現させる」という原則

施設で生活している子どもや利用者，そして，その保護者に対して，専門職に何ができるかを考える時，一番大切なことは，対応してもらえて良かった，満足した，気持ち

第Ⅳ部　児童家庭福祉に関連する施策・機関・サービス

が安定した，と相手に感じてもらえることであると筆者は考えている。

　そのためには，相手が自分自身の気持ちを正直に，素直に出せること，特に，怒り，憎しみ，悲しみなど否定的な感情も含めて，どのような感情であろうと，それを否定されることなく表現できる状況を確保することが大切である。しかし，これにも例外があることを忘れてはならない。相手の感情が高ぶり過ぎて，攻撃的になり，身体的な暴力まで振るうということになれば話は別である。この場合は，相手と自分自身の安全を確保するという意味でも，一定の制限，たとえば身体的拘束を加えたり，静かな環境に相手を導いたりして，とにかく気持ちが落ち着き，話ができるまで待つことが必要となる。

　⑦　「相手に自己決定させる」という原則

　前述したような対応・支援を実施できれば，子ども，利用者，保護者との信頼関係は深まり，より親密なコミュニケーションが取れるようになると思われる。このような状況の中で気を付けたいことは，彼らの施設職員に対する「依存性」の高まりである。つまり，職員を信頼することにより，自分自身で考え，判断し，行動するよりも，職員の考え方，判断，行動に従った方が，間違いがない，安心できるとして，自身で考えたり，判断したり決定したりすることをおろそかにしてしまう恐れが生まれてくることである。

　確かに信頼関係が深まり，彼らから頼りにされることはうれしいことであるが，施設職員として忘れてはならないことは，いつまでも職員がそのように対応できるわけではなく，子どもはやがて社会に巣立っていくため，自分自身で考え，判断し，生きていかなければならないという意識を持ってもらうことである。

　そのためには，この原則のように，日頃の生活の中で，職員がいなくても，自分で考え，判断し，最善の決定ができるように訓練をしておくことこそが大切であり，このような関わりこそ，真の意味で自立を促すことにつながるのである。職員は，子どもの依存したい気持ちを理解し，受け止める一方で，常に自立していける機会を準備して，自立に向けた支援を意識することが重要である。

### 3）臨床心理学からの視点──人のこころの特徴に焦点を当てる

　この視点においては，まずは，子ども（利用者）のこころに関しての理解を深めることである。人のこころをどのような方法で理解していくかは，職員一人ひとりによって違いがあっても不思議ではない。大切なことは，彼らの気持ちを適切に理解し，それを踏まえた支援をすることである。

　こころを理解するための方法の一つとして，筆者がよく利用している「人の欲求」に関する考え方があり，実践的にも役に立つと思われるので，それを紹介しておきたい。その基本はマズローの理論に基づいているが，ここでは自分が活用しやすいように自分なりに解釈し，実際に用いているものである。

　人は生まれて以降，他者の存在（家庭においては母親や家族，施設であれば保育者や職員）なくしては生存すらあやうい状態にあり，まずは「生命，生きることに直結するような欲求」，つまり生きるために必要なものを求める「生理的欲求」，あるいは「身体的欲

162

求」がこころの中で優勢となる時期がある。たとえば寒ければ温かくなるよう衣服を着せてもらいたがり，汗をかくほど暑ければ衣服を脱がせてもらうことを求め，空腹になればお乳をもらったり何かを食べさせてもらったりすることで満たされ生きていけるのである。生理的・身体的欲求が満たされることを通じて，子どもの生存は保障されると同時に，こころも満足感に満たされ，子どもの気持ちは安定化するのである。

　次の段階では，生存・身体に関するもの以上に，こころに関する欲求，つまり「心理的欲求」が優勢となる。愛情を十分に受け，安心できることを強く求める。この欲求が満たされると，子どもは安心感に包まれ，こころが安定し，周りの存在，特に母親，家族，そして世話をしてくれる大人に対して信頼の念を抱く。そのように心が満たされ，満足する中で子どもの関心の範囲も広がり，自分のことだけでなく，自分の周りの世界へと関心も広がっていく。

　周りにいる大人から認められること（「承認欲求」），他の子どもとの関わりを持ち，自分もその子どもたちの一員であることを求める（「所属欲求」）ようになり，いわゆる「社会的欲求」が強くあらわれる時期に入っていくのである。

　このように人との関係を築き上げながら，またそれによってこころが満たされる経験を重ねる中で，自分が生活している世界のあらゆるものに関心が向かい，その世界がどのようなものかを理解しながら，その世界のすべてについて知りたくなり，さまざまな知識を身に付けると同時に色々な体験をしていくことが大きな喜びとなる時期（「自我的欲求」の時期）を迎えるのである。このような知識欲・体験欲が旺盛な時期こそが，小学校という学びの場への準備段階となるのである。

　この後はいわゆる学童期という，比較的安定したこころの時期となるため，学業をはじめとして，さまざまな事柄にこつこつと取り組みながら，自分自身を作り上げていくには最も適した時期となるのである。そして思春期に入ると，今度は生きる上で何が大切かを真剣に考え，悩みながらも，自分なりに取り組み，自分らしさを築き上げていくのである。その一方で，自分自身がどういう存在であるのかに強い関心を抱き，必要以上に他人と比較してその違いを強く意識して悩んだり，さらに劣等感を抱いたり，あるいは自分の気持ちがわからなくなったりもするのである。その過程の中で，他人に対して親密な感情を抱いたり，反対に，その気持ちを裏切られたと感じて孤立化したりしていくこともある。

　このように，成長とともにさまざまな新しい欲求が子どものこころの中で駆けめぐり，子どもを突き動かすのである。施設職員はこのような子どものこころの成長の過程を理解すると同時に，そこで子どもが体験するであろうさまざまな葛藤を理解し受け止め，支えることが必要である。また，一人ひとりの子どもが育ってきた環境をできるだけ正確に把握し，どのような欲求が満たされないまま現在に至っているかを明らかにし，その子どもの個別性に配慮する必要がある。こうして，子どものまだ満たされていない欲求に対しては，可能な限り丁寧に応えることを基本としつつ，施設の集団生活の中では，

第Ⅳ部　児童家庭福祉に関連する施策・機関・サービス

現実的にどのような対応をとりうるか，他の職員と協議し，連携しつつ，最も適切な対応を工夫していくことが望まれるのである。

### （3）運営管理──施設の設備及び運営に関する基準と倫理綱領

　施設を運営し管理する際に大切な要素として，2つの側面を取り上げておく。

　1つ目は，施設の建物・設備，職員の定数などの，いわゆるハード面に関するものである。

　2つ目は，施設における職員の資質に関するようなソフト面に関するものである。

　この中で，ソフト面についていえば，施設職員として認められるだけの資質が求められるのは当然のこととして，さらに実際に施設で生活している子どもや利用者に日々接して支援する際の，関わり方，支援の内容・方法などに関しても，一定の基準が定められている。専門職としての知識・技術と経験を持つ施設職員であっても，やはり感情を持った1人の人間であり，笑ったり，喜んだりするばかりでなく，悲しんだり，怒ったり，落ち込んだりといったような，色々な感情に突き動かされながら，日々，子どもたちや利用者，あるいは保護者と接し，対応しているわけである。

　施設職員は，専門職としての知識・技術を身に付け，実習等の実践的訓練も経験してきていると思われるが，感情を持った個性ある存在であるがゆえに，そこには，すべての施設職員が共有できるような基準，つまり誰もが守らなければならない基準も必要である。これにより，施設における日々の支援の一貫性・連続性が保障され，結果的に，職員自身にとっても，子どもや利用者にとってもわかりやすい生活支援の枠組みが維持できるのである。

　さて，施設の運営・管理に関する基準については，児童福祉施設の設備及び運営に関する基準にきめ細かく定められている。その中で，施設の物理的側面や人的側面，特に職員に関する基準や倫理的内容に関するものをいくつか取り上げ，説明しておきたい。まずは，「児童福祉施設の設備及び運営に関する基準」という厚生労働省の省令を見てみることとする。

　その第2条には，「最低基準の目的」として，最低基準は「児童福祉施設に入所している者が，明るくて，衛生的な環境において，素養があり，かつ，適切な訓練を受けた職員の指導により，心身ともに健やかにして，社会に適応するように育成されることを保障するものとする」とある。この条文には，前述した施設の物理的側面である生活環境面と人的側面，特に施設職員の資質に関して大切なポイントが，極めて簡潔に，わかりやすく説明してある。そして，この基準は，これを守っておればよしとするのではなく，常に，それを向上させる努力をしなければならないとして，第4条には，「児童福祉施設は，最低基準を超えて，常に，その設備及び運営を向上させなければならない」とあり，施設職員はこの点もこころしておく必要がある。

　施設のハード面については，さらに具体的な記述が第5条にある。第4項には，「児

164

第10章　児童家庭福祉行政・専門機関の組織と専門性

童福祉施設には，法に定めるそれぞれの施設の目的を達成するために必要な設備を設けなければならない」，さらに第5項には「児童福祉施設の構造設備は，採光，換気等入所している者の保健衛生及びこれらの者に対する危害防止に十分な考慮を払つて設けられなければならない」とある。

　一方，ソフト面ともいうべき施設職員の要件については，前述してきたことが第7条に要領よく記述されている。すなわち，「児童福祉施設に入所している者の保護に従事する職員は，健全な心身を有し，豊かな人間性と倫理観を備え，児童福祉事業に熱意のある者であつて，できる限り児童福祉事業の理論及び実際について訓練を受けた者でなければならない」とある。

　次に，入所している者に対する対応について，倫理的な留意事項が第9条に述べられている。第9条に「児童福祉施設においては，入所している者の国籍，信条，社会的身分又は入所に要する費用を負担するか否かによって，差別的取扱いをしてはならない」。さらに第9条の3には「児童福祉施設の長は，入所中の児童等に対し法第47条第1項本文の規定により親権を行う場合であつて懲戒するとき又は同条第3項の規定により懲戒に関しその児童等の福祉のために必要な処置を採るときは，身体的苦痛を与え，人格を辱める等その権限を濫用してはならない」とある。この条文を読んでいると，極めて当たり前のことが述べられているため，それほど問題になることはないと思われるかもしれないが，実際に施設職員として勤務した経験のある筆者からすると，日々の生活場面での指導・支援においては，その内容，方法においてこの条文とぶつかるような場面が少なからず生ずるのも事実である。

　特に，入所して間もない子ども，極めて劣悪な家庭環境で育ってきた子ども，虐待などを受けて心に大きな傷を受けた子どもなどの場合には，施設という環境が安全で安心できる場所であると納得するまでは，自分の中に込もってしまう，あるいは反対に怒りなど否定的感情を外に向けて吐き出すなどの行動がみられることも多く，その対応には職員として最も気をつかうものである。

　施設職員は「児童の福祉のために処置を採る」わけだが，それが子どもやその保護者の気持ちとずれたり，十分に理解されず，相互に不信感を生んだりするということが現実には起きている。そのような点に関しては，第14条の3に，「児童福祉施設は，その行つた援助に関する入所している者又はその保護者等からの苦情に迅速かつ適切に対応するために，苦情を受け付けるための窓口を設置する等の必要な措置を講じなければならない」という規定があり，施設及び施設職員には，適切な対応が求められているのである。実際，筆者が児童福祉施設に研究調査で伺い，児童の居住棟などに案内されると，必ずこの規定に関する案内が目に付く場所に貼ってあり，児童福祉施設における児童の人権や支援に関する意識の高まりを感じ取ることができる。

165

第Ⅳ部　児童家庭福祉に関連する施策・機関・サービス

### （4）チームワークとスーパービジョン

#### 1）チームワークの実例

　ここでは，施設職員のチームワークとスーパービジョンについて触れておく。説明をわかりやすくするため，まずはチームワークやスーパービジョンについての理解不足が招いた失敗談，即ち筆者が児童福祉施設（児童自立支援施設）に勤めて最初に経験した失敗談から始めたい。

　転勤したばかりの4月，満開となった桜の花がほとんど散ってしまったある日のこと，入所してまだ間のない児童が，施設から無断で外出するという事件が起きた。この施設においてはまだ新任職員の筆者ではあったが，現場ではそのような言い訳は通じない。偶然事務室にいた筆者に対して，ベテラン職員から車に同乗して捜索協力をするよう依頼があったため，事務所にいた直属の上司の許可をもらい車に同乗した。施設を出てバス通りにある交差点で信号待ちをしていると，その交差点から左へ20mほどの所にあるバス停に，なんと無断外出した児童がバスを待っているではないか。

　ベテラン職員は，筆者に児童をすぐ連れてくるように指示を出し，車を児童の見えない所へバックさせていた。筆者はとにかく児童を安全に保護して，ベテラン職員の所まで連れて帰らなくてはと考えた。必死であった。静かに児童に近づこうとしていた時に，偶然にバスが来た。児童が筆者に気づきバスに乗ったため，急いでバスに乗り込むと，児童は前の降り口から降りて行ってしまうではないか。あわてて筆者も，前から降りると今度は児童が走り出したのである。こちらも走り出し，なんとか追いついた。

　児童は走ることはやめたが，止まることなく歩いていくので，筆者も離れずついて歩き，考えられる限りの言葉をかけた。具体的には，まずどうして無断で外出したのかと原因について尋ねる一方で，そうなるにはとても辛い思いもしたのであろうという児童の思いを理解・共感するような言葉をかけるよう努めた。すると児童の表情も次第に穏やかなものとなり，ぽつりぽつりと自分の思いを口にしてくれた。

　心理の専門職として児童福祉施設に赴任した筆者としては，自分なりによい対応をしていると感じた。そして，歩きながら児童と話をしつつ，そろそろ施設へ戻る道の方へ行かなくてはと考え，左のわき道へ入り，しばらくして，さらに左折して，施設へと向かった。しばらくすると，さすがに児童も疲れたのか，少し休みたいという。道路の路肩に2人で腰を下ろして，これからどのように施設で生活していくのか，児童担当の職員にどのように謝り，無断外出の説明をするのかなど，色々な話をした。この時の筆者は，車で待っていてくれるベテラン職員の気持ちなど考える余裕もなかった。

　後から聞いた話では，そのベテラン職員は，筆者が児童を連れてすぐ車に戻るであろうと車を方向転換させて待っていたそうである。あまりに時間がかかっていたため，バス通りの方へ様子を見に来たそうである。一直線のバス通りを遠くまで見ても筆者と児童の姿が全く見えないため，とっさに筆者が児童を保護できず，まだ追いかけていると判断。施設に連絡し，さらに多くの職員を捜索に出すため，第2次の職員非常召集をお

166

願いしたそうである。そんな状況とはつゆ知らず，筆者は路肩で，児童の気持ちを聞き，一生懸命に「治療的」対応をしていた。しばらくすると，施設から捜索に出た1台の車が，目の前で止まったのである。車の窓を開け，筆者に話しかける職員の表情を見て，何か尋常ではない雰囲気を感じ取った。

このエピソードは，施設職員のチームワークについて，またスーパービジョンについて，色々なことを教えていてくれる。まずは，チームワークについて，この出来事から学ぶべきことをいくつか挙げておきたい。

### 2）チームワークでの留意点

#### ① 「ホウレンソウ」の原則

この言葉は，多くの方が知っておられる通りで，ホウは「報告する」の報，レンは「連絡する」の連，そしてソウは「相談する」の相ということである。多くの人が働いている組織，職場では，「報告する，連絡する，相談する」という行為が，とても大切であることを意味している。特に24時間子どもが生活している施設においては，職員の勤務も，子どもを24時間，安全に，またできるだけ家庭に近い形で生活できるよう色々工夫をして勤務を組んでいる。そのために朝の9時ぐらいから夕方の5時半ぐらいまでの一般的な勤務，いわゆる日勤とは異なり，多くは変則勤務という形で，どの時間帯にも必要な数の職員を配置している。このような勤務体制の中で，子どもが安全で快適な生活が送れるようにするためには，職員同士が意識的にも無意識的にも，必要な情報交換等ができることが大切である。

このことをわかりやすくまとめると，「ホウレンソウ」という言葉に集約されるのである。前述したエピソードでいえば，決定的な失敗は，一緒に出かけたベテラン職員にある段階で連絡を取り，状況を報告し，必要なことは相談をする，という極めて基本的なことに筆者の気がまわっていなかったことである。これは別の面からみれば，子どもの無断外出という緊急事態について，職場に来てから適切なスーパービジョンを受けてこなかったことのマイナス面があらわれた結果ともいえ，スーパービジョンが行われることの重要性を示している。それでも，捜索に出かける際に上司の許可を取ったこと，子どもを無事に保護し，できるだけ子どもの気持ちに沿って対応していたという点では適切な対応をしていたともいえる。

#### ② 「横のチームワーク」——職種を超えての理解と協力・連携[2]

施設では，異なった職種の職員が，それぞれの専門分野を活かして子どもの支援をしているため，支援の効果を高めるためには，お互いが他者の立場を理解・尊重し，その上で協力・連携をスムーズに進めることが不可欠である。

特に施設で生活している子どもたちが幸せに感じられるようにするためには，異なる職種の職員が協力・連携し支援することが大切であり，組織における，いわゆる「横の関係」がうまく取れていることが重要である。施設ではお互いに身近で仕事をしていたり，職員が長年同じ職場で勤務したりすることが多いため，言葉で説明をしなくてもわ

第Ⅳ部 児童家庭福祉に関連する施策・機関・サービス

かってしまうことも多く，ややもすると言葉足らずとなり，意思疎通が不十分な場合も起こりうる。

　特に大学等の学生が実習などのために施設にいる場合は，ホウレンソウの原則を意識しておくことが大切である。先のエピソードにおいても，筆者はその時の対応に精一杯の状態となり，連絡も，報告も，相談することも考える余裕がなかった。一方で，ベテランの先輩職員は子どもの無断外出の対応には慣れていることもあって，新任職員に対してそのことに関する事前の指導や助言など，いわゆるスーパービジョンを十分にしていなかったともいえる。これは日々，身近で仕事をしている職員同士だからこそ見落としやすい点ともいえる。

　③　「縦のチームワーク」——施設環境という枠組みの中で専門性を活かす

　施設も一つの組織であることを考えると，特に「縦の関係」というものが尊重されなければならない。組織においては，上司の出した指示・命令等が部下にきちんと伝わり，部下がそれに基づいて，しっかりとした対応ができることが，仕事をうまく果たすためには必要であり，それは組織に所属する全職員の責任でもある。施設において職員の専門性が尊重されなければならないのは当然であるが，その一方で職員が自分の専門性にこだわり過ぎてしまうと，子どもへの支援が滞る恐れが出てくる。そのため施設での支援においては，各職員の役割を尊重しつつ，同時に組織の上司の理解と承認を得た上で，子どものためを第1に考えて，各職員の専門性を柔軟に活かしていくことが望まれる。

　たとえば，筆者が先に紹介した児童福祉施設に勤務していた時は，心理職という役割と入所退所事務及び統計事務という事務職の役割を同時に持っていた。そのために，子どもの心理治療や面接をすると同時に，入退所の相談にも対応していた。ここである問題が発生した。この問題は専門職の職員がよく遭遇し，かつ悩みの種にもなるものである。たとえば，子どもとの約束に基づいて心理面接をしている時に，入所の相談の電話がかかってくることも珍しくない。心理職という立場からいえば，電話の対応は面接が終了してから行うことが一般的である。

　しかし緊急の入所相談となると，入所退所という仕事をする立場から，忙しい児童相談所の児童福祉司を待たせるのは許されない。そこで筆者が採用した方法は，上司の許可を得て事務室の一室を面接場所として活用することであった。これには当然マイナスの面も考えられた。事務室の一室における面接では，外部機関から電話があった場合に内容が児童に聞こえる恐れがあること，また子どもが事務室を通って面接室に入るときに，事務室の黒板などに書き込まれている入所に関する情報が子どもに見える可能性があること，などである。この点については，筆者も一時悩んだ。

　そこで，筆者は「信頼関係形成」のため，それを逆に利用して対応するように努めた。つまり面接を受ける子どもには，「この部屋で面接すると電話の内容が聞こえたり，黒板の情報が見えたりするかもしれない。そこへあなたを呼んで面接をするということは，あなたを信頼できる子で，他の子どもには秘密を漏らさないと約束できる子どもだと信

用しているからだよ。もしその約束が守られないときは面接を中止するからね」と伝えていた。結果は驚くべきもので，多くの子どもたちは約束を守ってくれた。筆者が事務室の面接室へ子どもを入れることで，子どもに対して，自分は信頼された人間であるという自信とプライドを与え，子どもはそれに対して信頼されたことを裏切らないように応えてくれる，という関係を生み出したと考えられる。

このように施設にとって欠くことのできない事務仕事をしながら，その中で専門性を活かす工夫をするといった「柔軟性」も現場においては，専門職員としての幅を広げ，かつ専門性を深める上で必要なことである。そして，このような対応をする場合においては，組織における「縦の関係」を意識しておくことが大切で，特に何か新しいことを始める前には，上司に十分な説明をして理解と承認を得ておくことを忘れてはならない。さらに，この例のように重要な情報に児童が触れる場合は，「横の関係」も重要で，その児童を担当する直接処遇職員の理解と協力を得ておくことが欠かせないのである。

④　生活する子ども（利用者）を中心に考えたチームワーク

前述したが，施設での支援においては，最終的には，そこで生活する子ども（利用者）のことを一番に考えて，色々な形でのチームワークを展開していくことが重要である。この時に忘れてならないことは，子どものことを一番に考えること，すなわち子どもの意見にしっかりと耳を傾けて，それを最大限活かす支援の方法，内容を考えていくことであるといえる。

別の言葉でいえば，「子どもの最善の利益」を考えて行動することでもある。今は，児童の権利に関する条約，児童福祉法など法律も整えられて，子どもの権利が守られるようになってきているが，やはり大切なことは，一人ひとりの職員の意識であると思われる。自分の身の回りにいる子どもの表情，言動，あるいは問題行動なども含めて，子どもから出されているサインを敏感に受けとめ，それに対して丁寧な対応を積み重ねていくことこそが子どもの幸せにつながるものと考える。

さて，すでにチームワークの中でも言及したことであるが，一般的には管理的・教育的・支持的機能を持つ指導・監督の手法といわれるスーパービジョンについて，最後に触れておきたい。

施設は以前と比較して開放化が進んでいるが，職員の異動等が少なければ閉鎖的になりやすい組織ともいえる。そのマイナス面を補うためにはスーパービジョンの体制をしっかりと確立することが大切である。スーパービジョンは内部で実施できるものと，外部で実施されるものとに大別される。

内部で実施できるものは，組織における「縦の関係」を活用して，職場において勤務時間中に，職制における上司が部下である職員に対して職務等に関して指導・監督することもあれば，職場での研修会で講師として部下に対して指導する場合もある。また，外部から講師を呼んで，職員研修という形で職員に指導を受けさせるという形をとることも多い。

第Ⅳ部　児童家庭福祉に関連する施策・機関・サービス

　一方，外部的なものとしては，職員が職務の一環として，上司の指示・命令により，研修会，研究会，学会等に出かけ指導・助言を受ける場合が多い。さらに，勤務時間外に，自発的に専門職としての研修を受ける形もある。

　いずれにしても，職員としての専門性を発揮するためには，子どもへの支援を実践的に積み重ねることに加えて，実践を理論的に整理し，まとめていくという作業をすることが望まれる。そしてその実践のまとめを研究会や学会等で発表し，第三者からその実践に関してスーパービジョンを受けたり，適切な意見・評価を受けたりする機会を持つことが，自分の専門性をさらに高めていくことにつながるのである。


注

(1)　本節は，加藤孝正・小川英彦編著『基礎から学ぶ社会的養護』ミネルヴァ書房，2012年，75-93頁を，加筆・修正したものである。

(2)　本項は，神戸賢次・喜多一憲編『児童の社会的養護原理』みらい，2011年，194-196頁を，加筆・修正したものである。


参考文献

• 第1・2節

大津泰子『児童家庭福祉』ミネルヴァ書房，2013年。

厚生労働省「全国児童福祉主管課長会議資料」2016年6月17日。

厚生労働省「全国児童福祉主管課長・児童相談所長会議資料」2016年8月4日。

厚生労働統計協会『国民の福祉と介護の動向 2015/2016』2015年。

新保育士養成講座編纂委員会『児童家庭福祉』（新保育士養成講座③）全国社会福祉協議会，2015年。

ミネルヴァ書房編集部編『社会福祉小六法 2016年版』ミネルヴァ書房，2016年。

「児童福祉法等の一部を改正する法律の公布について」厚生労働省雇用均等・児童家庭局長通知雇児発0603第1号，2016年6月3日。

「児童相談所運営指針について厚生労働省雇用均等・児童家庭局長通知雇児発0331第45号，2017年3月31日。

• 第3節

加藤孝正・小川英彦編著『基礎から学ぶ社会的養護』ミネルヴァ書房，2012年。

神戸賢次・喜多一憲編『児童の社会的養護原理』みらい，2011年。

ゴーブル，フランク／小口忠彦監訳『マズローの心理学』産能大学出版，1972年。

バイステック，F.P.／尾崎新・福田俊子・原田和幸訳『ケースワークの原則——援助関係を形成する技法 新訳改訂版』誠信書房，2006年。

ミネルヴァ書房編集部編『社会福祉小六法 2017年版』ミネルヴァ書房，2017年。

# 第11章　関連領域の機関との連携

## 1　家庭裁判所との連携

### （1）家庭裁判所と児童

　家庭裁判所は，児童の権利をはじめとし，児童を守る上において欠くことのできない連携機関である。児童福祉との関連でいえば，児童虐待問題や少年事件との関係で一層強くその連携が求められている。児童を取り巻く社会環境はさまざまに変容し，社会環境が児童の育ちを規定している。このような現況において家庭裁判所は，児童福祉領域における社会資源の中核として位置づけられよう。それでは，具体的に児童にまつわる家庭裁判所の役割について見て行こう。

#### 1）家庭裁判所の機能

　家庭裁判所が担う児童家庭福祉領域での役割は，次のようなものが代表的である。

① 　両親の離婚調停における児童の親権をめぐる問題解決。
② 　児童虐待問題に係る施設保護の問題解決（児童福祉法第28条）。
③ 　非行少年に関する保護事件の審判。
　　これらを担当する部門は，①②が家庭裁判所家事審判部，③が家庭裁判所少年審判部である。

　少年非行に関する少年法については，第9章第3節で述べたため，ここでは再述しないが，家庭裁判所は司法関係機関として，少年鑑別所，警察・少年補導センターとの連携も行っている。

#### 2）連携の事例

　2人姉妹の次女で12歳のYは，小学2年生の時から実父からの性的虐待を受けていた。幼い頃には，自分が何をされているのか理解ができず，父親から「お母さんには内緒，2人だけの秘密」と言われて育った。

　高学年になると，自分がされていることの大変さに気が付き，苦しみのあまりある日，実母に向かって自分が父親にされてきたことを伝え，「本当は嫌だけれども，父親から2人だけの秘密といわれていたので言えなかった」と告白した。それを聞いた実母は，すっかりと気が動転してしまったかのように何も言わず，うなだれただけだった。

　あくる日，学校から帰ると家には誰もおらず，しばらくすると，姉と2人で買い物か

171

第Ⅳ部　児童家庭福祉に関連する施策・機関・サービス

ら帰ってきた実母に，Yから声をかけるが，返事は返ってこなかった。不安になったY
は，何度も声をかけたが母親は一向に返事を返さず，また話しかけもしなかった。いた
たまれなくなったYは，姉に「お母さん何かあったの」と，訪ねると姉から「あんたっ
て最低，お母さんが内緒にしていたこと全部自分から話したでしょ。かわいそう，お母
さん」と言われた。そう，Yの母親は以前からすべてを知っていて，気が付かないふり
をしていたのだった。

　日に日にYを遠ざけるようになった母親は次第に食事も作らなくなり，家族の中から
Yの存在は消されていった。日ごと痩せてゆくYは「Yちゃん，最近大丈夫，何かあっ
たの」と同級生から声をかけられた時，廊下に倒れこんだまま意識を失った。

　居合わせた同級生は担任教師に伝え，担任教師はYの状態を見て，すぐに救急車を要
請。担任教師は，救急車に同乗して医療機関へと向かった。Yが母親に実父から受けた
行為の苦しみを打ち明けた日から，3カ月が経っていた。

　搬送された医療機関から連絡を受けた警察が，児童相談所へ連絡した。連絡を受けた
児童相談所は，Yから事情を聴き，身の安全を約束。両親への聞き取り・面談と事を進
めていった。この時，Yの体重は42kgから28kgに減っていた。

　一貫して非を認めない両親。何も気が付かなかったという実姉。児童相談所は，この
ままではYを保護することはできない。しかし，家庭に返すわけにはいかないとして，
児童相談所において保護したのち，しかるべき生活施設で暮らせるよう，家庭裁判所に
強制措置の申請を求めた。後述するが，いわゆる「28条措置」である。

　その後，保護され児童心理治療施設で暮らすようになったYは，新たな生活の不安や，
これまでの暮らしを思い出す悲しみに混乱することはあっても，児童としての最低限の
生活保障と，権利を確保することはできるようになった。また，Yの姉は，家庭環境に
よる社会的認知の歪みは，両親のもとでは修正できない。として，Yとは異なる種別の
児童養護施設で暮らすこととなった。

　このように，児童福祉と家庭裁判所，並びに警察などの関係機関は密接に連携し児童
の権利や生活を守っているのである。


### （2）連携と介入のポイント

　上記の事例から，Yが児童心理治療施設に保護されるまでの関係機関との連携を見て
みよう。

#### 1）医療機関と警察との連携

　Yの事例のような場合，医療が必要と判断されるため，発見した教師またはその場に
居合わせた人（この場合は生徒から教師）が救急車を要請し，医療機関に搬送した。受け
入れた医療機関は，付き添いの担任教師から経緯を聞き，Yを診察した。

　虐待の可能性を疑った医師は，警察へ連絡した。医師のみならず，私たちには虐待の
疑い，または発見した場合は警察への連絡・通報の義務がある。連絡を受けた警察は，

172

第11章　関連領域の機関との連携

すぐに医療機関に駆けつけ，情報収集したのち児童相談所へ連絡した。子どもの安全を第1に考えるため，児童相談所へ連絡を取るのである。このように，虐待の発見から医療機関，そして警察へと迅速に連携されることが必要なのである。

### 2）警察と児童相談所との連携

警察から連絡を受けた児童相談所は，医療機関に出向き，状況全体の情報収集を行い，児童の状態と今後の対応方針を検討した。虐待は犯罪である。児童相談所はむろん親対応も行うが，警察の介入なしには親への聞き取り調査，家庭訪問などを行うことが困難な場合もある。子どもの問題と親の問題は密接に関連しているため，綿密な役割分担と連携が必要なのである。こうして，虐待問題に深く介入し，子どもの安全を確保するのである。

### 3）児童相談所と家庭裁判所の連携

児童相談所は，子どもを保護するために，子どもにとって最も良いと思われる方法を検討する。いわゆる，子どもの最善の利益のための選択を行うのである。Ｙの場合，この時点での最善の利益とは，再び同じ環境下で被虐待経験を繰り返し，生命の危険が及ばないこと，といえるだろう。

児童相談所は，子どもを保護しようとする時，児童相談センター長の判断で一定期間は保護することができる。しかし，本来保護者の同意を得て保護，または措置することが基本である。言い換えれば，親の承諾なしに子どもを保護したり，施設入所（措置）したりすることはできない，といえる。

子どもの安全を考え，施設保護を行う必要があるにもかかわらず，保護者が同意をしなかった場合，特に連携をとるのが家庭裁判所である。児童相談所から連絡を受けた家庭裁判所は，事象の調査を行い，詳細に検討した上で子どもの保護が必要と判断した場合，法律に基づいて強制措置の手続きを行う。これが「28条措置」といわれるものである。

### 4）児童相談所と児童福祉施設の連携

子どもを保護することが可能となった児童相談所は，子どもの状態にあった施設種別を検討する。児童福祉施設には治療施設から療育・生活施設などの形態がある。この時点で，連携を行うのが，児童福祉施設である。Ｙの場合，被虐待経験からくる二次障害（感情のコントロールができない。不安でじっとしていられないなど）が予想されるため，児童心理治療施設と連携して，「28条措置」で入所したのである。

以上のように事例を通して概観すると，子どもに関わる専門機関は密接に連携し合い，家庭裁判所の役割もどれほど重要であるか理解できよう。

## 2　警察及び警察補導センターとの連携

### （1）補導の概念

「少年の逸脱的な非行行為に関する少年警察活動要綱」（昭和35年警察庁次長通達）にお

173

第Ⅳ部　児童家庭福祉に関連する施策・機関・サービス

いて，警察では補導の概念を「非行の防止と少年の福祉を図るための警察活動の総称」として使用している。この警察庁次長通達で，福祉を図るための警察活動と述べられている点が，連携を行う上で最も重要である。

　犯罪を行った少年を検挙し，留置し，取り調べるなどの強制力を伴う補導もあるが，この場合可能な限り強制措置を避けることとし，任意による補導を原則としている。つまり，少年を犯罪者にしてしまうのではなく，その更生に期待し，犯罪に至らないように福祉的介入を行うということである。補導センターの活動内容としては，非行少年の発見活動，発見した少年等についての捜査，調査，関係機関への送致または通告，家族や職場への連絡，注意，助言などがある。いわゆる，少年に対して警察が行う適切な活動のすべてが補導の中に含まれることになっている。

　この活動の具体的な方法は，街頭などでの少年等に対する注意助言（街頭補導），ある期間継続する補導（継続補導），少年及びその保護者などとの相談活動（少年相談）などがある。第9章第3節で解説した「少年法」とも深い関係がある。

### （2）児童家庭福祉との関連

　児童家庭福祉との関連でいえば，警察並びに警察補導センターとの連携は，児童の社会規範の獲得や，少年の犯罪防止・予防の目的で講話（講演）や個別指導などを警察官に依頼する場合もある。また，犯罪に巻き込まれないことも児童・少年が社会で暮らす上では大切な認識であるため，教育的視点からの介入を依頼することもある。具体的には，児童養護施設などにおいて入所生活をしている児童が，万引きなど反社会的，反道徳的行為を行った場合，その児童に対して，警察官の立場から指導をしてもらう，というようなことがある。このような場合，状況によっては，児童福祉施設の職員と児童が，警察または警察補導センターに出向き，児童と職員が一緒に指導を受けることもある。

　このように，児童・少年の将来を考え，児童福祉と警察及び警察補導センターは身近に連携しているのである。

## 3　保育園・幼稚園・小中学校・教育委員会・教育相談機関・民生委員との連携事例

### （1）事例の概要

　本節で取り上げる連携について，具体的な事例を通して見ていこう。

　今年で13歳のKは，児童福祉施設で暮らしている。保育園で年長の頃から落ち着きのなさが目立ち始め，小学校に上がると集団行動がとれず，両親も悩んでいた。小学校5年生の終わり頃，Kの担任教師から一度，教育相談機関か医療機関に相談してみてはどうかと持ちかけられ，教育相談機関に出向き相談をしたところ，医療機関受診を勧められた。

　勧めに応じて専門外来を受診した結果，「発達障害」の診断を受けた。地域の小学校

を卒業後，両親は発達障害の診断を受けたＫの進路と日常の対応に困り，教育委員会に相談した。相談を受けた教育委員会は，日常的な対応については，児童相談所へも相談することが望ましいと判断し，Ｋの両親に対して，児童相談所にも相談するようアドバイスした。その後，Ｋの両親は児童相談所と相談し結果，中学校入学を機に施設に入所したのである。

　施設から学校に登校するようになったＫは，初めて出会う同級生にどのように接してよいかわからず，混乱していた。そして，次第にクラスの同級生に受け入れられず，孤立していった。小学生の頃とは違い，教員も教科ごとに変わるため，そのこともＫにとっては大きな負担の一つだった。

　心配になった児童福祉施設の男性指導員は，Ｋの気持ちを丁寧に聞き取った。Ｋは，勉強についていけないこと，人見知りがあって大勢の場所では緊張してしまうこと，そして最近，学校でのストレスからイライラが激しいことを男性指導員に話した。Ｋの気持ちを知った男性指導員は，学校に出向き担任，学年主任及び校長と面談した。Ｋの施設入所の経緯と，本人の思いを伝え今後の相談を行った。

　話を受けた中学校の教員は，教育委員会へ連絡を取り，特別に配慮を必要とする生徒として，特別支援教室に通えるように手続きを行った。特別支援教室に通い始めて２週間ほど経ったある日，担任教員から施設指導員に，Ｋの小学生時代の様子を知りたいと申し出があったため，施設指導員は卒業した小学校に連絡を取り，これまでの経緯を伝え，情報提供を依頼した。

　その結果，小学校側の配慮もあって関係者会議を開くことができるようになった。児童相談所へも連絡し，Ｋについて「児童相談所」「教育委員会」「中学校」「小学校」「福祉施設」の５つの関係機関が集まる情報連絡会を行うことができた。さらに，学習の遅れが目立ったため，幼い頃の様子も情報として収集する必要を感じたため，卒園した保育園へ連絡した結果，保育園時代のＫをよく知る保育士から情報を得ることができた。こうして，児童指導員を中心としたＫを取り巻く関係者が互いに連携を取り，Ｋにとって最善の方法を検討することができたのである。

　このようにして，児童を取り巻く関係者は児童の特性とこれまでの育ちを念頭に情報交換を行いながら密接に連携し合い，児童の将来に向けて最善の方針を選択しているのである。

　その後，Ｋは学校にも慣れ特別支援学級であれば両親の下からでも登校できるのではないか，との関係者同士の見解が出され，保護者へ連絡した。週末や長期休暇の帰省（短期間自宅へ戻ること）を重ね，両親の相談にも乗じ，不安を軽減しながら試験登校を目指すこととなった。

　試験登校を実施する時には，民生委員とも連携し保護者と児童の負担軽減を図ることも考慮に入れている。

第Ⅳ部　児童家庭福祉に関連する施策・機関・サービス

### （2）事例から見る連携のポイント

　この事例の主人公であるKは，中学生になったばかりである。両親が，対応に苦慮して施設入所となっている。両親は，教育機関などと連携を行っていたため，大きく「児童福祉領域」と「教育領域」2つの連携が存在していたことになる。

　児童福祉施設入所後の連携発端は，児童福祉施設の男性指導員が児童の様子を心配に思い（変容に気が付き）声をかけ，話を聞く事から始まる。このことをきっかけに以下のような連携が始まるのである。

　　①　両親の連携
　　　　小学校担任教員 ⟶ 両親 ⟶ 教育相談機関 ⟶ 医療機関 ⟶ 教育委員会 ⟶ 児童相談所 ⟶ 児童福祉施設
　　②　児童福福祉施設の連携
　　　　児童指導員 ⟶ 担任教員 ⟶ 学年主任 ⟶ 学校長 ⟶ 教育委員会 ⟶ 卒業小学校 ⟶ 児童相談所 ⟶ 中学校 ⟶ 卒園保育園 ⟶ 民生委員

　以上のように，保育園・幼稚園・小・中学校・教育委員会・教育相談機関・民生委員との連携は，児童が卒園，卒業した後も互いに，情報交換を行い，支援の手を重ね合いながら児童家庭福祉を担っているのである。

## 4　保健・医療機関との連携

### （1）保健所・市町村保健センター等との連携

　1947（昭和22）年，児童福祉法が制定され，妊産婦と乳幼児の保健指導が同法に位置づけられたことにより，主に母子保健分野において保健・医療機関との連携が図られる。1961（昭和36）年，保健所による3歳児健康診査，新生児訪問指導が開始され，1965（昭和40）年には，児童福祉施策の一部であった母子保健施策を強化するために母子保健法が制定される。1969（昭和44）年，児童相談所心理職員による3歳児精神発達精密健診及び事後指導が実施され，保健所と連携して心身障害児の指導に取り組むこととなった。その後，1977（昭和52）年，市町村主体の1歳6か月児健康診査開始により，住民に身近な市町村単位での心身障害の早期発見と療育指導のための体制づくりが本格化する。1994（平成6）年，保健所法は，名称を地域保健法に変更し，改正される。同法に基づき，市町村保健センターが法定化される。同年，母子保健法改正等により，基本的な母子保健事業が市町村保健センターに一元化され，地域に密着した母子保健サービスが可能となった。

　2004（平成16）年，児童虐待の増加に対応するため，児童福祉法が改正され，市町村は児童家庭相談の第一義的窓口として位置づけられた。同時に，児童虐待に対応する関

係機関のネットワーク化を推進するため，市町村に参加者の守秘義務を法定化した要保護児童対策地域協議会が設置される。市町村の児童家庭福祉担当部門は，要支援児童及び要保護児童の対応機関として児童相談所とともに重要な役割を担うこととなった。2008（平成20）年には，児童福祉法に基づく乳児家庭全戸訪問事業及び養育支援訪問事業が創設され，要支援児童等の家庭を継続的にフォローアップするために，保健所及び市町村保健センターと児童家庭福祉関係機関との連携が一段と強化される。2016（平成28）年に母子保健法が改正され，妊娠期から子育て期にわたるまでの総合的相談支援を行う，「子育て世代包括支援センター」（法律上の名称「母子健康包括支援センター」）が法定化される。今後，全国の市町村に，「子育て世代包括支援センター」が設置されることとなった。[(1)]

### （2）「健やか親子21」及び「健やか親子21（第2次）」の提言

#### 1）「健やか親子21」

「健やか親子21」は，21世紀の母子保健の主要な取り組みを提示するビジョンであり，関係者，関係機関・団体が一体となって，その達成に向けて取り組む国民運動計画として，「健康日本21」の一翼を担うものである。2000（平成12）年，21世紀に取り組むべき主要課題として，①思春期の保健対策の強化と健康教育の推進，②妊娠・出産に関する安全性と快適さの確保と不妊への支援，③小児保健医療水準を維持・向上させるための環境整備，④子どもの心の安らかな発達の促進と育児不安の軽減の4つを設定する。「健やか親子21」は，2001（平成13）年より2014（平成26）年の13年間にわたり取り組まれる。2013（平成25）年，「健やか親子21」の4つの主要課題ごとに設けた69の指標（74項目）についての「最終評価報告書」を作成する。「最終評価報告書」は，各指標の分析から見えた課題として，①思春期保健対策の充実，②周産期・小児救急・小児在宅医療の充実，③母子保健事業間の有機的な連携体制の強化，④安心した育児と子どもの健やかな成長を支える地域の支援体制づくり，⑤「育てにくさ」を感じる親に寄り添う支援，⑥児童虐待防止対策の更なる充実の6つを指摘する。[(2)]

#### 2）「健やか親子21（第2次）」

2014（平成26）年，「健やか親子21」の「最終評価報告書」を踏まえて，2015（平成27）年から10年間の母子保健施策，「健やか親子21（第2次）」を策定する。「健やか親子21（第2次）」は，10年後に「すべての子どもが健やかに育つ社会」を目標に，基盤課題として，①切れ目ない妊産婦・乳幼児への保健対策，②学童期・思春期から成人期に向けた保健対策，③子どもの健やかな成長を見守り育む地域づくりを設定する。また，重点課題として，①育てにくさを感じる親に寄り添う支援，②妊娠期からの児童虐待防止対策を設定する。[(3)] 以下，「健やか親子21（第2次）」の重点課題の概要を述べる。

1つ目の重点課題，「育てにくさを感じる親に寄り添う支援」は，発達障害をはじめとする育てにくさを感じる親に寄り添う支援と発達障害の社会における理解が必要であ

第Ⅳ部　児童家庭福祉に関連する施策・機関・サービス

るとして，「親や子どもの多様性を尊重し，それを支える社会の構築」を目標に掲げる。2004（平成16）年に制定された発達障害者支援法は，市町村が「健康診査を行うに当たり，発達障害の早期発見に十分留意しなければならない」（第5条第1項）こと，また，「発達障害児が早期の発達支援を受けることができるよう，発達障害児の保護者に対し，…（中略）…，適切な措置を講じるものとする」（第6条第1項）ことを規定している。市町村は，発達障害の疑いのある子どもの早期発見，早期支援の中心的な役割を果たすこととなった。親が育てにくさを感じる子ども，特に発達障害への対応を進めるためには，母子保健事業による早期発見，医療機関による診断・指導，児童発達支援機関による早期療育及び保育所等への巡回指導を組み合わせた発達支援体制の整備が課題である。

　2つ目の重点課題，「妊娠期からの児童虐待防止対策」は，①妊娠届出時など妊娠期から関わること，②新生児訪問等の母子保健事業と関係機関の連携強化を図ること，③子どもの保護・支援，保護者支援の取り組みが重要であるとし，「児童虐待のない社会の構築」を目標に掲げる。児童虐待防止対策は，社会全体で取り組むべき重要な課題となっている。深刻な児童虐待事件は後を絶たず，全国の児童相談所の児童虐待対応件数は，児童虐待防止法が成立した2000（平成12）年以降も増加を続け，現在に至っている。厚生労働省による死亡事例等の検証において，母子健康手帳の未交付や妊娠健康診査未受診の事例が報告されている。2016（平成28）年，児童福祉法が改正され，要支援児童等（支援を要する妊婦，児童及びその保護者）と思われる者を把握した医療・福祉・教育の関係機関及び関係者は，その旨を市町村に情報提供する努力義務があることを規定した[4]。児童虐待の恐れがある乳幼児を早期に発見できる立場にある保健所・市町村保健センターや産科・小児科等の医療機関には，要保護児童対策地域協議会を積極的に活用し，児童虐待による死亡事件の減少に向けた取り組みが求められている。

注
(1)　厚生労働省雇用均等・児童家庭局長「子育て世代包括支援センターの設置運営について（通知）」2017年（厚生労働省HP［http://wwwhourei.mhlw.go.jp/hourei/doc/tsuchi/T170531N0020.pdf，2017年6月25日アクセス］）。

(2)　母子衛生研究会『わが国の母子保健——平成28年』母子保健事業団，2016年，88-89頁。

(3)　同前書，98-99頁。

(4)　厚生労働省雇用均等・児童家庭局長「児童福祉法等の一部を改正する法律の公布について（通知）」2016年（厚生労働省HP［http://www.mhlw.go.jp/file/06-Seisakujouhou-11900000-Koyoukintoujidoukateikyoku/286017sankoushiryou.pdf，2017年6月25日アクセス］）。

参考文献
・第1～3節
苅谷剛彦『学校って何だろう』筑摩書房，2013年。
野﨑和義監修『ミネルヴァ社会福祉六法 2017年版』ミネルヴァ書房，2017年。
村尾泰弘『家裁調査官は見た』新潮社，2016年。

第11章　関連領域の機関との連携

・**第4節**

加藤俊二編著『現代児童福祉論 第2版』ミネルヴァ書房，2008年。

厚生労働統計協会『国民衛生の動向 2014/2015』2014年。

福田公教・山縣文治編著『児童家庭福祉 第4版』ミネルヴァ書房，2015年。

母子衛生研究会『わが国の母子保健──平成28年』母子保健事業団，2016年。

ミネルヴァ書房編集部編『社会福祉小六法 2016年版』ミネルヴァ書房，2016年。

<table>
<tr><td>第12章</td><td>在宅サービスの現状と課題</td></tr>
</table>

## 1 変化する現代社会における児童家庭福祉サービス

　社会の変化とともに，地域社会も家庭状況も大きく変わりつつある。その結果，児童を取り巻く環境も大きく変化してきており，児童家庭福祉の観点からもさまざまな配慮が必要となってきている。近年注目を浴び，マスコミ等でも大きく取り上げられている児童虐待・不登校・非行問題等に象徴されるように，社会変化の負の側面が，社会的弱者ともいえる児童に色々な形で顕在化してきているので，特に注目していきたい。本章では，そのような時代に生きている児童及び家族に対して，どのような支援やサービスが保障されているのかを見ていく。

## 2 母子保健サービス

　第8章第2節で解説した母子及び父子並びに寡婦福祉法に基づくさまざまなサービスが制度的には保障されているが，少子高齢化が進行している日本の社会情勢の中で，一人の子どもに対する親の思い，期待度が，より一層強まるのはごく自然の成り行きと考えられる。そのため，さまざまな社会的支援が工夫されて，実施されてきているにもかかわらず，親が子を生み育てることは，将来への夢をもたらすだけでなく，同時に大きな負担と不安も生み出す可能性があり，現に育児不安等の相談が増加しているという現状がある。

　しかも近年の児童虐待問題に象徴されるように，虐待は一部の特別な家庭にだけ見られる現象とはいえない状況になってきており，その意味でも，早期発見，早期対応が極めて重要といえる。

　保育所，学校等における児童・保護者への対応が重要であると同時に，1歳6か月児健康診査や3歳児健康診査といった健康診査などの場面において早期に問題を発見し，適切な対応をすることが児童の福祉及び家庭の福祉にとっても大切であり有効といえる。さらに，児童虐待の予防的観点からいえば，将来虐待に発展していく可能性のあるような育児不安や育児ノイローゼなどに対しても，できるだけ早い時期に発見し，初期の段階で話を聞くなど適切な相談支援を開始し，効果的な対応をしていくことが望ましい。そのためにも，健康診査や訪問指導など母子保健サービスを有効に活用していくことが望まれる。

第12章　在宅サービスの現状と課題

## 3　保育サービス

### （1）保育所の整備と運営

　子どもの保育は保育所，幼児教育は幼稚園がその役割を担ってきており，施設の設置主体は市町村，社会福祉法人のみならず NPO 法人などで，さらに無認可の施設もあり，さまざまである。

　共働きで就労する女性が増加し，就労形態も多様化する中で子どもを日中，預ける場合，幼稚園は保育時間が短いこと，長期休暇があることなどから長時間保育を希望する者は長時間保育を行う保育所への入園を希望することになる。確かに保育所は保護者の疾病や就労で自宅での保育が困難な児童を対象とする施設であるが，入園には厳しい要件があり，保護者の就労内容によっては利用できない場合もある。共稼ぎ世帯が多くなることで保育所を希望する児童が増える一方，幼稚園に入園する児童が減少しており，少子化が進む中でこの減少は顕著なものとなっている。

　また，就労の有無で利用する施設を分けていたこれまでの体系が就労形態の多様化などから，地域のニーズに応えられなくなってきていた。特に，低年齢保育を希望する保護者が多く待機児童も増加したため，国は2006（平成18）年10月，保育所，幼稚園，それぞれの特性を活かした新しい形の認定こども園制度を策定した。

　ここでは，これまでの保育所，幼稚園，そして新設された認定こども園の３つの施設の特徴について説明をする。

　保育所とは，厚生労働省所管の児童福祉法第39条に基づく，保護者が仕事や病気などの理由により保育を必要とする０歳から小学校就学前の乳幼児を保育する施設である。原則として長期休暇はなく，土曜日や遅い時間までの延長保育をしている所もある。

　幼稚園とは，文部科学省所管の学校教育法に基づく，「義務教育及びその後の教育の基礎を培うものとして，幼児を保育し，幼児の健やかな成長のために適切な環境を与えて，その心身の発達を助長することを目的」（学校教育法第22条）とした施設である。満３歳から小学校就学前までの幼児を対象とし，預かり保育を実施している所もあるが，学校のように長期休暇がある。近年では，長時間の預かり保育を実施している所も目立っている。

　そして，新しい形の認定こども園とは，厚生労働省と文部科学省所管の就学前の子どもに関する教育，保育等の総合的提供の推進に関する法律に基づき，保育所と幼稚園の両方の機能をもつ施設である。その他，地域の家庭に対する子育て支援を行っている。認定こども園は利用する機能により，利用条件が異なってくる。

　主に４つのタイプがあり，幼稚園と保育所的機能の両方を合わせ持ち単一の施設として認定こども園の機能を果たす幼保連携型，認可幼稚園が保育所的な機能を備える幼稚園型，認可保育所が幼稚園的な機能を備える保育所型，幼稚園・保育所いずれの認可も

181

第Ⅳ部　児童家庭福祉に関連する施策・機関・サービス

図12-1　認定こども園概要

出所：内閣府「認定こども園概要」。

表12-1　保育所等の定員・利用児童数

|  |  | 保育所等数 | 定員 | 利用児童数 | 定員充足率 |
|---|---|---|---|---|---|
| 平成26年 |  | 24,425か所 | 2,335,724人 | 2,266,813人 | 97.0% |
| 平成27年 |  | 28,783か所 | 2,531,692人 | 2,373,614人 | 93.8% |
|  | 保育所等 | 25,464か所 | 保育所等 2,474,554人 | 保育所等 2,330,658人 |  |
|  | 幼稚園型認定こども園等 | 582か所 | 幼稚園型認定こども園等 25,240人 | 幼稚園型認定こども園等 19,428人 |  |
|  | 地域型保育事業 | 2,737か所 | 地域型保育事業 31,898人 | 地域型保育事業 23,528人 |  |
| 平成28年 |  | 30,859か所 | 2,634,510人 | 2,458,607人 | 93.3% |
|  | 保育所等 | 26,237か所 | 保育所等 2,554,044人 | 保育所等 2,393,988人 |  |
|  | 幼稚園型認定こども園等 | 743か所 | 幼稚園型認定こども園等 31,820人 | 幼稚園型認定こども園等 24,724人 |  |
|  | 地域型保育事業 | 3,879か所 | 地域型保育事業 48,646人 | 地域型保育事業 39,895人 |  |

注：平成26年は，保育所等（幼保連携型認定こども園を含む）のみの数値。
出所：厚生労働省「保育所等関連状況取りまとめ」。

ない地域の教育・保育施設が認定こども園として必要な機能を果たす地方裁量型がある（図12-1参照）。保育所と幼稚園のメリットを活かした施設といえよう。

　認定こども園の数は，急増しており，自治体によっては公立運営の保育所，幼稚園を全園こども園と形を変えているところもある（表12-1参照）。認定こども園制度が始まり，これまでより地域のニーズに応えて幅広く利用しやすい体系となった。

　子どもの育ちを保障する上で，子育て支援を含めた認定こども園に統一していくことが必要なのかもしれない。

　厚生労働省の「保育所等関連状況取りまとめ」によれば，2016（平成28）年4月1日現在，保育所等（保育所及び幼保連携型認定こども園〔2号・3号認定〕）は2万6,237カ所，

第12章　在宅サービスの現状と課題

定員255万人，幼稚園型認定こども園等と地域型保育事業（2号・3号認定）も含めた定員数は263万人である。保育所等を利用する児童の数は239万人を超えている。幼稚園型認定こども園等と地域型保育事業（2号・3号認定）も含めた利用児童数は245万人を超えているが，この取りまとめ結果によると，待機児童数は全国で約2万3,553人と前年度の同調査数の2万3,167人と比較して増加傾向にある。待機児童は社会的問題にもなっており，その対応に苦慮する自治体も多い。少子化が進む一方，経済的理由などで共働きをしている家庭の数は増えている。特に，未満児は定員が埋まっている所が多く，待機児童の8割以上は低年齢児である。また，待機児童は少ない市町村でも他の地域の保育所に通う子どもは少なくない。

### （2）保育環境改善等事業（補助金）

仕事等の社会的な活動と子育て等の家庭生活との両立を支援するとともに子育ての負担を緩和し，安心して子育てができるように環境整備を総合的に推進し，待機児童の解消を助長するために実施されている事業である。認定こども園の設置促進のため，施設整備交付金事業がある。[1]

また，厚生労働省「保育環境改善等事業の実施について」によると，保育所等設置促進事業，病児保育事業（体調不良児対応型）設置促進事業，障害児受け入れ促進事業，分園推進事業，緊急一時預かり推進事業がある。その他，子育て支援センターなど，それぞれの自治体でニーズに合わせて実施しており，共働きが増えている現代社会の子育ての支えとなっている。次に障害児保育と2014（平成26）年4月1日より適用している地域子育て支援拠点事業について説明する。

#### 1）障害児保育

保護者の就労や出産，家族の介護などの理由により保育を必要とする子どもであり，集団で過ごすことができ，毎日通所できる状態ではあるが，発達の遅れや偏りにより特別な配慮が必要な子どもが，健常児の中で一緒に保育を行っている（統合保育）。保育所は受け入れにあたって，人的・物的に受け入れ環境を整えている。入所の判断基準については，各市町村で異なり，自治体によっては，障害児指定園制度をとっている所と市内全園で体制を整えることで受け入れをしている所がある。

また，支援の必要な子どもの人数により決められた割合で加配保育士を置いている所もある。最近では，医療機関に受診していないが，特別な支援や配慮を必要とする子どもが増えており，診断や手帳の有無を問わず，保護者の承諾が得られれば加配保育士をつけることができる所がほとんどである。地域によっては，加配保育士を設けずにクラスの保育士を増員し，全体の中で特別な配慮をしながら保育を行っている所もある。

入所する障害児枠は年々増加傾向にあり，療育機関も定員が埋まっている所も多いため，発達支援が必要な子どもをどの程度保育所で受け入れていくか，保育所集団の中でできる支援は何かを明らかにしていかなければならない。また，保育所もさまざまな子

183

第Ⅳ部　児童家庭福祉に関連する施策・機関・サービス

どもに対応した支援が必要になってきており，地域の状況に応じ，特別な支援が必要な子どもを受け入れるための勉強会も多く行われている。

### 2）地域子育て支援拠点事業

少子化や核家族化により，地域とのつながりが薄くなるなど，「子どもや子育てをめぐる環境が大きく変化する中で，家庭や地域における子育て機能の低下や子育て中の親の孤独感や不安感の増大等に対応するため，地域において子育て親子の交流等を促進する子育て支援拠点の設置を推進することにより，地域の子育て支援機能の充実を図り，子育ての不安感等を緩和し，子どもの健やかな育ちを支援することを目的」（厚生労働省「地域子育て拠点事業実施要綱」）としている。

地域の身近な場に気軽に集い，子育て中の親子の地域交流，不安や悩みを相談できる場を提供している。実施主体は市町村で，子育て家庭の支援活動の企画，調整，実施を専門に担当する職員を配置している。保育所入所前の保護者をサポートするとともに，子どもにとっても楽しい遊び場となっており，地域の子育て力を上げていくためにも今後一層の充実が求められる事業といえる。

### （3）保育所に関わる関連施策

児童福祉法に基づいて設置・運営される児童福祉施設としての認可保育所以外にも，へき地保育所，事業所内保育施設，ベビーホテル，託児所などの認可外保育施設がある。設置には児童福祉法第59条の2による届出が必要とされる。これらの一部は保育所制度の補完的役割を果たすものとしているものもある。以上のように，多様化する保育ニーズに対するさまざまな施策，事業が展開されている。

### （4）少子化と子育ての課題と今後

2016（平成28）年12月に厚生労働省が発表した「2015（平成27）年人口動態統計」によると，女性が一生の間に生む子どもの数（合計特殊出生率）は1.45となり，2014（平成26）年の1.42と比較して若干上昇しているものの，まだ少子化の傾向は解消されていない。

子育てに関しては，社会全体で支援することが大切だが，具体的支援となると，やはり家庭の状況により選択できることが望ましい。子どもを育てることが負担である，大変である，という考え方を助長していくような支援については大きな問題性も潜んでいるといえる。子育ての大変さはあるが，それを越える何事にも代えがたい，楽しく有意義であると親が感じられるような支援が望まれる。また子どもたち自身が，他の子どもがいると楽しい，色々な仲間と一緒に過ごすことができて嬉しい，などと実感できる支援が大切である。

しかし，時として親子の様子を見ていて気にかかることがある。親子が窓の外を走る新幹線を見ながら，楽しそうに会話をしているといったほほえましい光景もあるが，親

184

が子どもにはほとんど目をやらず，スマホの画面に見入っている場面も目に入ってくることである。

　このような現実に出会うと，すべての子どもが，保育の専門家である保育者にあたたかく迎えられて，子どもの発達に配慮された環境で，一定時間保育・教育され集団生活を体験することは，子どものこころのさまざまな欲求を満たし，子どもの成長を促進する時間となるという意味で大切といえよう。国におけるさまざまな施策にもかかわらず，少子化傾向に大きく歯止めがかかっているとは言い難い。児童家庭福祉の観点からみれば，それはとりもなおさず，子ども同士の触れ合いが少なくなる可能性が高くなるということである。

　すなわち子ども同士が，直接ぶつかり合い遊んだりしながら将来大人になった時に必要なこと，たとえば，自己統制力，社会のルール，他人を尊重する気持ち，などを学んだりする機会が減少することでもある。その意味での集団の場，そしてそこでのさまざまな体験は非常に貴重である。さらに現代社会は技術的にも大きな進歩をとげつつあり，良い意味でも悪い意味でも IT 機器等の進歩による情報化が進んでおり，その影響の負の一側面として，他者との触れ合いなくしても物事を進められるため，他者との関わりが少なくなりがちである。

　このような現実を考えると，親だけではなく，親とととともに社会が積極的に子育てに関わることは，児童家庭福祉における「児童の最善の利益」に適うことかもしれない。

## 4　健全育成サービス

　前述したように，児童福祉法第 2 条では，「子どもの最善の利益」の優先という理念が掲げられており，その育成の責任を児童の保護者，国及び地方自治体に課している。そのため，国，地方自治体では多くの施策を策定しており，ここではいくつかの施策を紹介してみたい。

### （1）児童厚生施設（児童館・児童遊園）

　児童福祉法第40条に基づく児童福祉施設の一つで，「児童に健全な遊びを与えて，その健康を増進し，又は情操をゆたかにすること」（児童福祉法第40条）を目的として設置している施設であり，屋内型は児童館，屋外型は児童遊園という。高度成長時期の昭和40年代から60年代にかけて施設は急増したが，平成に入って以降は地域コミュニティにおける施設の位置づけ，児童数減少などの理由から施設利用率も下がり，施設数も横ばい状態となっている。2016（平成28）年10月 1 日現在，児童館は4,637カ所，児童遊園は約2,725カ所となっている。各館，色々な工夫をしながら活動しているが，今後，時代のニーズに応えるべく，国を挙げての設置運営方法の検討も必要となってくるのではないかと思われる。

185

第Ⅳ部　児童家庭福祉に関連する施策・機関・サービス

### （2）児童環境づくり基盤整備事業

「核家族化の進行，児童虐待の増加など，子どもや子育てをめぐる環境の複雑・多様化により，家庭や地域における子育て機能の低下といった問題が生じていることから，安心して子育てができる環境づくりを推進するとともに，次代を担う児童の健全育成を支援することを目的」とする事業である。[3]児童育成のための普及啓発事業，児童健全育成に資する模範的事業，児童福祉の向上に資する各種研修会・連絡会議などがある。

### （3）放課後児童健全育成事業

児童福祉法第6条の3第2項に基づき，「保護者が労働等により，昼間家庭にいないものに，授業の終了後に児童厚生施設等の施設を利用して適切な遊び及び生活の場を与えて，その健全な育成を図る」[4]事業である。全国に2万3,619カ所あり，109万3,085人の児童が登録している。[5]共働き家庭にとっては欠かせない場所であり，登録児童数も増加している。近年では，発達の偏りがある児童も増えているため，障害児に対する支援の勉強会等も積極的に行われている。

### （4）児童手当（子ども手当）

児童手当法に基づき，「家庭等における生活の安定に寄与するとともに，次代の社会を担う児童の健やかな成長に資することを目的」[6]として，日本国内に住所のある0歳から中学校修了前の児童を育てる保護者（監護者）に対し，行政から支給される給付事業である。支給額はその対象となる子どもによって異なるが，所得制限があり，その額を超えると支給停止となる。ただし，その場合でも現時点では特例で月々5,000円の給付がある。

以上いくつかの施策・事業を紹介したが，その中に共通するもので児童の健全な育成のために欠くことができないキーワードが何点かあると思われる。それらは，「健全な遊び場」「安心できる場」「生活安定」である。

まず1つ目のキーワードである「健全な遊び場」を取り上げてみたい。ここで忘れてはならないのは，その遊び場には「その場に相応しい人」，たとえば児童指導員など，が確保されることが必要であるということである。相応しい人がいて，見守り，必要な時は指導ができてこそ，遊び場は「健全な遊び場」「安心できる場」となる。

2つ目のキーワードである「安心できる場」については，非常に残念なことだが，近年は本来安全で安心できるはずの場所，たとえば学校などへ不審者が侵入し，児童が被害者になるような事件も発生している。ここでも地域の「見守り力」ともいうべきものが低下している。具体的には，地域の人々が家の前を掃除し登校する子どもに声をかける，昼間に近所の女性が井戸端会議をしながら子どもの下校する姿を見守るといったような光景がめっきり見られなくなっている。これも現代社会の直面する残念な一面と感じざるを得ない。

186

第12章　在宅サービスの現状と課題

　前述した相応しい人については，正規の職員（たとえば，児童の遊びを指導する者としての児童厚生員）を想定するだけではなく，地域のさまざまな人材を活用することが，今後のあるべき社会を考えた場合，望ましいことでもある。たとえば，特技をもった地域の方々にボランティアをお願いするのも一つの方法で，地域社会全体で児童の育成に関わっていくことが今後，益々期待される。また子どもの安全確保のため見守る役をしていただいている姿を見ると，これも大切な社会貢献といえると思われる。

　次のような例を一つ紹介してみたい。ある地域では，地域の小学生たちがホタルを幼虫から育て，学校の中のみならず地域を流れる川などに放ち，地域の大人たちもそれを見守りつつ，必要なところで応援していき，さらにホタルにまつわる色々なイベントを開催して，その地域の自然保護を図りつつ地域活性化にもつなげるという試みしている。地域の子どもから大人まで巻き込み，しかも「命の貴さ」を小さな生き物を育てつつ，皆が感られるということは現代社会が見失いがちな側面ともいえ，児童の健全育成の観点からも極めて重要な意味をもっている。

　3つ目のキーワードは「生活安定」であり，経済基盤を安定させるための児童手当は，子どもの貧困率が高い日本（第8章参照）では，児童の家庭生活を安定させるための効果が期待できる制度であるが，今後，給付額など社会情勢や経済状況等も考慮しつつ，幅広い見地からその充実を期待したい。

　児童の健全育成の理念は，前述のとおり児童福祉法に記述されているが，この法律のみで児童の健全育成は図れない。母子及び父子並びに寡婦福祉法，母子保健法，児童虐待防止法など，児童に関わる法律のすべてが体系的に結びつきながら，児童を守っていくことで，新しい時代を担う児童を心身共に健やかに育成されるものと考えられる。

## 5　障害児（者）福祉サービス

　障害（身体，知的，精神障害）は社会参加，自立への阻害因子として挙げられている。障害のある児（者）のQOL（生活の質）の向上を図るために各種の社会資源があるが，その資源利用の前提には，それぞれの障害に応じた手帳の取得が必要となる場合が多い。ここでは，さまざまな障害者手帳について，また各支援事業について説明する。

### （1）障害者手帳
#### 1）身体障害者手帳

　身体障害者福祉法第15条に基づき，法別表で定められた身体上の障害がある児（者）に対して，都道府県知事，指定都市または中核市においては，それぞれの長が交付する手帳である。申請には法で定められた指定医師による意見書が必要となる。障害区分は，視覚障害，聴覚または平衡機能障害，音声機能・言語機能またはそしゃく機能障害，肢体不自由，内部障害（心臓，腎臓，呼吸器，膀胱・直腸・小腸，免疫機能，肝機能障害）と

187

第Ⅳ部 児童家庭福祉に関連する施策・機関・サービス

なっている。

障害程度は1級から6級の等級で表され，数字が小さいほど重度となっている。ただし等級は，内部障害では一部の等級が存在しない反面，肢体不自由では7級の等級が存在するなど（7級単独では手帳の交付対象にはならないが，7級が重複する場合は合算等級として6級の手帳の交付対象となる），障害区分の特殊性によって取り扱いが異なっている。障害の消失が認められた場合は手帳の返還義務があり，また状態の悪化等によって障害の重度化が認められるような場合は等級変更を行うことができる。

また1，2級は，重度（特別障害者），3級以下は，中度・軽度（一般障害者）に区別されている。

### 2）療育手帳

「療育手帳制度について」（昭和48年9月27日厚生省事務次官通知厚生省発児第156号）に基づく，療育手帳制度要綱により，知的障害がある児（者）に対して都道府県知事，政令指定都市にあっては，その長が交付する手帳である。手帳の目的は，知的障害児（者）に対して，一貫した指導・相談を行うとともに，各種の援助措置を受けやすくして，知的障害児（者）の福祉の増進に資することとしている。県によって手帳の名称や障害程度表現も異なったりしている。知的障害の定義はIQ（知能指数）70以下だが，手帳の対象は75以下とする県もある。一般的に最重度とはIQ 20以下，重度とはIQ 21から35，中度とはIQ 36〜50，軽度とはIQ 51〜75を指す。また自閉症スペクトラム障害のある児（者）への手帳は交付対象となるのか，話題に挙がることがあるが，知的障害がなければ手帳の交付対象とはなっていない。ただ障害の状態により，精神障害者保健福祉手帳の交付対象となることがある。

療育手帳の障害の判定は，18歳未満は，児童相談所で行われ，18歳以上は更生相談所で行われている。判定は更新時期が定められており，その時期に再判定を受ける必要がある。

### 3）精神障害者保健福祉手帳

精神障害者の福祉向上を図るため，精神保健及び精神障害者福祉に関する法律（以下，精神保健福祉法）が制定されたが，精神障害者保健福祉手帳は，当時はまだ制度もなく法の中にも記述はなかった。精神障害者保健福祉手帳制度ができ，法の中で体系化されたのは，「精神保健福祉法の一部改正に関する法律」からである。

精神障害者保健福祉手帳は精神保健及び精神障害者福祉に関する法律第45条，及び精神障害者保健福祉手帳制度実施要綱（平成7年9月12日健医発第1132号）に基づき，精神障害者に対して都道府県知事が交付する手帳である。精神障害者が一定の精神障害の状態であることを証する手段となり，各方面の協力を得て各種支援策を講じやすくすることにより，精神障害者の自立と社会参加の促進を図ることを主な目的としている。

障害の対象となる疾患については，「精神障害者保健福祉手帳の障害等級の判定基準について」（厚生省〔現・厚生労働省〕保健医療局長通知）で定められており，統合失調症，

躁鬱病, 非定型精神病, てんかん, 中毒精神病 (有機溶剤などの産業化合物, アルコールなどの嗜好品, 麻薬, 覚醒剤, コカイン, 向精神薬などの医薬品), 器質性精神病 (精神遅滞を除く), その他の精神疾患 (発達障害を含み, 精神遅滞を伴うものを除く) となっている。

　申請には医師による診断書が必要で, 申請を受けた都道府県・政令指定都市の精神保健福祉センターが診断書に基づき, 能力障害, 機能障害 (精神疾患) の状態を判定し, 手帳の交付を行う。手帳には２年の有効期限が定められている。


### （2）障害児等療育支援事業

#### 1）事業の概要

「在宅の重症心身障害児 (者), 知的障害児 (者), 身体障害児及び難病患者等の地域における生活を支えるため, 身近な地域で療育指導, 相談等が受けられるよう地域の療育機能体制の整備・充実を図り, もってこれらの療育機能を支援する都道府県域における療育機関との連携により障害児 (者) の福祉の向上を図る」[7] 事業をいう。

　実施主体は都道府県だが, 実施せずに独自の事業を行っているところもある。この事業を障害児 (者) 施設を経営する社会福祉法人等に委託することができることになっている。

#### 2）療育等支援施設事業

① 事業の概要

「在宅障害児 (者) のライフステージに応じた地域での生活を支援するため, 障害児 (者) 施設の有する機能を活用し, 療育, 相談体制の整備・充実を図るとともに, 各種福祉サービスに提供の援助, 調整等を行い, 地域の在宅障害児 (者) 及びその家庭の福祉の向上を図る」[8] 事業で, 在宅支援訪問療育等指導事業, 在宅支援外来療育等指導事業, 地域生活支援事業 (政令指定都市で支援事業を実施している所のみ), 施設支援一般指導事業の４事業を展開している。

　ここでは具体的に, この事業を具体的に活用して成果をあげている実践例の一つを紹介し, 事業を有効に活用するためにはどのような条件が必要かを説明し, 今後, 色々な地域においてこの事業が有効に活用されることが期待されている。

② ある地域における在宅障害児及びその家庭の福祉の向上を目指した取り組み
　　――保育園, 幼稚園, 小学校の連携から生まれた地域療育支援システム

**目　的**　障害があるかもしれない児童等が幼児期から学童期へスムーズに移行できるよう, 児童及び家庭を支援するシステム作りを目的とする。

**方　法**　保育園, 幼稚園, 小学校等が連携・協力等をふかめるために研修会を行う。小学校で年２～３回実施する。前期 (６月) は, 新入学１年生のケースについて, 後期 (２月) は, 次年度入学予定の配慮が必要なケースについて考える。

　事例等を通してテーマに沿った課題を検討する。またグループ討議を行うことで障害の理解を深めるだけでなく, それぞれの立場からの小学校生活におけるよりよい支援の

第Ⅳ部　児童家庭福祉に関連する施策・機関・サービス

工夫を考えられるように，一人ひとりが意見を出し合う。

　研修会の終わりには支援事業担当者からのコメントまた，大学の教員（障害の専門家）からの助言等でまとめをする。研修会を通し，保育園，幼稚園，小学校の職員が寄り添い，お互いが気軽に相談し合える関係もでき，地域の支援体制の強化につながるように配慮する。

　　**具体的な内容**　　ケース児の VTR を参加者全員で確認する。学校担当者より，課題や検討したい内容を説明。6 〜 7 人のグループでテーマに沿って，討論を行う。（例：気に入らないと手が出てしまう子の対応，興味がないと離席してしまう子について，自分の思いを表現できない子について，おしゃべりが止まらない子について……など）。

　グループごとに話し合った結果を発表する。支援事業担当者のコメント，講師より助言を行う。研修会終了後にアンケートを記入し，後日まとめる（次の研修会に活かしていく）。

　　**結　　果**　　この地域では，このような研修会を10年以上続けている。以前は，保育園での支援を学校でも継続していけるとよいが，保育と教育は違うため難しいと言われていた。また，学校側からは保育園で遊んでばかりではなく，学校の準備をしっかりさせてから入学してきてほしいとの声が聞かれたこともあった。しかし，保育と教育の違いはありながらも，同じ子どもに対する支援として，両者で何か工夫してできることはないかという思いの中で，ある小学校の先生と講師として参加していた大学教員とのつながりもあり，この研修会が始まった。

　研修会を重ねるにつれて，その内容にも工夫が凝らされ，研修会の質も高まっていった。平日の業務が概ね終わる時間帯での研修会の設定のため時間的には90分程度しか取れないが，短い時間でのグループディスカッションも中身の濃いものになっている。このことから，それぞれの先生の意識の高さと子どもに対する思いの深さがうかがわれる。「学級担任が一人で抱え込む」のではなく，学年を超えて学校・幼稚園・保育園全体で一人の子を支援していこうとする熱意が毎回感じられる。また，保育園や幼稚園の先生も今まで行ってきたことをどう伝えていけば，子どもたちが無理なく楽しい学校生活が送れるかを考え，情報提供をし，同時に何が子どもにとってよいかを考えている。

　就学前に心配されていた子どもも次の研修会で，小学校の学級担任からスムーズに学校生活を送れるようになっているという報告も聞かれる。それは就学するまでに意識して支援体制を考え，実施してきた結果であると考えられる。

　また，保護者支援についても問題提議されることが多い。社会，家庭，子どもの生活環境等の変化も著しく，年々家庭・地域の子育て力も低下してきているといわれるが，研修会を実施している地域では，比較的地域の子育て力が保たれている。

　本来は，家庭にお願いすべきことも，どこかでサポートが必要な時代に変わってきていることは間違いない。

　障害児等療育支援事業では，「障害のある方もない方も地域で暮らせるような支援を

第12章　在宅サービスの現状と課題

する」ことが前提になっている。地域システムを作るために，専門性，広域性を活かし，確立している支援の隙間を埋める事業として展開している。職種を問わず，多くの関係機関，関係者が出席し，参加者がつながっていくことがこの事業の良い点といえる。

**今後の課題等**　地域によっては，日程調整をした上で多くの機関（保育園，幼稚園，保健センター等）が集まることが困難な場合もあるが，このようなライフステージの切れ目を埋める研修会が今後，色々な所で行われていくことが期待される。今後については，考えた企画・研修会が継続するような条件を整え，維持していくことが大切である。

今回の地域では，中心となっている機関（小学校），それに関係する機関（保育園・幼稚園）の理解と協力，さらに事業展開する支援施設，そして内容的にも参加者・関係者が学ぶことが多いと感じられるよう協力できる機関・あるいは専門家（大学教員）の存在が大きいといえる。

### 3）療育拠点支援事業

「専門的な療育機能を有する総合的な施設が，支援施設と療育機能の連携を図り，在宅障害児（者）及びその家庭に対し，専門的な支援を行う体制の整備・充実を図る[9]」事業を示し，支援を行う上での拠点となっている。実施施設に対し，必要とする講師派遣や支援の調整・まとめ役をしている。事業には施設支援専門指導事業，在宅支援専門療育指導事業がある。

専門性，広域性，連続性のある支援がこの事業の特長である。地域に合った支援，足りない支援を行うことで地域の支援体制を構築する役割を担っている。乳幼児期から学齢期，成人期と各ライフステージのつなぎ目で支援が途切れないようにつないでいく役割もある。また，新しくできた事業所や親子教室などへの支援も行っている。

各地域で支援体制が作られてきているが，その体制では補えない部分や支援が行き届いていない部分の支援をしている事業といえよう。また，都道府県により体制が異なるため，事業の中での柔軟な対応が今後も必要となるだろう。

### 4）その他の福祉サービス

障害児が生まれ育った地域でその子らしく生活するために，子育て環境を整えることで家族の負担軽減を図るとともに，児童が将来自立した生活を送られるように取り組んでいく必要がある。在宅生活を支えるために，以下のような様々なサービスがある。

① 障害児福祉サービス

児童福祉法によるサービスと障害者総合支援法によるサービスがある。

**居宅介護（ホームヘルプ）**　障害者総合支援法によるサービスである。在宅で日常生活を送る心身障害児のいる家庭にホームヘルパーが訪問して，入浴，排泄，食事などの援助や相談，助言を行う。体の成長や医療的ケアなど体の状態等により，保護者のみでは入浴などの介助が難しい場合に，支援することができる。児童にとっても，家族以外の介助に慣れることは将来に向けて必要である。

**障害児通所支援事業（児童発達支援事業等）**　児童福祉法第6条の2の2に基づき，

191

第Ⅳ部　児童家庭福祉に関連する施策・機関・サービス

障害児の在宅生活を支援するための事業である。障害児が施設に通所し，排泄や着脱など日常生活動作の自立に向けての練習や，集団生活におけるコミュニケーション方法や社会のルールを学ぶなど，社会での自立生活に向けての練習を行う。早期療育の考えから，低い年齢から利用する児童も見られる。

　　　**短期入所事業（ショートステイ）**　　　福祉型短期入所と医療型短期入所がある。保護者の疾病や家族の都合などの理由で，家庭において一時的に介護が困難となった身体障害児や知的障害児などを保護者が介護できるようになるまでの短期間，障害児入所施設，医療型障害児入所施設に入所させて必要な介護支援を行う。保護者の介護疲れを予防するレスパイトとしての機能もある。在宅支援が充実する中で，入所施設が少ないため短期入所の枠も少なく，希望通りに利用できないケースも見られる。

　②　自立支援医療（育成医療）

　児童福祉法第4条第2項に基づく障害児（身体障害児・知的障害児・精神障害児）を対象として，「心身の障害の除去・軽減するための医療について，医療費の自己負担額を軽減するための公費負担制度」（『自立支援医療制度の概要』）である。人工関節置換術やペースメーカー埋込術，人工関節などがあげられる。医療費の助成により，治療が受けやすく，暮らしやすくなっている。

　③　補装具及び日常生活用具給付

　障害者総合支援法に基づき，身体障害児（者）の失われた身体機能を補完，代替するための補聴器，車椅子，義手などの装具や特殊寝台，ストーマ用具などの生活用具の購入費の負担軽減を図るための公費負担制度である。日常生活を容易にするとともに，生活環境を整える事もできる。

　④　特別児童扶養手当

　20歳未満で「精神又は身体に障害を有する児童に対し手当を支給することにより，児童の福祉増進を図ること」（厚生労働省「特別児童扶養手当について」）を目的として，児童を家庭で監護，療育している父母等に支給される手当である。本人のために必要なものを購入したり，趣味などを充実させることで豊かな生活が望まれる。

　以上，障害児等に対するいくつかの事業，制度を説明したが，それぞれ事業によって施設入所者は制度対象になっていなかったり，また所得制限や所得階層から自己負担金が設けられていたりして，同じ障害があっても一律的なサービスの提供になっていないものもある。給付に対して制限を設けることに賛否意見の分かれるところであるが，大切なのは必要な時に必要なサービスを如何に円滑に受けることができるか，また提供する体制ができているかであると考えられる。

　障害児への対応も支援の方向は基本的に施設から在宅へと，その比重を大きく移しつつある。本人の要因，本人を取り巻く環境的要因などの諸事情から，簡単にそれはできないが，障害の有無に関係なく，自分の生まれ育った家族と住み慣れた地域の中で暮らしていくことが，より自然であるといえる。そのためには在宅療養支援のみならず，施

設が持つショートステイ，デイサービスなどの機能も充実させながら，在宅，施設支援を体系的に捉えた支援体制の充実が望まれる。

## 6 ひとり親家庭への福祉サービス

ひとり親家庭は年々増加傾向にあるため，児童家庭福祉の観点からもひとり親家庭の生活の安定を図るための経済的支援とひとり親家庭の自立支援が大切であり，ここではそれぞれの法令等に基づいて説明する。

### （1）経済的支援

#### 1）児童扶養手当

児童扶養手当法第1条に基づき，子どもの福祉の増進と安定した生活が送れることを目的として，支給される手当である。子どもを養育するひとり親家庭の父または母が対象である。対象となる子どもが18歳になる3月31日まで支給される。

#### 2）遺族年金

国民年金法第37条，厚生年金保険法第58条に基づき，被保険者等が死亡した場合に残された遺族の生活の安定のために支給される年金の事である。支給をうけるには被保険者の死亡時の年齢や年金の保険料納付要件等を満たす必要がある。

#### 3）母子父子福祉資金貸付制度

母子及び父子並びに寡婦福祉法第13条，第31条の6に基づく制度で，経済的自立を支援するとともに生活意欲を助成するために，修学，就職支度，知識習得などに必要な資金を都道府県，指定都市または中核市から貸付を受けることができる。配偶者のいない母子及び父子家庭で現在，子ども（20歳未満の者）を扶養している者が対象となる。

### （2）自立のための支援

#### 1）住宅対策

ひとり親家庭を支援するために，公営住宅における居住の安定の確保，ひとり親家庭向け賃貸住宅としての空き家の活用の促進，生活困窮者に対する住居確保給付金の支給や，新たな生活場所を求めるひとり親家庭等に対する支援や特別な配慮がされている。このような取り組みが進められることで父または母が一人で子育てをする環境作りの助けになることが期待される。このひとり親家庭等に対する住宅確保支援は，国の「ひとり親家庭・多子世帯等自立応援プロジェクト」（すくすくサポートプロジェクト）の中の一支援として実施されている。

#### 2）生活指導等

児童福祉の観点からいえば，ひとり親家庭に対する支援は，より強力な支援が必要と考えられる。ふたり親家庭に比べて，子どもが一定の年齢に達するまでは子育ての苦労，

第Ⅳ部　児童家庭福祉に関連する施策・機関・サービス

負担等はより大きく，それだけ社会的支援も充実する必要がある。現状では母子家庭の数が父子家庭を大きく上回っているが，包括的対応を検討するためにも，ひとり親家庭という概念がより適切と考えられる。

　同じひとり親家庭でも，父子家庭より母子家庭の方が経済的困窮率も高かったことから，従前，児童扶養手当は母子家庭のみが支給対象とされていたが，制度の見直しによって父子家庭にも支給されるようになった。また，ある市では国が母子家庭に支給している「児童扶養手当」とほぼ同じものを父子家庭にも支給する「児童育成手当」を創設するための条例案を議会に提出することに決定したという。現在の社会経済状況を考慮すれば，きわめて適切で柔軟な対応であり，高く評価できるものである。

## 7　児童自立支援対策

　児童の自立を支援することは，すべての児童に必要なことではあるが，特に問題行動を有する児童や保護を必要とする児童にとって重要である。

　この面で特に大きな権限を持つのが児童相談所であり，近年，虐待問題等を通じて社会的にも注目をされてきており，1997（平成9）年の児童福祉法改正や2000（平成12）年の「児童虐待の防止等に関する法律」などにより，児童相談所の機能強化も進められている。

　児童虐待支援対策にかかわらず，児童（世帯）に関わる自立支援には児童相談所，各市町村児童福祉担当課，保健所等の関係機関の連携が必要となる場合も多い。問題は複雑に絡み合っており，支援には複数の部署で関わることもある。それぞれの部署で密接な連携を取りながら，円滑かつ一貫性のある支援対応が求められる。以下，関係する機関・事業について説明する。

### （1）児童相談所
　児童福祉法に基づき各都道府県及び指定都市が設置する児童福祉サービスの中核となる相談・判定機関で，児童福祉司，児童心理司，医師等が配置されている。

　2016（平成28）年6月3日公布の改正児童福祉法においては，「児童の権利に関する条約」の精神に則り，児童の最善の利益を最優先しつつ児童の健やかな成長を支援する方向性が示された。その点において，児童に対する虐待などは最も緊急性の高い児童問題であり，そのための対応策が児童相談所にも求められた。

　その結果は，たとえば児童相談所で相談にのる職員の質の向上が求められ，チームワークに基づいた問題解決方法のための職員配置が打ち出されたこと，など児童相談所の体制強化に見ることができるであろう。

　さらに問題解決のために，児童相談所の職員だけでなく，学校教員，医師，保健師，など多くの関係機関の職員とのチームワークを重視しつつ，特に児童虐待問題などでは

法律に関する専門的知識を必要なため，「児童相談所における弁護士の配置又はこれに準ずる措置を行うものとする」（児童福祉法第12条３項）と法律に明記された。

### （2）児童虐待対策事業

2000（平成12）年の「児童虐待の防止等に関する法律」は，児童虐待の禁止，早期発見，通告，立入調査等について定めており，第１条にて児童虐待が児童の心身の成長及び人格の形成に重大な影響を与えることを鑑み，児童虐待の防止等に関する施策を促進することを目的として挙げている。

「児童虐待の防止等に関する法律」の改正案が議員提案で国会に提出され，2004（平成16）年４月に成立した。児童虐待の定義の明確化，国及び地方公共団体の責務等の強化，児童虐待の通告義務の範囲の拡大，児童の安全の確認及び安全の確保に万全を期するための規定の整備等が主な内容である。

2015年７月より児童相談所の全国共通ダイヤル（189）が設定され，24時間365日，児童虐待や子育ての相談を受け付けている。虐待相談件数は厚生労働省における，「2015（平成27）年度児童相談所での児童虐待相談対応件数（速報値）」によると，10万3,260件と2014（平成26）年の８万8,931件から大幅な増加を見せており，大きな社会的問題となっている。

また，保護者の児童に対する不適切な関わりが原因で児童養護施設に入所する児童も多く，2015（平成27）年１月に厚生労働省から出された「児童養護施設入所児童等調査結果」（2013〔平成25〕年２月１日現在）を見ると，入所児の59.5％が被虐待経験を持ち，前回の2008（平成20）年２月１日現在の調査結果の53.4％と比べ，増加傾向にあることがわかる。

児童虐待問題は，その緊急度もさることながら，息の長い支援が必要であるのは誰もが認めるところである。しかし，児童相談所側の支援が必ずしも相手の保護者等から素直に受け入れてはもらえるとは限らず，反感，拒否，攻撃と円滑な関係が作れない場合も少なくない。

特に児童の生命の危機に及ぶような事例において，強制的な児童の保護については児童相談所の権限強化だけでなく，警察や家庭裁判所の関与を法的にも強化するなどして，児童相談所は児童及び親に対する相談・治療の役割に集中できるようにするなどといったことも検討していくべきである。この点で2004（平成16）年に児童虐待の防止等に関する法律案，児童福祉法の一部を改正する法律案がそれぞれ成立し，家庭裁判所の関与できる仕組みが導入されたこと，さらに2016（平成28）年，児童福祉法改正により弁護士の関与なども可能になったことは大きな前進である。

児童虐待は被虐待児を施設に入所させ，保護者から分離すれば問題が解決するわけではない。施設入所後の児童の心のケア，今後の生活に関する見通しの評価，対峙している保護者への関わり，関係を構築しながら家族への支援が必要となってくる。

第Ⅳ部　児童家庭福祉に関連する施策・機関・サービス

　児童虐待件数の増加の背景には多くの要因があると思うが，事例を通して感じること
は，親の子育て力も弱くなって育児にストレスを感じて孤立する親も多い。

　このような親を地域で見守るという力も低下していると感じる。核家族が当たり前に
なっている現代において，両親のみで行う子育てを身近で応援する人，育てやすい地域
環境を考えていかなくてはならない。虐待が起きないようにするためには，地域と関係
機関が連携することと気軽に話ができる話し相手，身近で見守ってくれる人の存在が必
要となるだろう。また，若年層の母親も増えており，親グループに子育てのノウハウを
伝える機会，場所も重要であると思う。児童虐待の問題は虐待が起きた際の対応という
視点と同時に，問題が起きないようにする視点，つまり予防的視点が重視されていく必
要があり，この点についても十分な検討が関係機関も含めてなされるべきと考える。

　また，児童虐待問題に対応する児童相談所は，急激に増える児童虐待に対応しきれな
くなっている。そのため，職員数を増やしながら，職員の質も高め，同時に児童相談所
の数を増やしていく提案もされている。児童相談所の職員は日々，児童虐待に深く関わ
り多大のエネルギーを要している。対峙する保護者との関係を作りながら支援する職員
の中には疲弊感を持ち，健康を害する者も少なくない。児童虐待問題を考えるに，職員
の健康を守るということも見逃してはならないと思う。

　今後，児童相談所を核に児童虐待問題にどのように対応するのか，いまだ多くの課題
を抱えているといえよう。児童相談所の役割について再度，検証しながら，市町村等の
担当課や地域の関係機関と協力して，子どもや要支援家庭を支えていく体制整備が必要
であろう。

### （3）民生委員・児童委員・主任児童委員

　民生委員は民生委員法に基づき，国から委嘱された非常勤公務員で児童福祉法に基づ
く児童委員を兼ね，担当地域における住民生活の中で起きる生活困窮相談などのさまざ
まな相談に応じて，地域住民が安心して生活できるよう支援を行ったり，必要に応じ，
行政などの関係する機関を紹介するなど地域と行政を結ぶパイプ役としての役割を担っ
ている。

　児童委員の役割職務は児童福祉法第17条にて，保健，福祉的見地から，児童や妊産婦
の生活及び環境の状況把握をして助言，援助を行い，必要に応じて保健所，福祉事務所
などの関係機関と連携しながら世帯支援を行うものとしている。

　このほか，1994（平成 6）年から新たに区域を担当せず，児童福祉に関する事項に対
して専門的に関わり児童福祉関係機関，区域担当児童委員と協同して相談支援等を行う
主任児童委員が設置されている。主任児童委員は2001（平成13）年の児童福祉法の改正
により，法定化され，社会的問題になっている児童虐待問題や子育て問題への関わり，
役割が期待されている。ある地域では，発達の遅れがある子ども対象の親子教室などの
集まりに主任児童委員が参加し，子どもと遊んでくれている。このように近くに相談に

第12章　在宅サービスの現状と課題

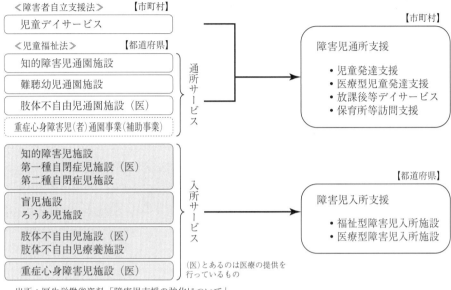

図12-2　障害児施設・事業の一元化　イメージ

出所：厚生労働省資料「障害児支援の強化について」。

のってくれる人がいると知るだけで保護者も安心できる。地域の主任児童委員の存在を知らない者も多いため，子育てをサポートしてくれる一員であると知らせる機会をより多く設ける必要がある。

2016（平成28）年12月1日現在の民生委員・児童委員の委嘱人数は22万9,541人（厚生労働省「平成28年度民生委員・児童委員の一斉改選結果」）となっている。

### （4）児童自立生活援助事業（自立援助ホーム）

児童福祉法第6条の3に基づく事業で，「義務教育を終了した20歳未満の児童であって，児童養護施設等を退所したもの又はその他の都道府県知事が必要と認めたものに対し，これらの者が共同生活を営む住居（自立援助ホーム）において，相談その他の日常生活上の援助，生活指導，就業の支援等を行う」事業である。この事業を利用することで，施設から社会に出る時の不安や負担を減らし，就労や地域生活をスタートさせる準備をすることができる。

2012（平成24）年4月1日の児童福祉法の改正により，障害児の通所施設が障害者総合支援法から児童福祉法に加わることとなった。障害児支援の強化を図るため，障害種別等に分かれていた制度を通所・入所の利用形態別に分ける形で一元化された。（児童発達支援事業，医療型児童発達支援事業，児童発達支援センター，医療型児童発達支援センター）また，就学児の支援として，放課後に過ごす場所としての放課後等デイサービス，保育所等の集団の場に通う児に対し，集団生活への適応のための支援としての保育所等訪問

第Ⅳ部　児童家庭福祉に関連する施策・機関・サービス

支援の創設をしている。

　入所施設についても種別を問わず，福祉型障害児入所施設と医療型障害児入所施設に一元化している。この点については，表10‐4（第10章）と図12‐2も参照いただきたい。

　障害児通所支援を一元化したことにより，制度がわかりやすくなったが，事業所間の格差が出ているように感じる。また，社会福祉法人以外の新規事業所も増えており，支援の正しい理解と実践が必要となっている。特に放課後等デイサービスは高齢者を対象とした事業所や学習塾などを経営する株式会社が開設する所もあり，内容や特長も幅広くなっているである。今後の児童発達支援，放課後等デイサービスの療育支援のあり方については課題が出てきている。

　また，保育所等の集団に所属する児を対象に保育所等訪問支援事業も新設している。個別給付で集団の場で適応していけるような支援の工夫を考えていくための事業である。保護者の一割実費負担が生じている事業のため，利用しづらさはあるが，継続的に支援していくことができるメリットがあるといえる。


**注**

(1)　厚生労働省雇用均等・児童家庭局長「保育環境改善等事業実施要綱」2016年。

(2)　厚生労働省「平成28年社会福祉施設等調査の概況」。

(3)　「平成22年度児童環境づくり基盤整備事業費補助金実施要綱（案）」。

(4)　厚生労働省『『放課後児童健全育成事業について』概要」（厚生労働省HP〔http://www.mhlw.go.jp/sff/seisakunitsuite/bunya/0000027098.html，2018年1月8日アクセス〕）。

(5)　厚生労働省雇用均等・児童家庭局総務課少子化総合対策調べ（2016［平成28］年5月1日現在）。

(6)　内閣府「児童手当」（内閣府HP〔http://www8.cao.go.jp/shoushi/jidouteate/index.html，2018年1月8日アクセス〕）。

(7)　愛知県心身障害者コロニー運用部療育支援課地域療育支援グループ「愛知県障害児等療育支援事業平成27年度のまとめ」（要綱1）2016年，114頁。

(8)　同前書（要綱4(1)①），114頁。

(9)　同前書（要綱4(2)②），117頁。

(10)　厚生労働省「社会的養護等の施設について　6自立支援ホームの概要」（厚生労働省HP〔http://www.mhlw.go.jp/bunya/kodomo/syakaiteki_yougo/01.html，2018年1月8日アクセス〕）。


**参考文献**

厚生労働省監修『厚生労働白書　平成16年版』2004年。

厚生労働省「身体障害者手帳の概要」（http://www.mhlw.go.jp/bunya/shougaihoken/shougaishatechou/dl/gaiyou.pdf，2018年1月8日アクセス）。

厚生労働省「療育手帳制度要綱」『各障害者手帳制度の概要』（http://www.mhlw.go.jp/sff/shingi/2r9852000001vofa.pdf，2018年1月8日アクセス）。

内閣府「認定こども園概要（http://www8.cao.go.jp/shoushi/kodomoen/gaiyou.html, 2018年1月8日アクセス)」「子ども・子育て支援新制度（http://www8.cao.go.jp/shoushi/shinseido/, 2017年1月13日アクセス)」。

日本年金機構「遺族年金（http://www.nenkin.go.jp/service/jukyu/izokunenkin/index.html, 2018年1月8日アクセス)」。

森上史朗・柏女霊峰編『保育用語辞典 第8版』ミネルヴァ書房, 2015年。

## 第13章　社会的養護を支える　施設サービスの現状と課題

### 1　社会的養護の体系

　現代日本において，少子高齢化は極めて大きな課題となっており，少子化対策が色々と講じられている。合計特殊出生率も若干上向いている（2017年は1.44）ものの子ども数の減少に歯止めがかかっているとは言い難い。

　このような中にあっても，養護相談や虐待に関する相談は大幅に増大し，さらに家庭における養護能力の低下，経済的な貧困，社会的孤立などといった社会状況下で，児童の非行，不登校などの問題も発生しており，社会的養護の必要性は一層高まっているといえる。そのため家庭への支援だけでなく，保育園・幼稚園・学校等への支援も必要で，そのためには地域・社会におけるさまざまな社会資源が必要とされている。社会的養護の分野では，社会資源としての児童福祉施設，特に児童養護施設や里親制度等が果たす役割は大きい。

　日本の児童家庭福祉施策の基本は，児童福祉法においても明らかなように，親・保護者が子どもの養育・発達については第一義的責任を有するとしているが，それがなし得ない場合，そのニーズによって国による補完が補充的になされることになっている。

　そのニーズから，児童福祉施設を分類してみると，表10-4（第10章）のようになり，大きく分けてみると以下のようになる。

　① 親が一定の養育責任を果たしている場合，健全育成の視点から児童厚生施設も利用できる。
　② 親が一定の養育責任を果たしつつも，経済的理由や児童自身の障害等の理由により，利用・活用できる施設として保育所や各種通所施設がある。
　③ 親の養育が期待できない場合や子どもの福祉が阻害されている場合には，乳児院や児童養護施設等の入所型施設が利用できる

　これらの点を踏まえた社会的児童養護の体系は，図13-1のとおりである。

　入所型の児童福祉施設は，生活施設ともいわれ，児童が24時間そこで生活をするために生活の全領域に渡ってサービスを提供することとなる。しかも，誕生から施設を出る18歳までの期間過ごすという意味で，児童の成長・発達にとっても極めて大きな影響を与える「居場所」ともいえる。そのため，児童の権利に関する条約第3条にもある通り，

第13章　社会的養護を支える施設サービスの現状と課題

**図13-1**　社会的児童養護体系

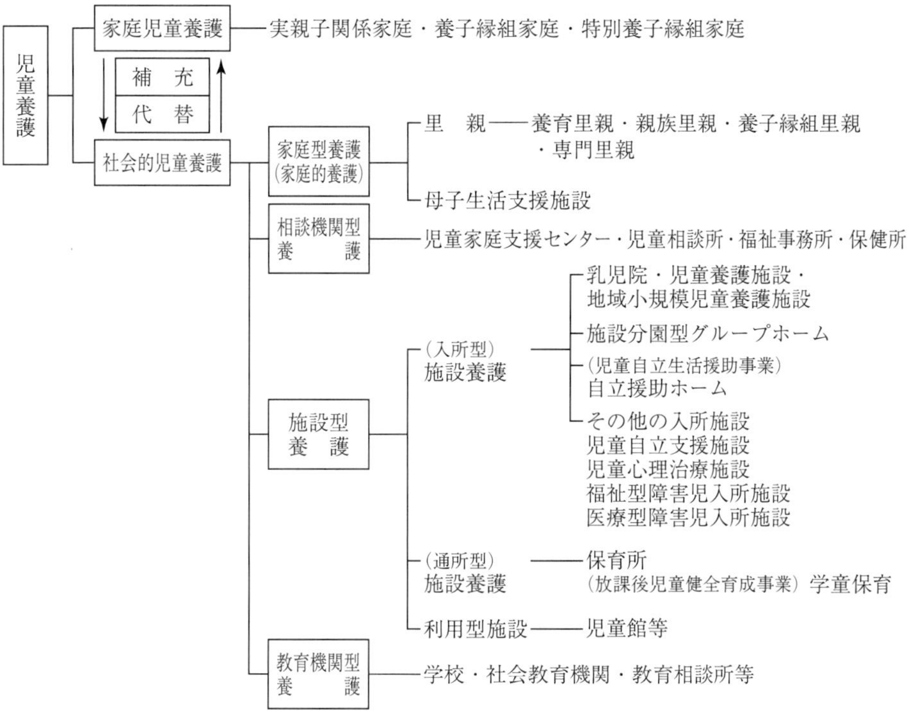

```
児童          家庭児童養護────実親子関係家庭・養子縁組家庭・特別養子縁組家庭
養護                    補　充
                  ↓   代　替  ↑

              社会的児童養護    家庭型養護      里　親──養育里親・親族里親・養子縁組里親
                              （家庭的養護）          ・専門里親

                                              └母子生活支援施設

                              相談機関型
                              養　護────児童家庭支援センター・児童相談所・福祉事務所・保健所

                                                      ┌乳児院・児童養護施設・
                                                      │地域小規模児童養護施設
                                              （入所型）├施設分園型グループホーム
                                              施設養護  │（児童自立生活援助事業）
                                                      │自立援助ホーム
                                                      │その他の入所施設
                              施設型                  │児童自立支援施設
                              養　護                  │児童心理治療施設
                                                      │福祉型障害児入所施設
                                                      └医療型障害児入所施設

                                              （通所型）───保育所
                                              施設養護      （放課後児童健全育成事業）学童保育

                                              利用型施設───児童館等

                              教育機関型
                              養　護────学校・社会教育機関・教育相談所等
```

資料：『児童養護への招待〔改訂版〕』ミネルヴァ書房，竹中哲夫試案（1999）を一部修正。
出所：加藤俊二編著『現代児童福祉論 第2版』ミネルヴァ書房，2008年，226頁，厚生労働省ホームページ
　　を基に，筆者一部修正。

　「子どもの最善の利益」を保障することを常に念頭に置き，物理的環境面でも，職員の
対応面でも配慮が必要とされる。

　施設の基準の見直しもなされ，職員配置面でも改善が見られるが，施設入所してくる
児童の多くが，多くの課題，具体的には障害があったり，虐待を受けてきたりしている
ために，その対応には，集団的な支援ばかりでなく，個別的支援が強く求められる。個
別的支援では，家庭により近い養育環境が保障可能な里親や小規模住居型児童養育事業
（ファミリーホーム）などが充実される方向にある。

　それでは既存の入所型施設が不要かといえば，必ずしもそのようにはいえない現実も
ある。実際には，里親の下で上手く適応ができなかった子どもが施設に戻ったり，施設
がレスパイトケア事業によって一時的に子どもを預かったりしている現実があり，施設
と里親が相互に協力しながら，連携して児童の養育にあたることがより現実的といえる。

　つまり，より家庭に近い養育環境の整備は重要であるが，同時に入所型施設などによ
る社会的養護の視点も欠くことはできない。筆者の体験からではあるが，レスパイトケ
アを利用する里親の中には，困難な児童への対応で，気持ちの面で疲れているケースも
ある。そのため，このようなサービスの利用と同時に，里親と施設職員が養育の悩みを
互いに話し合ったり，養育者同士だからこそわかる部分を分かち合ったりして，お互い

201

第Ⅳ部　児童家庭福祉に関連する施策・機関・サービス

に「また頑張りましょう」という気持ちになれるような場を設けることも大切である。里親が増えれば入所型施設が必要でなくなるという単純な関係ではなく，お互いの存在が，お互いの役割効果を高めるような協力・連携が求められているのである。

　子育て短期支援事業としてショートステイ，トワイライトステイを行っている施設もあるように，今ある施設機能を幅広く，より有効に活用する視点も忘れてはならない。

　一方で，通所型・利用型児童福祉施設についていえば，子どもの生活の基盤は家庭にあるものの，少子高齢化，核家族化等が進行する現代の家庭環境・家族状況を考慮すると，必要に応じて保育や療育サービス，その他の相談サービスを提供することで児童の健全育成の上で果たすべき役割は極めて大きいといえる。この点については，第12章で詳しく説明されている。

## 2　保護を要する子どものための施設サービス

　ここでは，主に児童養護施設における施設サービスについて述べる。理由の一つは，保育者を目指す学生にとっての保育実習（施設）は圧倒的に児童養護施設で行われることが多いからである。そこで本節においては，初めに児童養護施設における役割・機能に触れた上で，実際に児童養護施設について学ぶ実習生を念頭におき，施設実習の解説をしながら，児童養護施設の現状と課題を解説する。なお，他の施設サービス（乳児院，児童心理治療施設，児童自立支援施設，母子生活支援施設，児童自立生活援助事業等）については，表10－4（第10章）を参照いただきたい。

### （1）児童養護施設の役割と機能

　児童養護施設は，児童福祉法第41条に「保護者のない児童（乳児を除く。ただし，安定した生活環境の確保その他の理由により特に必要のある場合には，乳児を含む。以下のこの条において同じ。），虐待されている児童やその他環境上養護を要する児童を入所させて，これを養護し，あわせて退所した者に対する相談その他の自立のための援助を行うことを目的とする施設」とある。

　入所した「児童に対して，安定した生活環境を整えるとともに，生活指導，学習指導，家庭環境の調整等を行いつつ児童を養育することにより，児童の心身の健やかな成長とその自立を支援することを目的として行う」（「児童養護施設運営指針」「3. 児童養護施設の役割と理念」）のである。

　児童養護施設には，概ね2歳から18歳までの子どもが，上記のような諸事情により親と離れて暮らしているが，最近では被虐待児や発達障害児の入所も増加しており，職員の高い専門性が必要となっている。現場の職員からみて社会的養護を必要とする子どもを受け入れ，課題の早期発見・早期対応につとめる必要があると考える。特に，施設を退所した後，社会に適応していける生活力を身に付けてもらうために，必要とされる環

202

境を整えることが重要といえる。そのためには，まずは日々の生活場面での支援を充実させること，他機関と連携して子ども自身が抱えている課題を解決すること，親子関係を含む子どもを取り巻く家庭環境面での課題を解決していくことなどが，職員の果たすべき重要な役割であると考えている。

さらに，子どもができる限り家庭的な環境で，少人数での安定した人間関係の下で暮らせるように，児童養護施設においてもケア単位の小規模化やグループホーム化などを進めることも必要といえる。

### （2）施設実習から学ぶ児童家庭福祉

実習担当をしていて，実習生から実際によく聞かれること，筆者が毎回伝えている事を中心に説明をする。他の施設で実習する場合にも参考になるのではないかと考える。

#### 1）実習に臨むにあたって

大学等でできる実習に向けた一番の準備は，授業，特に児童家庭福祉や社会的養護の授業を真面目に受ける事である。大学等で学んだことを実際に行うのが実習であるため，そこでの学びが大きい学生はそれだけ良い実習ができる。授業と実習は別物ではなく，大学等の授業で学んだ手遊び，絵本の読み聞かせ等も含めて，どんどん実習の中で出していけばよいのである。

#### 2）事前訪問で話すこと

施設実習に対する不安は，具体的にイメージがわかない部分が割合として高いと思われる。幼稚園や保育所は自分が通っていたり，身近に建物があったり，保育士の仕事内容にしてもイメージできる学生が多いと思う。その一方で施設は，幼稚園・保育所と比べれば圧倒的に数が少ないため，仕事内容についてもわからないことが多いといえる。

施設の保育士は，幼稚園・保育所の先生と言うよりも両親のイメージに近いこと，モデルとなる人は施設の保育士だけと思わなくても，両親・祖父母や自身が好ましい関わりを持って来た大人をモデルにした方が自然である。

施設実習を通じて，自分はどのような保育士になりたいのか，子どもにどのような関わりをしたいのか，関わりを通じて子どもに何を伝えたいのか，そのようなことの気づきの場としても施設実習を活用してもらえると意欲向上にもつながるのではないかと考えている。

最近は虐待について話題になることが多いが，第一発見者は幼稚園・保育所・学校の先生であることが多いと思われる。その時にこの施設実習を通じて，施設で救われる命もあること，子ども達がいつも過去を思い暗く生きているのではなく，笑顔もあり元気に暮らしている部分もあることに気づいてほしい。また，いつか学生自身が保育者となり虐待の第一発見者となった際に，児童相談所等の関係機関に連絡することになり，子どもは施設に入ることになるかもしれない。ただ実習で，施設に対して正しい理解ができ，肯定的な印象を持てたのであれば，自分の行動が親子を引き放すことになるのではないかという気持ちの上での負担も減るかと思う。そのようなことも思いながら，施設

203

第Ⅳ部　児童家庭福祉に関連する施策・機関・サービス

は実習生を受け入れているのである。

　実習の最初は，子どもたちに対する先入観なしで関わってみるとよい。思春期の中高生は「話したがらないのではないか不安」だという話がよく出る。ただ，実際には実習生との会話を楽しみにしている中高生もいる。要は実習生自身が，心の壁を子どもに対して作っているのだと思われる。中高生も1人になりたければ，あえて実習生の所へは行かず，自分の部屋等にいるであろうし，話しかけても相槌もそこそこに話を切り上げると思われる。そうしたら，それ以上話しかける必要もない。あまり気にしないことが大切である。

　子どもへの関わり方には色々な方法がある。1つのやり方だけが正解ということはなく，まして職員の関わり方だけが正しいという事もない。まず，自分が目標にしている関わりを大切にして，一番良いと思う関わり方をしてみる。その上で職員から助言をもらうと良い。

　実習生でも，頷きながら話を聞いてくれる人は，とても話しやすい。今の時点では無意識にやっているかもしれないが，実習を終えた時に意識的にこれができれば，それは保育士としての力量が向上したともいえる。

　事前訪問の前に，質問事項を書き出しておくことも大切である。そうすれば緊張していても聞きたいことが聞けるし，施設側の職員にその質問事項を見られたところで，積極的と評価される事はあっても消極的とは思われにくい。また，施設側の職員の説明で，聞きたいことはすべて聞けたとしても，「質問ないですか」と問われた時に，「質問事項は準備してきましたが，すべて今の説明でわかりました」と回答し，必要に応じて，その用紙を見せれば，質問がないから消極的と評価されることもないと思われる。ただし，説明してくれたことを，再度聞き直すことのないように注意することが大切である。

### 3）実習初日によく話す事・聞かれる事

　実習に参加したということは，やる気の証といえる。気負い過ぎは良くないので，自然体で臨むことが大切である。「子どもたちの中に何と言って入ればよいか」などの質問もあるが，新しい環境に一歩踏み込む事に対しては，誰でも不安や緊張を感じるのが自然である。何人かのグループで実習に来て，何日泊まるかも決まっている実習生ですら施設で生活することに不安を感じるのである。一方，施設に入所する子どもたちは，ある日突然，何の心の準備もなく，児童相談所の人と会い，「今から施設に行きます」と言われ，施設に着いたらまた，知らない大人（職員）から，「今日からよろしくね」と挨拶を受ける。いつまでその施設にいるのか，これからどうなるかも十分理解できないまま初日の生活がスタートしていたとすれば，子どもたちがどんなに不安な気持ちでいるのか，実習生も実習初日の自分の体験を通して理解してほしい。

　実習生と話をしていると，実習での課題については色々と話をしてくれる。もちろん課題を見つめることも大切であるが，それと同じように，自分のできたこと，挑戦したことなどに目を向けることも大切である。実習において自分にもできたという経験を積

第13章　社会的養護を支える施設サービスの現状と課題

み重ねることが実習の大きな成果でもあり，自分の将来の職業選択にもつながるのである。

　「子どもにどう話しかければよいのか」という質問もよく耳にする。話のきっかけとして施設の日課やどこに何を置いておくのか等，生活に関わることを子どもに聞いてみるとよい。それによって子どもとの距離が近づくこともある。次に，実習生に関わりを求めてくる子どもについては，まずはその子どもとの関わりを大切にしてみたい。実習生がその子どもと楽しそうに関わっている姿を見て，その輪の中に入りたくなる子どもも実際のところ多いのである。

　実習でよくいわれることが，「積極的に子ども達と関わるように」ということである。ただ実習生は，実習の最初の時期は，施設がどのような所か，どのような日課で１日が過ぎていくのか，どんな子どもがいるのか，などを知りたいということで，消極的になることが多いように見受けられる。実習の目標として「積極的に関わりを持ちたい」と思う場合には，最初の段階では，無理をせず，まずは子どもの様子や施設の雰囲気を理解するための「見守る」時間があっても当然といえる。しかし，子どもの名前はできるだけ早く覚え，使うように心がけていきたい。

　次に「試し行動については，どう対応したら良いですか」と聞かれることも多い。子どもに話しかけると「うざい」という言葉が返ってくることがある。子どもから「きもい」「バカ」等言われて，どうしてよいかわからないという感想もよく耳にする。まずは「動じない」ことが大切である。次に，子どもたちが何故そのような言葉を投げかけてくるのか考えてみるとよい。その答えは，実習生に興味・関心があるからであり，そのため，そのような言葉を投げかけてくるのである。無関心であれば声もかけてもこないのである。子どもたちの実習生への関わり方は間違っているかもしれないが，声をかけてきた気持ちには応えていきたいものである。次に会った時，その子どもが普通に話しかけてきてくれることがある。これは，前の対応が良かった証拠ともいえる。一方で，子どもの間違った言葉遣いに対しては，間違っていると教えることが大切である。

　試し行動での児童の言葉遣いについては，語彙の少なさからそういうことを言ったりする場合もあれば，刺激の強い言葉を使って興味・関心を引いたりするという場合もある。この点で，大切なことは何故小さな子どもがこのような言葉を知っているのかである。一般的には，その子どもが過去から現在まで，そういう言葉が飛び交う環境で生活をしていたことがあると考えるのが自然である。だとすれば，そのような子どもの置かれていた環境を変えていくように努力することも職員にとっては大切といえる。

　「子どもたちと上手く関わりが持てません。どうしたらよいでしょうか」と聞かれこともある。まずは，その場にいて同じ空間で子どもと過ごすことが大切である。子どものいる場に実習生がいないことには，子どもとの関わりもない，上手く関わるためのきっかけもない。どうしても困った時には，子どもと関わるためのきっかけづくりの助言を職員に求めることが大切である。

　「どこまで子どもに関わっていくのがよいのかわからない」という質問もよくある。

205

第Ⅳ部　児童家庭福祉に関連する施策・機関・サービス

その際には，自分で決断して，よいと思う方法で関わってみることが大切である。どうしてもわからなければ，「どう関わっていいのかわかりません」と職員に聞いてみることを決断するのである。実習は「実践の場」である。判断のすべてを職員に委ねるのでなく，主体的に判断して，どうしてもわからない点を聞いてみるとよい。また，子どもに対しても同じで，子どもが自分でやりたいと思うことは施設の規則に反していない限り，どしどし子どもに挑戦させてもよい。たとえば幼児が靴を自分で履く，ボタンを自分で外す，ご飯を箸で食べる等，もしうまくいかなくても自分でやろうとしている限りは，「手をかける」のではなく，「目をかける」感覚が大切である。上手くいかなくても挑戦したことを褒めるとよい。

#### 4）実習半ばでよく話す事・聞く事

「なぜ保育士になろうと思ったのですか？」は，実習中の半ばぐらいの時期に，筆者がよく尋ねる質問である。体力的にも気持ち的にも疲れや緩みが出てくる時期であるが，そんな時には保育士になろうと思った気持ちを思い出してほしいと考えて，こう尋ねることにしている。自分の初心こそが自分の支え，実習の支えにもなるのである。

専門性を深めるためには職員に自分の感想，考えを話してみるとよい。実習半ばになってくると，子どもとの関わりにはだいぶ慣れてくる。そんな時，子どもと「話ができて良かった」で終わるか，児童養護施設における支援の専門性にまで踏み込むことができるかは，この時期の気持ちの持ち方次第だともいえる。自分の考えを職員に話してみるとよい。そうすると，子どもが持つ特徴，課題等に気が付けるようなやりとりができると思われる。そのやりとりができると大学等で学んだことと実習がつながっていると実感できることが多くなってくる。職員と話す機会を実習後半に意識的に多くもつようにすると学びが多く，専門性の向上にもつながると思われる。

先に積極性について言及したが，それは，子どもと関わる時だけのことではない。実習生が部屋に帰ってから他の実習生と子どもの様子をお互い話し合ったり，作業の内容を確認し合ったりすることがあるかと思われるが，実習時間外の時間までそういう話をしている姿勢が実習に対して積極的だということである。また，部屋での話の内容が深まってくると，将来，現場で仕事をする時にも役に立つのである。これを社会人になってからも続ければ，他の職員とも良い関係が取れることとなる。この意味でも，実習は社会人への第一歩ということができる。

#### 5）実習中によく聞かれる事

ここでは，実際の雰囲気を出すために質疑応答形式で，この点について，以下，紹介する。

* 「子ども達と遊んでばかりで良かったでしょうか？」
  ⇒良い。時間が許すのであれば大いに遊ぼう。施設に来る子どもたちはそういう時間が少なかったと思う。職員に一声かけて沢山遊ぼう。
* 「Ａ職員から掃除を頼まれたからやっていると，Ｂ職員から洗濯物を頼まれて困りま

した」

⇒これについては，B職員から声をかけられた時に「Aさんから掃除を頼まれてやっていまいますが，どうしたらいいでしょうか？」とB職員に聞けばよい。

- 「子どもが間違ったことをしていて声をかけたが，言うことを聞いてくれない。どうしたら良いのでしょうか？」

⇒困ったら職員に声をかければよい。放っておくとトラブルにつながるし，それは結局，見て見ない振りをしたという事になる。余計にエスカレートするかもしれない。

- 「2人同時に遊ぼうと声をかけてきた。どうしたら良いのでしょうか？」

⇒1人ずつ時間を区切って遊ぶもよし，2人に対して全然違う遊びを提案して3人で遊ぶもよし，周りを巻き込んで集団遊びに持っていくのもよい。

- 「職員が忙しそうで声をかけられない。」

⇒職員は学生がよい実習になるようにお手伝いしたい気持ちを持っている。遠慮なく声をかけてほしい。そして社会人になった時には学生の声かけに気持ちよく応じてほしい。職員も忙しくて対応できない時には，その事を伝え，後程，対応するはずである。

- 「他の学生は上手くやっているのに私はできない。」

⇒実習生同士が，お互いを比較するのではなく，認め合うことが大切。自分にないものを相手が持っているのなら困った時に助けてもらうくらいの気持ちでよいと思う。この言葉が出る時には，自分をマイナス評価しがちな時。職員に助言を求めると良い。

- 「色々なことが思うようにいかない。」

⇒思い通りにいかないのが当たり前。人の気持ちは思い通りになるものではない。あと，実習で100点満点を目指すと大変である。

- 「子どもと関わる時間があまりなかったです。」

⇒勤務の組み方次第で，そういう日もあることを理解しよう。また，施設が家庭の代替機能を持っている点を考えると，掃除・洗濯等の作業も実習の大切な一部だとわかるはずだ。

- 「学校で学んだことと違います。良いのでしょうか？」

⇒正解は1つだけではない。学んだものと違うから，自分の価値観と合わないから間違っていると考えるのでは，あまりに視野が狭い。自分が思いもつかなかった考え方にたくさん出会ってみよう。その柔軟性が子どもの理解には必要である。沢山の子どもの言動に立ち合ってみよう。子どもがどう伝えたら理解してくれるか色々と関わり方を試してみよう。

- 「思うように注意ができないです。どうしたら良いのでしょうか？」

⇒注意する，叱るという感覚ではなく，教える，伝える感覚でよいと思う。

子どもは知らない事，経験したことがないことも沢山ある。自分たちが知っている

経験・知識・知恵を伝えるよい機会と思ってくれればよいと思う。気づいてほしいのは，結果的には上手くいかなかったと思えるかもしれないが，自分なりの課題に向き合っていたからこそ出た言葉だということである。この経験が養育者になった時に，どんな子どもに育って欲しいかという自身の想いの形成につながる。この経験が今後の自分の支えになる。

### 6）実習最終日によく話すこと

前述した「どんな保育士になりたいですか？」という質問に対する答えは実にさまざまである。実習においては，ある意味で同じことを学んでいるはずの仲間であるにもかかわらず，その答えが違うことに気づくのである。大切なことは，どの実習生の答えも，話す内容も，それぞれ違っていてよいことを理解することである。就職して施設現場に立てば，価値観・世界観が違う職員同士が，一人の子どもを連携しながら協力して育てていくのである。

施設で受けた評価については，自分の適性等を考える上での参考にしてもらうのは大切であるが，一番大切なことは，実習後も自分が本当に保育士になりたいかどうかということを振り返ることである。

実習生は自分の感性を大切にしたい。子どもの様子が「今日はなんかちょっと違うな」と感じたら「何かあった？」と声をかけてみるのがよい。子どもは実習生が「自分のことを気にかけてくれているんだ」とわかる。

### 7）おわりに

保育士とは養育のプロであり，心理士や精神科医は心の分析のプロである。役割が違うのである。違った職種のものが，お互いに相手の役割を認め合いながら一貫した対応を取れることが，子どもへの対応において一番効果的であるといえる。職員は，熱い気持ちと冷静・客観的な考えとのバランスを保つことが大切といえる。また，実習においては，その人のこれまでの生き様が子どもとの関わりの際に出やすいので，この機会に，自分自身の過去を振り返ってみて，将来に活かすことが大切である。一方，子どもは間違いを繰り返しながらも成長していくものであり，子どもに関するどのような事実でも否定することなく受け止めることが大切であり，最終的には，子どもの可能性を信じられることこそプロの資質ともいえる。

筆者が現場で一緒に仕事をしていて一番心強かったのは，子どもに一生懸命関わりを持とうとする人たちであった。

現在児童に対する職員配置は施設最低基準により4対1となっているが，まだまだ職員不足は深刻である。その一方で，すべてを行政的な問題にするだけでなく，児童に対する指導を改善するためには施設・施設職員は何ができるのかと考え，主体的に動くことも大切であるといえる。また最近は被虐待児に加えて発達障害児の入所も増加しており，職員の対応技術の向上のためにも専門的な職員研修のより一層の充実が望まれる。

第13章　社会的養護を支える施設サービスの現状と課題

## 3　児童虐待問題と施設サービス

　児童虐待は特別なことではなく，私たちが普段生活しているすぐ近くでも起きる可能性があるということである。虐待の原因は色々とあるが，どの家庭でも起こりうるという認識が大切である。それゆえ，幼稚園・保育所・子ども園・学校等で子どもに関わる仕事に就いていれば，恐らく一度は経験する可能性があると考え，それに対する心構えを常日頃から持っている必要がある。

　身体的虐待は，他の虐待に比べて把握できる可能性が高い。把握後の対応の早さが大切といえる。ネグレクトは，子どもの日常生活をどれだけ把握しているか，子どもとのやりとりを普段どれだけしているかが問われる。子どもの変化に気づくことができるかがポイントであり，観察力が大切である。性的虐待については，事実をどう把握するかが大切であり，子どもが深い心身の傷を負っている分だけ，子どももそのことについては話しにくいため，話をしてもらえるような信頼関係の構築が必要である。

　以上３つの虐待は，事実を把握すれば関係者の共通見解の下での一貫した対応は取りやすいと考えられる。

　一方，心理的虐待は，把握した後でも関係者の見解が分かれやすい。そのため関係者が共通理解を持つことができるかがポイントといえる。職員自身が的確に説明できる力が弱ければ弱い程，共通理解を図るのが難しくなる。

　職員・援助者の価値観・世界観の違いをお互いに認めながら，「子どもの最善の利益」を考えて支援方針を立てていくことが大切である。子どもの言うことを職員が十分に理解すると同時に，親との面談で何をつかみ取ることができるかで支援方針は変わってくる。

　ここではまず，前述した児童相談所における児童虐待対応件数（図7-1〔第7章〕）を見返していただきたい。児童虐待相談対応件数が年を追って増えているのは，第7章でも解説した通りである。

　ただ，この数字の内容をどう判断するかも重要である。虐待相談件数が増加しているから虐待という行為自体が増えているのか，数字的には増加しているが，虐待の定義の変更によるものか，啓発活動の効果等が出ているのか，今まで「発見」されなかったものが「発見」されるようになったのか，それとも，もっと別の要因があるのか，そのような事も考えながら，この数字をみていく必要がある。

　このことは日々の子どもとの関わりについても同様のことがいえる。問題行動があれば，それはなぜなのかを考えつつ，できるだけ早く対応し，改善策を考えることが必要である。自分だけで対応できなければ，周りに助言を求めることも必要である。一人で頑張っているうちに時間が経過すると，問題はもっと深刻になりやすく，深刻になるほど大変な労力が必要になるのである。その結果，子ども自身は勿論のこと，当人と関係

209

第Ⅳ部　児童家庭福祉に関連する施策・機関・サービス

する人々も疲弊する。本来なら子どもの支援に使える時間が，その他の事後処理などに追われることにもなる。

さらに大切なことは粘り強い，継続的な関わりである。児童養護施設は概ね2歳から18歳までの子どもが利用している。入所から退所まで，一貫した継続的指導をし，子どもに寄り添うことができれば，必ず成果は生まれてくる。

職員の熱い気持ちと冷静な考えとのバランスに基づき，子どもの可能性を信じながら，あきらめないで関わりを持ち，指導することが，課題克服・問題解決の鍵だとも考えられるのである。

## 4 障害児（者）のための施設サービス

### （1）障害児施設

2012（平成24）年4月1日児童福祉法の改正により，児童の通所施設の根拠法に障害者総合支援法だけでなく児童福祉法に加わることとなった。障害児支援の強化を図るため，障害種別等に分かれていた制度を通所・入所の利用形態の別により一元化している。入所施設についても，種別を問わず福祉型障害児入所施設と医療型障害児入所施設に統合されている。詳細については，第12章第7節を参考にしていただきたい。

### （2）障害者支援施設

障害者支援施設については，障害者総合支援法（「障害者の日常生活及び社会生活を総合的に支援するための法律」）に規定がある。「障害者の日常生活及び社会生活を総合的に支援するための法律に基づく障害者支援施設の設備及び運営に関する基準」を見ると，第3条には「障害者支援施設は，利用者の意向，適性，障害の特性その他の事情を踏まえた計画…（中略）…を作成し，これに基づき利用者に対して施設障害福祉サービスを提供するとともに，その効果について継続的な評価を実施することその他の措置を講ずることにより利用者に対して適切かつ効果的に施設障害福祉サービスを提供しなければならない」とあり，さらに第9条第1項第1号に「生活介護，自立訓練（機能訓練）…（中略）…，自立訓練（生活訓練）…（中略）…，就労移行支援及び就労継続支援B型」とサービス内容に関する規定がある。

もう少し具体的に説明すると，障害者に対して，夜間から早朝にかけて，食事，排泄，入浴等の施設入所支援（サービス）を行い，日中支援（サービス）では，上記にあるような生活介護，自立訓練（機能回復），自立訓練（生活訓練），就労移行支援等を行う，ということになる。

以前は，身体障害，知的障害，精神障害，発達障害など障害種別にサービスが提供されていたものが，2006年の障害者自立支援法により「施設入所支援」と呼ばれるサービ

210

第13章　社会的養護を支える施設サービスの現状と課題

スに統合化された。このサービスを提供する入所型施設の多くは，知的障害者更生施設（旧・知的障害者福祉法による施設）や身体障害者療護施設（旧・身体障害者福祉法による施設）と呼ばれていた入所型施設から移行したものである。

## 5　医療現場における児童家庭福祉サービス

### （1）入所児童が医療機関を受診する際の注意点

　施設入所児の医療機関への受診については，家庭生活を送る児童の受診と同様，身体諸症状があり，医学的な診断・処置が必要と思われたら速やかに受診することが大切である。ただし，医療機関に受診しても，医師からは，「検査をしたが特に異常は見当たらない」と言われ，原因がわからないまま，経過観察をするという場合もある。このように，特に異常がないのにもかかわらず，体の不調を訴えてくる場合は，その原因が何であるのか施設職員は他の職員の意見も聞きながら，施設全体で考えていく必要がある。

　子どもの中には，周りの者と円滑な関係が作れず，また自分の思いを言葉で表現（言語化）することが苦手な者や愛着形成に課題を抱える者もいる。このような子どもは，無意識のうちに「身体症状」を訴えるという形で，職員との関わりを求めてくる場合もあるので注意しておきたい。

　受診をどうしたらよいのか判断に迷う場合，症状の裏に重篤な疾患が隠れている場合もあるため，医学的な専門知識を持ち合わせていない保育士，児童指導員は安易に結果を出さず，まずは医療的な判断をするためにも受診を心がけたい。受診の必要性がないと判断した場合は，その根拠を説明できることが必要である。保護者との信頼関係を築く上でも，きちんと説明できることが大切である。

　いずれにしても施設職員は，日頃から子どもに寄り添い，子どもの心身の状態を注意深く観察しておくことが重要である。

### （2）医療機関受診を通して見えてくるもの

　受診に際して重要なことは，子どもの状態に対する適切な評価である。特に被虐待児の場合は，本来，庇護してくれるべき，信頼する大人（親）から虐待を受けたことで，大人（親）への不信感が芽生えていると同時に，受けた虐待の程度がひどければ，心的外傷という大きな心の傷を負うことになる。そのような状況で，受診した子どもにケガの原因（明らかに他者による故意によってできたと思われるケガ）を聞いても「ブランコから落ちた」とか，「遊んでいて転んだ」などと答え，虐待をした大人（親）を庇う説明をする場合がある。しかしながら注意深く観察していると，幼心にも絶対的信頼を与えてくれるはずの大人（親）から暴力を受けたという事実への隠しきれない不安と戸惑いを，子どもの表情・態度などに垣間見ることがある。

　このように受診前には，デリケートな子どもの気持に配慮しながら，観察評価する

211

第Ⅳ部　児童家庭福祉に関連する施策・機関・サービス

必要がある。これらの評価は児童相談所の児童福祉司，児童心理司などの関係者とも協力して多方面から行い，その結果を基にした支援が必要となる。受診後は，より一貫性のある継続的な支援を行うため，医療機関のケースワーカーの関わりも重要となってくる。

　治療効果を少しでも高めるためには，児童の受診について，施設職員なども含め周囲の大人たちから，肯定的な理解を得ることができるかどうかが大きなポイントとなる。外科的・内科的治療のように，医師が患者との治療を基にして病気から子どもを回復させるだけではなく，子どもを取り巻く大人たちが医師や心理士の助けを基に正しい理解をした上で，日々の生活の中での関わりを持ち続けることで効果が生まれてくると思われるからである。

　そういう意味では，施設側も専門家の意見等を参考にして，子どもたちとの関わり方を見直すことも必要な場合がある。専門家の意見を職員集団にどう伝え，そのように理解してもらい，これまでの関わり方を変えていくのかがとても大きな課題でもある。子どもたちを取り巻く環境や抱える問題は日々変化しており，従前のやり方だけに固執せず，自分たちの知らない視点も受け入れる柔軟な意識を持つことが大切である。そして医師・心理士など周囲の意見を真摯に受け止め，自分たちが持っている知識は整理し直すことも必要である。

　受診する際，施設職員は病院への行き帰りの時間も大切にしたい。子どもと1対1で向き合う時間が持てるという意味で，この時間はとても意義深い時間にもすることができる。普段の生活の中で，通院時に得られるような長時間の1対1の時間を作り出す事は難しいからである。

　そして何より，受診を通じて子ども自身が自己を肯定的に捉えることができるようにすることは，児童家庭福祉にもつながるものである。


**参考文献**

加藤俊二編著『現代児童福祉論　第2版』ミネルヴァ書房，2008年。

厚生統計協会『国民の福祉と介護の動向　2015/2016』2015年。

『児童福祉六法　平成28年版』中央法規出版，2016年。

<table>
<tr><td>第14章</td><td>事例で見る児童家庭福祉サービス</td></tr>
</table>

## 1 児童及び家庭福祉における支援の具体的事例[1]

具体的事例の意義は，相談援助活動，特に児童相談所での援助活動における特徴を，実践面と理論面から，生き生きとわかりやすく描き出せることにあり，学ぶ者にとっては，なくてはならぬものといえる。いくら素晴らしい相談援助の理論があっても，実践の場において応用できるものでなければ意味がないし，また素晴らしい実践がなされていても，それが理論的に説明されなければ，他の相談において活用することも難しい。

ここでは序章第1節で説明した，相談援助をすすめる上でのこころ構えがわかりやすい形でみられる事例を取り上げている。

### （1）不登校事例

#### 1）事例の概要

A子（中学校1年生女子）は，小学校6年生の3学期は，ほとんど登校しなかった。卒業式にはなんとか参加したが，中学校に入学してまた登校できない日が続いたので相談したい。児童も来所することを承諾していると，母親より電話で相談依頼があった。

A子は，小学校1年生の時に神経性の胃炎になった。3年生の1学期に発表会があった時，緊張が高まって前日に熱を出し，学校を休んだ。小さい時から「ゴミはゴミ箱へ捨てなさい」などと厳しく教えたこともあってか，道端にゴミが落ちていると拾ったり，「なぜあの人はゴミ捨てるの」と気にしたりしていた。小さい時は，きちんとした良い子とも思ったが，大きくなっても他人の言葉などを気にし過ぎるため，少し心配になった。

父親は神経質で気にやむタイプで，何度も潰瘍をつくっている。A子の不登校に対して，「なんで学校に行けんのか」とよく言っていたが，母親が頼むと，言わないようになり，母親にも協力してくれるようになった。

母親は父方祖父母の手前もあってA子を厳しく育てた。あまりほめることもなく，口うるさい方であった。しかし妹が生まれると，祖父母も母親も，妹ばかりに注目するようになってしまった。母親もストレスを感じやすい方で，自律神経失調症になったこともある。父方祖父母は母親と同様，口うるさく，過干渉である。また，妹は，祖父母にも母親にもかわいがられ育った。

第Ⅳ部　児童家庭福祉に関連する施策・機関・サービス

### 2）事例の経過

　小学校6年生の3学期に，めまいがすると言って学校を休んだので小児科を受診し，自律神経失調症といわれた。めまいがしなくなっても，「本当は学校に行きたくない」と言い，登校できなかった。はじめは母親が車で送っていたが，学校でからかわれるのでどうしても行けないと訴え，不登校状態となった。

　その後，担任が車で迎えに来てくれ，登校した事もあったが，下級生に「どうして先生と来るの」と言われ，まったく登校できなくなった。担任は毎日のように家庭訪問してくれたり，電話で様子を聞いてくれたりした。小児科の先生は，無理させず休ませるようにと言ってくれた。それでも，卒業直前には何度か登校し，卒業式だけは参加した。成績は3段階ですべて2であった。

　中学生になり，入学式には参加できた。中学校の担任には，あらかじめA子のことは説明してあったので，過度の働きかけはなかった。

　A子が学校へ行きたくない理由はまったく思い当たらないが，妹にやきもちをやいているのかと思うほど，母親との関わりを持ちたがった。友達を作るのは苦手で，外出については，住んでいる町の外へは，母親と一緒であれば行くことができた。

### ①　面接の構造

　児童相談所のケース会議で，継続して指導していくことが決定された。理由は，A子が中学生の割には幼いという印象があり，母親との関わりを強く求めていること，A子も来所を納得していること，母親もA子の不登校を受け止めきれておらず葛藤も強いこと，等であった。

　A子については児童心理司が，母親に対しては母親の住所地がある地区の児童福祉司が担当して，月に2回の面接を実施した。

### ②　方　　針

　母親がA子にとっての安全基地としての役割を果たし，A子を見守りつつ，必要な時に援助できるよう，相談援助していく。また，父親をはじめ家族にも，児童相談所の職員がこのように言っていたと伝えてもらいながら，母親へ協力してもらえるよう，働きかけをする。

　児童相談所が，A子自身の成長していける場所にするとともに，母親が安心して相談できる場所となるようにする。A子の通う学校には，以上の点を理解してもらい，適当な時期に，適度の働きかけをしてもらうよう協力を求め，連携する。

### 3）面接の経過

### ①　援助への導入期（電話相談：第1期）

　電話で相談してきた親の決断に敬意を払い，これまでの苦労・努力を理解しつつ，今後一緒に考えることで，よりよい対応ができるかもしれないことを伝えた。さらに，次回来所してもらうまでの期間，協力してほしいことを具体的に提案した。提案とは，子どもの不登校ということで今はA子の欠点ばかりが目につくと思われるが，ほんの少し

第14章　事例で見る児童家庭福祉サービス

でもよいこと，うれしいことが起きたら，メモをしておいて次回報告してほしい，というものである。母親も了解した。

②　援助の開始期（6カ月間：第2期）

A子との最初の面接では，表情は悪くないが，ボソボソと話し，周りはあまり聞き取れなかった。知能検査（WISC-R）ではIQ 84［VIQ 90, PIQ 79］という結果であった。

母親との面接において，母親のメモには，登校は嫌がるので無理にさせていないこと，母が学校のことに触れなければ，表情もよく，冗談も言ってくるなどという報告があった。また，町の外にある本屋へ連れていってほしいと言ったり，登校についても，水曜日の1時間目だけは，担任も授業がなく，個別に相手をしてもらえるので登校することに決めていたりしているということも書かれていた。母親の心配も受け止めながら，今後も，少しでもよいこと，うれしいことがあったらメモしておくよう依頼した。そして，中学校を訪問し，担任と今後の対応について検討した。

A子は自分で何がしたいかなどを決定することが苦手であった。面接を重ねるにつれて，新しいゲームなども楽しめるようになった。また少しずつではあるが，自分から色々なことについて状況の説明もできるようになっていった。

③　自立に向けての対応期（3カ月間：第3期）

新しい学年のことも話題になり，A子および母親の関心が学習，進路に向き始めたため，面接の構造を再検討することとした。その結果，不登校児童の支援で実績のある児童養護施設の活用も検討することになり，そこを見学することとした。中学校とも調整をした上で，親子で施設を見学してもらった。A子の印象は悪くなく，体験入学をすることになった。A子の表情はよく，会話もスムーズで，以前と比較してエネルギーが感じとれた。

それでも体験入学後の面接では，A子のこころの中で外の世界へ踏み出したい気持ちと，今のままでいたいという気持ちが混在している様子であったため，施設の利用については，しばらくA子自身に考えてもらうこととした。後日，母親より施設利用で話がついたと連絡があったため，書類等の準備を依頼した。児童相談所での最後の面接で，A子の意志確認をして施設利用を決定した。

④　癒しの空間・時間・人間関係を保障する時期（2年間：第4期）

体験入学もすませているためか，施設への入園はスムーズであった。

1カ月程経過した時に，施設訪問し状況報告を受けた。意思表示はあまり見られなかったが，体調の方も問題なく，表情も悪くないとのことであった。

2カ月後，再度施設を訪問し，職員より報告を受けた後，A子と面接した。職員の話では，やや疲れが出て発熱したりする時もあるが，登校はしているという。また，自分の気持ちをうまく出せず，どちらかというと自分の気持ちを押さえ，まわりにも過剰適応してしまいやすいところがある様子だった。その一方で，「自発的な動き」も少し出てきているようであった。A子に面接するとたくましさが出てきたという印象を受けた

215

が，まだ視線を避けるところがあった。

6カ月後の面接では日焼けして健康そうで視線もよく合うようになっていた。

9カ月後の面接においては，視線を避けることもなく，会話もよくできた。A子に「入園してからの変化は何か」と尋ねると，「仲良くなった子に対して，思っていることがいえるようになった」との返事であった。

1年後施設を訪問すると，体力面，学習面等で，着実に力を付けたとの報告があった。1年3カ月後，母親が児童相談所を訪問し，父親をはじめ家族のものが一緒に考えてくれるので，母親もA子も非常にこころ強く感じていると述べてくれた。その後，2週間ほどして，施設を訪問し，A子に面接した。以前より，幼さが姿を消し，落ち着いた雰囲気をもち，悩みを抱えながらも成長してきているA子の姿を感じとった。

中学校3年生の3学期初めに再度施設を訪問した。A子は私立高校を受験予定という。職員と冗談も言うようになり，勉強も頑張っているとのことであった。2月になり，母親よりA子が私立高校に合格したとの報告があった。2月末，児童相談所のケース会議で，施設への措置解除の決定を行った。

#### 4）事例に関する考察

本事例では家族内の力関係が安定せず，その結果一番弱い存在のA子がそのしわ寄せを強く受け，不登校という症状で反応した，あるいはSOSのサインを出した，と解釈できる。そのため，A子の通う中学校や不登校児童の支援で実績のある児童福祉施設と連携して，A子のSOSサインに応えられる支援の枠組みを用意してA子の自立支援を進めた。

神経質で気に病むタイプの父親，父方祖父母に気を遣いつつ，A子に対して厳しく，口やかましく対応せざるを得なかった母親，さらに干渉的な父方祖母と暮らす家庭環境の中で，A子は母親に甘えられなかった。特に妹が生まれてからは，それが顕著となり，甘え，依存欲求は満たされることがなかった。その反動として，母親をはじめ家族に気にいられようと過剰に適応して生きたと思われる。家族の気持ちを「理解し過ぎてしまった」結果，A子の主体性，自発性は制限され，いわゆる「偽りの自己」ともいうべきものが形成されてしまい，反対に「真の自己」は抑圧されていったと解釈できる。

しかし，人生における重要な自己再確認の時期である思春期になり，さまざまな現実的課題に対して，これまでの「偽りの自己」では対応しきれず，抑圧されていた「真の自己」が，心身症・不登校などといった症状として，あるいはSOSサインを発して，姿をあらわしてきたと考えられる。

このため，児童相談所は児童の自立支援のため児童福祉施設・中学校と連携し，①家族内の力関係の安定化を図るための試みを，母親を中心にして行う，②A子の依存欲求を満たし，「真の自己」を育てる場を保障する，③学習，進路などの現実的課題については，施設を活用する，④A子の通う中学校との連携を大切にする，などといった方針に基づいて，相談援助活動を展開し，さらに施設における集団での生活・教育・治療等

第14章　事例で見る児童家庭福祉サービス

により，成果を収めることができたといえる。


## （2）非行事例

### 1）事例の概要

B子（中学校3年生女子）は，中学校2年生ぐらいから，学習意欲がなくなってきた。中学校3年生の時には，夜間の外出，外泊，喫煙が頻繁になり，親が注意すると暴力をふるうようになった。最近は，無職・有職少年との交遊も活発で，家庭内での暴力が一層激しくなり，非行が進んだ。感情的になりやすい。

乳幼児期より，養育の中心は同居の父方祖父母で，特に祖母に，とてもかわいがられた。母親は年子の姉に手をかけていた。B子が信頼していた祖父母は，母親との関係が悪くなり，小学校5年生の時に別居している。B子が小さいうちは，両親が力で押さえるしつけをしてきている。

父親は会社役員で，厳格な性格だが，仕事が忙しく，子育ては母親まかせである。子どもにはすぐ手を出して叱る方である。

母親は，パート勤めをし，口うるさく，過干渉ぎみであった。肝心な時に，本人に責任を取らせず，かばってしまう。父方祖父母がB子をかわいがっていたためか，B子に対しては厳しく育て，姉をかわいがっていた。

姉は高校生で，学校の成績は上。母親にかわいがられていたためか，ややわがままであった。

父方祖父母は，母親が姉ばかりかわいがるため，小さいときからB子の世話をし，かわいがっていたため，B子の信頼も厚かった。

### 2）事例の経過

父方祖父母と同居しているうちは，人のよい明るい子で学校成績も中の上であった。中学校2年生ぐらいから，急に学習意欲がなくなり，学校へゲーム，化粧品を持って行ったり，授業の邪魔をしたり，服装違反も目立つようになったので，児童相談所を通じて児童自立支援施設に入所した。

① 面接の構造

児童自立支援施設（児童福祉施設）における相談援助という特質があり，原則週1回，事務室横の相談室で面接した。面接の目的は，B子の意向も可能な限り取り入れ，以下のように設定した。


① 規律ある生活を大切にする枠組みの中に，一定の自由場面を保障する。
② 感情的起伏の激しさを改善する。
③ 内省力の向上と，それが行動につながるよう援助する。
④ 集団の中で指導的役割が取れる児童へ成長するよう援助する。

第Ⅳ部　児童家庭福祉に関連する施策・機関・サービス

### ②　方　針

上記の目的達成のため，①Ｂ子の気持ちを尊重・理解する一方で，現実生活では何をすべきかについて自由面接の中で明らかにしていく，②目標設定をし，達成度の評価を繰り返しながらＢ子の成長を援助する，という方針を立て，より具体的には，①Ｂ子の長所をできるだけ発見し，評価していく，②Ｂ子の感じ方・見方がどんなものであれ，より肯定的に解釈していく，③目標設定する中で，小さな改善を目指し，Ｂ子の見方・行動の変容を促す，④真剣さと同時に，遊びごころも持ったやりとりをこころがける，といった手法で援助していくこととした。

### 3）面接の経過

### ①　援助の開始期（2カ月間：第1期）

Ｂ子の第一声は，「学園（施設）には，いたくない」であった。そこで，「これまでも学園にいたい子なんて，ほとんどいなかったよ。だから気持ちはよくわかるよ。これからは（学園を）早く出るためには，どうしたらいいか，考えてみるようにしてはどう？一緒に考えてみようか」と対応した。「学園から出るにはどうしたらいいの？」というＢ子に対し，「無断外出せずに学園の生活をしっかりやれば退園，その前に試験登校のチャンスももらえると思うよ」と説明。しっかりやれているかどうかを評価するための目標ということで，とりあえず，面接の目的やＢ子の性格も考慮して，2つの具体的目標を提案し，目標設定をした。Ｂ子も同意した。それは，①ラジオ体操をきちんとやる②気分の浮き沈みを小さくするよう努力する，というものであった。

第1回目の自由面接の中で，Ｂ子は，おばあちゃん子であること，父親・父方祖父はともに怒るとすごく怖いということ，を話した。

第2回目の面接で，設定した目標について10段階で評価してもらうと，①ラジオ体操については4の評価，②気分の浮き沈みについては3という。Ｂ子の担当職員の評価も，①が4，②が3ということでＢ子の正直さがうかがえた。

第4回目に知能検査を実施し，IQ 105という結果であった。理解力の面での心配はないことが再確認でき，また1対1で対応すれば，最後まできちんと検査をすませられる力があり，そのことにＢ子もとても満足していた。勤勉性が身に付いていないといわれるＢ子ではあるが，満足できる場が，これまで家庭及び学校でどれだけ保障してもらえていたのかと，逆に気になった。

### ②　学園生活肯定期（4カ月間：第2期）

色々と学園の生活ルールに対する不満を述べることが多い中で，今回は，「学園にいても何の役にもたたないけど，勉強はそれなりに役に立つ」と述べ，ほんのわずかではあるが，前向きな姿勢が感じとれた。「家族の面会がある予定」とＢ子が言うので，「少しは冷静な態度が取れるかな」と尋ねると，「とれる」との返事。その後，「就職して最初にもらった給料は，母親にあげる」と言ったＢ子の発言に，大いに感心させられた。

第7回目の面接では，「学園はあんまり自分のためにならんと言っていたけど……」

218

と話しかけると，まず「学園に入れられると頭にくる……もっと（悪いこと）やってやろうかと思うし……」と言うので，「まだそういう気持ちは強いのかな」と受けると，「はじめはそう思ったけど……（家へ）帰って行く時さ，（入園した時と）変わらんで帰っていくとむなしくない……だから……」と，心境の変化を伝えてくれる。

③　就労への準備期（2カ月間：第3期）

就職が現実的な話題となり，B子の場合も就職先を見学に行く予定があるという。そして，もうすぐ退園なので，最後ぐらいはしっかりやりたいという。

この言葉通り，就職の内定した会社の人事課長さんが面接のため学園を訪問された折，B子の対応を観察していると，とてもしおらしく，中学生らしい態度で応対していた。返事も極めて素直で人事課長さんも感心して帰られた。B子の面接態度を大いにほめると，本人もとても自慢げであった。

地元中学校での卒業式も，B子は正規の服装で参加し，無事卒業したという。両親，B子の姉，祖父母が学園を訪問し，B子が卒業式できちんと返事をしてくれたので思わず涙が出たという。B子の作文に，学園での苦しい思いを忘れないで職場でもがんばりたいと書いてあり，本当にうれしく思ったという。

**4）事例に関する考察**

家族間力動の面でいえば，嫁姑の葛藤が，2人の姉妹に投影されているようで，B子の場合には，両親から必要な愛情を受けることができず，幼児期・児童期を過ごしてきている。しかし，元来，理解力のある子どもであったため，B子をかわいがってくれる父方祖母が身近にいる間は，祖母の愛情を受けつつ，気持ちの面でも一応安定を保っていたようである。しかし，その安定も，嫁姑の葛藤が深まり，別居という状態で終局を迎えたと考えられる。

自分をかわいがり，大切にしてくれた祖母という依存対象から引き離されることで，B子は，こころの安定を失い，まず学習に対する意欲をなくしていく。祖母の去った家は自分が安心しておられる場（居場所）としての意味を失い，その代償として家の外へ依存対象を求めていくこととなる。それと平行して，服装など外面的なところで自分を目立たせ，自分の存在の意味を見出そうとしている。また，祖母のところへ行くことを禁ずる両親に対しては，激しい憎しみ，怒り，恨みなどを抱き，体力的に両親をしのぐや，家庭内暴力という形で，一気にそれらの否定的感情を両親に向けて爆発させたと考えられる。

その意味では，家から離れて，もう一度親子の関係を修復していくという試みは適切と考えられたが，最も大切なことは，B子がいない間に，嫁姑に代表される家族間力動がどの程度変化していったかという点である。

学園において，B子に理解力があること，もともと人柄の良さをもっていたことも幸いして学園生活を肯定的に捉えて，卒業，就職へと向かう流れにも，うまく対応していっている。家族の方も，一応の協力体制をとることができたため，とりあえず良い方

第Ⅳ部　児童家庭福祉に関連する施策・機関・サービス

向へ進むことができた。しかし，試練はこれからというのが，本当の所であろう。長い時間をかけて生み出された結果（非行）については，今後も，それだけの時間と手間をかけて見守り，支援する必要がある事例といえよう。

### （3）虐待事例

#### 1）事例の概要

　内縁の夫（後にC男の養父となる）が，C男（保育園年中児）を虐待するので施設に預かってほしいという母親から依頼があった。

　C男には生育歴の点で，問題になるような点はない。しかし，内縁の夫の暴力のため，最近では，夫が帰宅する頃になると，C男がビクビクするし，自分の家が嫌いと言い，怖がって泣いたりする。自分の子どもが生まれてからは，いっそう暴力がひどくなった。

　母親はパートで，高校中退後，紡績会社に勤務し，C男の父と同棲し，婚姻届を出したが，出産後2カ月で離婚した。金銭面でルーズなところがあり，サラ金などに借金がたくさんあった。内縁の夫は，会社員で外では愛想もよく，仕事に対して真面目であるが，家では短気で怒りっぽい。自分の子どもはかわいがる。また，内縁の夫は遊び人で，酒を飲むと暴力をふるう。

#### 2）事例の経過

　狭い借家でC男が泣くと，内縁の夫がイライラして叩いたり，蹴ったりするようになった。風呂場で逆さに吊ったり，先日はストーブに顔を押しつけたりした。昨日は，止めに入った母親も横腹を蹴られたため，C男を連れて近所の知り合い宅に泊めてもらい，児童相談所に相談し，虐待を理由に緊急一時保護してもらった。翌日内縁の夫も了解したため児童養護施設へ入所した。その後，C男への面会も，家庭帰省もまったくない状態が続いている。面会するように指導すると，返事はよいが，実際にはまったく面会しない。親への働きかけを継続する一方で，とりあえず児童養護施設との連携により，C男との定期的面接を行うこととした。

① 面接の構造

　児童養護施設における相談援助活動であり，また対象者が低年齢ということもあり，難しいことは考えず，C男のことを気にかけている人が施設の外にもいること，定期的に面接に来てくれることを知らせることを主目的として，原則月1回施設を訪問し，支援をした。

② 方　針

　親が親としての役割を果たしてくれるまで，その代理として，C男を定期的に訪れ，虐待を受けてきたC男の心に，少しでもプラスになると思われる働きかけをする。また，極めて限定された訪問面接しかできない状況の中で，面会も家庭帰省もないC男にとって，どのような働きかけが特に有効な援助になるかをみていく，という2点を基本方針とした。

第14章　事例で見る児童家庭福祉サービス

### 3）面接の経過

#### ①　援助初期（第1期）

低年齢ということもあると思われるが，面接中，ゴソゴソ動いたり，ソファーの上を遊ぶかのごとく動き回ったりしながら，こちらの話しかけに応じるという状況が多く，指示にわざと従わないような様子が見られた。どのように注意されるのか見るため，わざと試しているかのようにもみえたため，強く注意はせず，「少し座ってくれるかな」などと誘ってみた。すわってくれた時には，しっかりとほめるようにした。同年齢の友だちもいないようで，自分より年下の子のいるところへ行くことが多いとのことだった。

#### ②　援助中期（第2期）

小学校に入り，学年が上がるにつれて，面接場面でも落ち着きが少しずつでてきて，会話も増えていった。いつも少しお土産を持っていくが，こちらがお菓子の入った袋を持っていくと，まずは何が袋に入っているのかということに関心を示し，面会に来てくれた人自身への対応は後回しといった態度であった。

#### ③　援助後期（第3期）

中学生になり，落ち着いた態度で顔つきも一層しっかりしてきている。学校の成績はすべて1で，良くはない。お土産など，去年のクリスマスの時は何をもらったとしっかり覚えており，ビックリさせられた。また，最近は，お土産も喜ぶが，こちらの面会そのものを楽しみにしていてくれるようになり，楽しみにする対象の質が変化してきていることを強く感じた。また，勉強が苦手にもかかわらず，こちらが出した宿題［英語のドリルを毎日1頁やること］を，意味は十分わからなくても忘れずやってくれ，5カ月も経った次の面会時に見せてくれたあたり，人間関係における信頼関係とは何かについて，つくづく考えさせられる思いがした。

高校生になり成績は上昇し，クラブ活動も陸上部で頑張るようになる。訪問すると，学力成績表と競技に参加した時の賞状なども見せてくれる。生活状況も安定し，表情もよくなり，大きく成長したと感心させられる。

### 4）事例に関する考察

極めて限定的な状況での相談援助活動ではあったが，改めて信頼関係構築のためには，何が大切かを考えさせられた。児童養護施設における職員の日々の「日常的な援助活動」と連携する形で，児童相談所の職員が「非日常的な援助活動」をすることの重要性が，この事例の比較的長期にわたる援助活動の中で明らかになったと考えられる。

援助活動の初期において，児童は自分の過去の人間関係を目の前にいる大人との関係の中で再現し，それを修正できるかどうか観察することがあるといわれる。そして，目の前の人間が過去の人間とは違った対応をし，自分のために行動してくれることを確認し信頼感が持てると感じると，徐々にではあるが過去の人間関係のパターンを修正していくことになる。

この児童の場合には，過去の人間関係を援助場面に持ち込むかのようにして，色々と

221

第Ⅳ部　児童家庭福祉に関連する施策・機関・サービス

試すような形（試し行為）で，こちらがどう反応するかを観察していた。そして自分が
傷つくことの比較的少ないであろう物質面から，こちらの働きかけ［たとえばお土産］
を受け入れていった。そこで信頼感がある程度形成されてくると，今度は精神面でも受
け入れが進み，信頼関係がより強化されていったようである。その結果，とても大きな
努力を必要とするような課題［苦手な英語という宿題］にも，約束を果たすためと，頑
張って取り組んでくれた。これは，自分を気にかけてくれ，信頼できる相手には，それ
なりに応えようとするC男の意志のあらわれ（本人なりの恩返し）のようでもあり，相手
を失望させてはいけないというC男なりの精一杯の「思いやり」のようにも思われた。
同時にルールなどを自分の意志で取り込むといった自律の面でも，大きな成長をとげた
ことを実感させた。また，高校生時代の成績をみると，もともと理解力のある児童が適
切な環境の中で生活しながら，自分に合った教育を受けることで，持てる能力を開花さ
せたことを実感させる事例といえる。

### （4）障害児の事例[(2)]

#### 1）事例の概要

　D子（3歳年少児）について，保護者の了解があったということで保育園長から相談
があった。入園当初，二語文も出ていたが会話は難しく，オウム返しが目立った。落ち
着きもなく絵本の読み聞かせや手遊びなどの一斉活動の時には，保育室にいられず廊下
へ出てしまうことが多い。遊びを次から次へと変えて，一つのことに集中せず友だちに
もあまり関心を見せる様子もない。身辺処理の能力は年齢相応である。こだわりがあり，
それをとめられるとパニックになったりする。自分のしてほしいことがあると保育士の
手をつかんだり引っ張ったりして，気持ちを伝えたりすることはある。視線はあまり合
わない。以上のような状況にあるため，保育所でどのように対応するとよいか助言して
ほしい，とのことだった。

　生活史や家族歴等については保育所からの相談ということで家族より，情報収集はし
ていない。

#### 2）事例の経過

　D子は3歳で保育所に入所した。入所当初は，主訴に説明した状況であった。

　入所後半年を過ぎると，保育士の名前を言うようになった。遊びでは，一人遊びまた
は保育士と1対1での遊びが中心であった。他の児童が「一緒にやろう」とか「入れ
て」と誘うとすごく嫌がる。しかし年少組の後半になると，好きな積み木の組み立てや
パズル遊びにおいて，他の児童が一緒にやってもいいか尋ねると，入れてあげる時も見
られるようになった。

　年中組になると1人で遊んでいることがまだ多いが，友だちとも，「入れて」「いい
よ」のやりとりをして，同じ場所で同じ物を使って一緒に遊ぶことが多くなった。

　年長組の運動会では，D子が先の見通しを持ちやすいようにと保育士が事前に運動会

の日のスケジュールと服装の内容が書いてある紙をクラスの壁に貼ってみた。同じ物を家に持ち帰ってもらった。当日は元気に登園した。ズボンのポケットに家へ持ち帰ったスケジュール表が入っており，運動会が始まる前に見たりしていた。競技の時にもスケジュール表を見て確認した上で，開会式，かけっこ，親子競技，そして昨年は参加できなかった集団での踊りなど，すべて練習のように上手にでき，集団場面で孤立している姿を見かけることも減り，D子の成長ぶりが確認できた。

　それでは，ここでD子の発達，特に対人関係（社会性）の面での発達，を促す上で大切なことは何か，保育士の立場に立ってまとめてみる。

　①　児童の個性・特徴の正しい理解

　私たちは何か問題が起きると，すぐに，どう対応したらよいか知りたくなる。しかし絶対に正しい対応というものは一つではなく，いくつもあるのが普通である。何より重要なことは，児童の個性・特徴にあった対応をすることであり，そのためには児童の個性・特徴をできるだけありのままに，かつ正しく理解することが欠かせない。D子の場合には物事への関心に特徴があり，また友だちとの関係がうまく持てないということがある。その原因は自閉症スペクトラム障害（広汎性発達障害）の特徴である「人の気持ちを読みとる，理解する」能力に障害がある，あるいはその能力が劣っていることにあり，決して「人が嫌いであるということではない」ことを，まずは理解しておきたい。

　②　D子の受け入れられる方法・範囲の尊重

　対人関係の発達促進のためには，保育士がD子の対応能力を把握する必要がある。

　友だちとの関係を少しでも早く育てたいと願い，急いで集団に参加させたため，D子の不安が高まり，かえってパニックを起こさせるということが現場の相談ではよく見受けられる。そのような状況を防ぐためには，まずはクラスの中で安全基地になり信頼できる存在としての保育士との人間関係を形成することである。まず自分のしてほしいことがある時に信頼できる保育士の手をつかんだり，引っ張って伝えたりすることから始まっている。やはり，自分にとって役に立つ人，味方になってくれる人，安心できる人を得られることから対人関係面・社会性の面での成長が認められることが多い。入所後半年が過ぎると，保育士との関係も深まり，保育士の名前を言うようになっている。しかし遊びの時間には，一人遊びをするか保育士と1対1で遊ぶことが多く，やはりD子の信頼できる範囲が限られていることを示している。他の児童が「一緒にやろう」「入れて」と誘っても，まだすごく嫌がる状態がみられるのはごく自然な状態であり，ここで急がせないことが大切である。

　③　他児童の理解を促し協力を得るために保育士が「代弁すること」

　保育における重要な目標の一つはいうまでもなく，対人関係・社会面での発達である。しかしD子の場合は，ある時期までは，他の児童が「一緒にやろう」「入れて」と誘っても，すごく嫌がることがある。この段階で，保育士として配慮しなくてはいけないこととして，他の児童の誘ってくれる気持ちも尊重する言葉がけをしながら，同時にD子

第Ⅳ部　児童家庭福祉に関連する施策・機関・サービス

の気持ちにも気づけるように，「今は一人がいいんだって」などと，Ｄ子の気持ちを「代弁」していくことが，今後の友だちとの関係づくりでは重要といえる。

④　関心のある遊びの活用

対人関係，特に他の児童との関係を形成・拡大するためには保育士が，Ｄ子の関心あることできるだけ多く見出し，活用していきたい。

自閉症スペクトラム障害の児童の場合，対人関係面・コミュニケーション面での発達の遅れが課題となることが多い。このような児童の場合，何よりも「児童の関心のあること」を把握しておき，それを活用することを通じて友だちとの関係づくりのきっかけとすることが有効である。Ｄ子の場合も，自分の好きな積み木の組み立てやパズル遊びだと，他の児童が「一緒にやってもいい」と聞いても，「いいよ」と遊びに入れてあげられる場面が見られる。まだ極めて限られた場面であるが，これこそが集団場面・集団生活への参加のきっかけとなるため，見逃すことなく，大切に育てていきたい。

⑤　わかりやすく見通しの持てる環境設定

生活の流れを前もって理解できるよう，目で見てわかるスケジュール表などを保育士が利用してみるのも一つの方法である。

自閉症スペクトラム障害の児童の多くに，目から入る視覚的刺激は受け止めやすいが，言語など聴覚的刺激への対応を苦手とする傾向が見られる。Ｄ子の場合にもこの傾向が見られるため，先の見通しを持ちやすいように，保育士が事前に運動会の日のスケジュールと服装の書いてある紙を用意したことは適切な対応であった。実際に，運動会が始まる前や競技を見ている時に，Ｄ子はスケジュール表を見て確認することで，先の見通しが持て，安心して集団活動にも対応できたといえる。

**3）事例に関する考察**

保育所で児童の行動観察をしつつ，保育士・園長へ助言指導するといった，やや限定的な状況での相談援助活動であった。

保護者から特に要望がなければ，保護者の了解を得た上で，児童に日々関わりながら悩んで保育している保育士への支援が大切といえる。今回の場合には，継続的かつ定期的（月1回程度）に保育所と連携しながら支援することで，保育士の安心・自信にもつながり，その結果が児童の発達にもつながったといえる。

児童への適切な支援を考える時，児童のあるがままを受け止め（受容），正しく理解することが前提である。その意味ではこの事例のような自閉症スペクトラム障害の児童の場合，保育士が障害特性等について正しく理解し，その上で適切な具体的対応をすること，またそのための適切な環境設定を行うことが極めて重要といえる。本事例においては専門家の継続的・定期的な指導も受けながら，保育士がＤ子の関心のある遊びをうまく活用し，他児との関わりのきっかけを探し，Ｄ子に無理のない関わりを進めている点が評価できる。さらに必要に応じ周りの児童に対して，児童の気持ちにも感謝しながら，Ｄ子の気持ちの「代弁」をすることで，児童の相互理解を進めている点も見逃せな

い。またD子が保育の現場で少しでも安心できるように，言語を中心とした聴覚的刺激よりも，視覚的刺激の活用による意思疎通，特にスケジュール表などを導入し意思疎通を図ったことで，D子も安心できる環境の中で行動できているといえる。

このようにD子の障害特性ばかりに焦点を当て，これを変化・改善させようとするだけではなく，D子の周りのものが工夫してできることは何かを模索して，D子にわかりやすい環境，わかりやすい働きかけを準備することが大切である。また，わかりやすい環境が用意されたことで周りの児童も活動しやすくなることは，よく見受けられることであり，いわゆるユニバーサルデザイン，あるいは特別支援保育の具体的な実践事例といえよう。

## 2 グループワーク等による児童・家庭支援[3]

### （1）子どもの成長にとって「良い環境」とは何か
#### ──児童家庭福祉の原点としての自立と連携

児童憲章（1951年制定）には，「児童は人として尊ばれる，児童は社会の一員として重んぜられる，児童はよい環境のなかで育てられる」とあるが，子ども（児童）の成長にとって環境の持つ意味は極めて大きい。その環境の一つとして，筆者が長年関わった障害児・健常児合同キャンプ（筆者が関わったときの名称）を取り上げる。

子どもの成長については，筆者自身のこれまでの社会的活動から「人と自然の関わり」や「食事をすることの意味」などを話題とする中で，成長の過程において「児童のありのままを尊重すること」「児童の依存と自立」「児童に関わる者たちの連携」などが重要であると考えている。

#### 1）合同キャンプの概要

ある年の7月末から8月初めまで3泊4日の日程で行われた合同Aキャンプの参加児童（キャンパー：CA）は合計39人（8グループ：男子4グループ，女子4グループ）であり，その内障害児は15人，障害のない児童が24人であった。

一方，キャンプを支えたスタッフは24人（キャンプカウンセラー〔CO〕20人，看護師1人，事業団職員2人，助言者1人）であった。COはグループを担当するGC（グループカウンセラー）8人，キャンプ全体の運営に関わるPD（パパ）とMD（ママ），そして色々な面でキャンプを支えてくれるMS（マネージングスタッフ）10人で構成される。障害の種類は自閉症，ダウン症，知的障害，その他の障害などであった。

学年別では，中学生が14人，小学生が25人という状況で，小学生が64％を占めていた。小学校3〜4年生が13人と全体の3分の1を占めていた。

キャンプはT県で，3泊4日の日程で実施された。相当な時間をかけて準備がされていたようであるが，予想外のこと，慣れないことも多く，CO，その中でも特にPD，MD，MSはかなりのエネルギーを準備，片づけ等に費やしていた。

第IV部　児童家庭福祉に関連する施策・機関・サービス

　今回の合同Aキャンプを振り返ってみた時，全体としてみれば大成功であったと思われる。ただし，このキャンプの主人公は参加している一人ひとりの CA であることを決して忘れてはいけない。このようにいうのも，筆者が個別対応していた障害のあるキャンパーを，閉村式の時，誰も呼びに来ないということがあったからである。やむを得ず筆者が連れていくと，もう閉村式を始めていた。キャンプの締めくくりである大切なプログラムだけに，またこの CA が言葉を言えないだけに，キャンプの理念（相互理解・相互扶助）からしても，極めて残念な出来事と筆者には思えた。大切な閉村式を始める前に，「CA 全員がいるかどうか」を確かめるという基本的なことをしていればわかることである。カウンセラーこそは，広く全体を見渡すと同時に，個々の児童に気を配りよく考えて行動する必要がある。

### 2）合同キャンプでの3泊4日

　現地へ向かうバスの中で，助言者（アドバイザー：AD）である筆者のキャンプネームをさっそく決めてもらえることとなった。途中でのバスの乗り換えを経て，キャンプ場へ順調に到着できた。

　3泊4日の初日は雨で始まった。前半は，雨ないし曇りという天候で，後半は晴れないし曇り中心であった。運も味方してくれたようで1日目のキャンプファイヤーは完全ではなかったが実施でき，3日目には川遊びも楽しめ，そして自炊の回数もしっかりと確保できていた。CA にとっての人気プログラムはすべて実施できたということで，とても恵まれたキャンプであったといえる。3日目のスタンツ大会も近年になく盛り上がっていた。各グループの特性や，一人ひとりの CA の個性もよく出ており，皆が楽しめたという雰囲気であった。

　ここで，今回のキャンプの特徴について触れておく。

　まず第1は，「川遊び」の意義についてである。

　今回のキャンプで CA にとって最も楽しく，印象の強かったプログラムは何であったかという点についての結果を知り，子どもの感性の鋭さに驚かされた。帰りのバスでの CA の感想から，それは「川遊び」であるとわかった。興味深かったのは，川遊びが「楽しい」というだけではなく，川の水がとても冷たく「痛かった」という捉え方である。便利で快適な生活に慣れ過ぎた私たちの日常的空間から少し離れてみて，非日常的な空間で自然の厳しさと触れることで得られる生き生きとした新鮮な感動がここにも表現されていると思われる。子どもたちはいつの時代でも，快適であるとか楽しいとかいうだけではなく，身体の奥深くで人工的ではない本物を求めているのではなかろうか。そして，このように「冷たくて痛い」が「楽しい」と感じさせてくれた川の水は，CAたちにとっては，自然から贈られた最高の贈り物ではなかったかと思われる。CA たちは，早速この冷たく痛い水を遊びに使い始める。ある CA は，いやがる CO にこの水をかけて，「意地悪」を楽しむのであった。大きな歓声があがり，やはり人気のあるプログラムの第1位に挙げられる理由がわかる。

226

第14章　事例で見る児童家庭福祉サービス

　このような少し意地悪な楽しみが，少年時代のある時期に，ある場面で許されること
は，児童の健全育成，つまり児童福祉の観点から考えても，極めて重要と筆者は感じて
いる。人間は誰でも，無理をし過ぎると必ずそのしっぺ返しにあうのではないか。いつ
も自分を押さえていると，「良い子」でも突然キレることがあるという。昔は，この種
の意地悪，いたずら，悪さが，たとえば，お祭りなどの時期には，その期間だけ，その
場所でだけ許されるということがあり，子どもたちや若者たちのあふれ出るエネルギー
の発散の場となり，安全装置のような役割をしていたのではないかと考えられる。現代
では，このような安全装置が姿を消す一方で，「良い子はここで遊ばない」というよう
な看板が目立つ。また，「良い子はそういうことはしない」といったように，「いつも良
い子でいなさい」と要求されるのである。

　最近テレビなどで見聞きするいくつかの少年事件について，その背景を知ると，中に
は，大人が，もう一度子どもの立場に立って，あるいは自分の子ども時代に戻ってみて，
子どもの成長にとって，どのような環境が大切であるかを考えなければいけないと思わ
れるものもあるように思う。

　第2は，「食事づくり」である。

　相変わらず根強い人気を保っていたプログラムは食事づくりやおやつづくりであった。
何回も来ている CA の発言には，「美味しいごはんを炊くことについては，誰にも負け
ない」といった自信と誇りが感じ取れた。これまで注いできた努力と工夫に裏打ちされ
た技術と経験が，大きな財産となっているようである。すべてが効率的で，便利な生活
へと向かいがちな現代，まきを割り，火を起こし，まきの燃える音を聞き，炎を見なが
ら，時間をかけてごはんを炊いていくという手間のかかる営みとその結果を楽しむ食事
時間は，同時にグループのコミュニケーションが図られる場面でもある。この意味でも，
食事作りは人間の生き方の原点にあるものといえ，子どもたちには貴重な体験となって
いる。特に現代のように飽食，外食，孤食の時代という中にあっては，「食事をする」
という最も基本的な人間の欲求に結びついた行為を，子どもたち自身が自分たちの手と
頭を使い，取り組んでいくことは大きな意味を持っており，合同キャンプにおいてもき
ちんと保障していくことが大切である。

　第3は「思い出づくり」である。

　何よりも大切なキャンプの主人公である CA たちについては，今回も色々なドラマ
が展開され，多くの思い出づくりに役立ったことと思われる。助言者として最も多く付
き合った自閉症のA君については後で述べたい。

　最後は，「連携と協力」である。まだ使い慣れていないキャンプ場での最大の心配点
であった安全管理面についても，スタッフ全員の協力と連携により大きな問題もなく対
応できたことは，何より良かったと思われる。

### 3）良い（適切な）環境とは

　心理学を学ぶと，必ず出会うのが B＝f（P・E）という公式である。B，すなわち人

第Ⅳ部　児童家庭福祉に関連する施策・機関・サービス

の「行動」は，その人の「人格」（P）と，その人を取り巻く「環境」（E）との相互作用の結果であるということを示している。これを合同キャンプに当てはめてみると，キャンパーの行動は，そのキャンパーの人格と，キャンパーを取り巻く環境（物理的環境・人的環境）との相互作用の結果として生ずる，ということになる。物理的環境，人的環境の持つ意味が大きいことを今回のキャンプで改めて強く感じたため，ここで整理しておきたい。便宜的に，この「（物理的・人的）環境」について，いくつかの観点から検討しておく。

　①　物理的環境としての「室内空間」

　キャンプというと，私たちは，「大自然をバックに，何かをする」というイメージを抱きがちである。これは原則的にはあたっているが，過去の合同キャンプ参加経験からこの固定観念を再検討してみるべきではないかと考えるようになった。そのきっかけを作っていてくれたのが，「雨」という自然現象である。キャンプに行くと，雨や夕立はつきもので，プログラムの変更を余儀なくされることが度々ある。以前から気になっていたのが，雨のためプログラムを野外ではなく室内に移し実施したところ，より大きな盛り上がりが認められたという現象である。つまり，野外空間よりも室内空間を利用した場合の方が，プログラムによっては，あるいは参加メンバーによってはより大きな効果が得られたということである。

　今回のキャンプを例にとってみる。室内空間を利用して効果のあった具体的場面としては，１日目の開村式とオリエンテーション，そして４日目のスタンツ大会がある。

　いずれの場面においても，「室内空間」という「枠組み」があることで，①「自己中心的な自由」というものがある程度制限されやすいこと，②「外界・環境からの刺激量」が物理的に一定に保たれやすいこと，③「安全面」についても，スタッフの目がCAに対して届きやすく，心配が少ないこと，などが挙げられる。

　これらの点は，障害のない CA にもある程度まであてはまることであるが，特に障害のある CA にとっては大きな意味を持っている。障害の中でも，自閉症の CA にとっては極めて大きな意味を持つのである。自閉症児・者のための TEACCH プログラムを取り上げるまでもなく，「わかりやすい環境」が自閉症の CA にとっては重要で，行動の安定化につながるのである。わかりやすい環境の要因として，刺激が視覚的に提示されることや刺激の量が多すぎないことなどを挙げることができ，結果的に混乱を最小限にすることができるのである。

　実際この合同キャンプで出会った，小学生の重い障害のあるA君と４日間個別対応をしてみて，「適度な大きさの室内空間」はA君が最も安定した行動が取れる環境であった。そしてこの空間において，トイレにおいて排尿することが何回もできた，対人関係面でも関わりが増え，笑顔も多く見られ，情緒的にも安定していた。さらに，遊びの面でも，ボール遊びをする，ギターを弾く，といった行動も見られた。その一方で，できるだけこのA君をグループへ戻したいと筆者が思い，何回か全体プログラム場面に連れ

第14章　事例で見る児童家庭福祉サービス

ていったが，食事場面を除いては，Ａ君を情緒不安定にさせてしまい，お漏らしもしてしまうという結果になった。Ａ君にとっては，刺激量が多すぎ，また強すぎたようである。さらに言葉のやりとりで物事が進む世界は，混乱を引き起こしやすく，Ａ君にはわかりにくい環境になっていたということであろう。

　またある時，2つのグループが室内で遊んでいる場面を見る機会があった。ここでは，障害のある CA も障害のない CA も含めて，全員でドッチボールをしていた。このような場面は，食事場面を除くと，合同キャンプでも意外と少ない。そこでは，健常児が障害児に対しボールをまわしてあげるという配慮もしながら，全員でドッジボールを楽しんでいた。合同キャンプにふさわしい，とても微笑ましい場面を見ることができたのである。これも，先程説明した室内空間という物理的環境の利点が，よい行動を引き出した例といえるであろう。

　「わかりやすい環境」という考え方を少し拡大してみると，3つのグループで利用していたワッペンやリストバンドなどは先回のレポートでも指摘したように，グループ意識を高める上で極めて有効であり，またわかりやすい環境作りに一役かっており，GC の気の利いた工夫として，評価できるものである。

　②　人的環境としての「個別的関わり（個別支援）」と「自立化」

　障害のある CA の場合は多かれ少なかれ，個別支援が必要であるが，これを最も必要としたのは，いうまでもなくＡ君であった。このＡ君は，室内（空間）での個別支援によって大きな変化を示した。野外（空間）では，刺激に過敏なＡ君は，落ちている木の葉などをすぐに口に入れてしまい，何度も規制を受けたりして，目が離せないのである。しかし，適度の大きさの室内空間では，情緒的に安定し，行動面でも，色々な進歩が見られた。

　排尿などの生活習慣面では，こちらが細かく観察していることで，何かを訴えている様子がうかがえる時があった。試しにトイレに連れて行こうとすると，排尿がない時とは違い，抵抗もせず，素直にトイレに行けた。便器の前で自分からズボンとパンツを降ろし，排尿をするではないか。終わるとパンツとズボンをあげようとしたのである。思わずこちらもうれしくなる。このように，わずかずつながら，「自立化」の兆しが見られたのは大きな成果といえる。

　また MS 等の献身的な関わりで，対人関係面でもよい面が見られ，自分から人との関わりを求めたり，笑顔もよく見せてくれたりして，情緒面でも満足している様子が認められた。遊びの面では，ボールを床ではずませてみたり，こちらの求めに応じて投げてくれたり，こちらが投げれば受け止めてくれたりと，ボールのやりとりが多少ともできたのには驚かされた。また，MS が弾いていたギターを見て，ほうきを持って弾くまねをするような動作をしたり，MS が実際に弾いているギターを手にして弾いてみたりという行動も見られ，遊びの面でも，広がりが見られた。このまねをする行為あるいは「模倣行為」は「学習する行為」でもあり，児童の成長段階においては極めて重要であ

229

第Ⅳ部　児童家庭福祉に関連する施策・機関・サービス

る。特に自発的なまね，あるいは模倣については見逃さないことが大切である。

　こうしてみると，人は集団に参加することで身に付けていくことも多いが，限定された空間（たとえば室内空間）で，個別的支援によってより多くを身に付けていくCAもいるわけで，一人ひとりのCAによって使い分けをして，効果的に支援して，自立化を促進していく必要があるといえる。

　また障害のないCAでも，おとなしく自信のなさそうな子どもに対しては，GC等が指示を出した場合，指示がCAにきちんと伝わっているかどうかをきちんと確認する必要がある。偶然見かけた場面では，GCが指示を出したが，CAはまだよくわからないので小さな声で聞こうとしていた。しかし忙しく活動していたGCには，それが気づいてもらえず，結局困った様子のままで，その場から離れていった。もしこれで，指示されたことと違ったことをやり，GCに叱られでもしたら，このCAはさらに自信を失うこととなる。

　このような意味からも，個別支援では相手の反応をきちんと確認していくことが大切である。また「臨床的試案<sup>(4)</sup>」を参考にするならば，このCAの「生活史を含む個別性」を事前にしっかりと把握しておく必要がある。CAによっては，「障害特性」や「発達水準（知的水準）」，そして「興味・関心」などを知っておくことが，個別支援をより効果的なものにするのである。

　特に，発達水準に関しては，キャンプ中にも説明したように，発達理論などをある程度知っておくと，CAに対して無理な要求をしたり，働きかけをしたりすることも少なくなりCAとの人間関係もよくなり，信頼関係が成立しやすいのである。対応が極めて困難な，障害のあるCAに対しては，「1歳半の発達の壁」を越えているかどうかを見極めることが重要となる。この「発達の壁」を越えることができると，環境が変化した場合にも，自分のもっている行動パターンだけにこだわらず，変化に対して適応的に対応できるということになる。たとえば，「ある場所に行っても，戻ってくることができる」，ボールを扱う場合にも，自分で一方的につくだけで，相手がボールを求めても渡すことができない状態から，「相手が求めれば，ボールを渡すことができる」，つまりボールの「やりとり」ができるのである。この「やりとり」こそ，コミュニケーションの原型でもあり，対人関係や社会性の面や，また遊びの面での発達において大きな意味を持つのである。

　③　食事づくりと食事場面

　キャンプ中，多くのCAが好んで，あるいは進んで参加していたプログラムの一つが，前述したように「食事づくりと食事場面」であった。

　これらの場面は，グループの皆のものが参加しやすいため，グループの凝集性が高まり，その結果としてコミュニケーション・意志疎通が最も図られやすい機会といってもよい。そうはいっても，ただ放っておいて自然にそうなるのではない。GCはこれらの場面を活用して，一人ひとりのCAとできるだけ話をしたりしながら信頼関係を築き，

第14章　事例で見る児童家庭福祉サービス

それを基にグループづくりをしたり，グループの活性化を図ったりしていく必要がある。そのための GC の工夫と努力は極めて大切である。

　キャンプ中には，1日に食事づくり3回という日もあった。キャンプ中に，8つのグループを順にまわり，食事づくりをしたり，食事を共にしたが，その時間の大切さを肌で感じることができた。食事をしながらの CA との会話は，興味が尽きない。その前の火起こしの場面での交流においても，CA の色々な面を知ることができ，食事づくりの時のやりとりや会話も貴重で，日頃の CA の家庭での生活ぶりを知ることもできた。

　以前このキャンプのプログラムを検討した時に，これだけ多くの時間を食事づくりに使うのは非効率的で，子どもも楽しくないのではないか，自炊を給食に変えて，もっと楽しく遊んだ方が良いのでは，といったような意見が出された時があったが，決してそうではないと説明した覚えがある。

　このことは，実際に合同キャンプに参加した子どもたちが一番よく知っているという気がする。確かに，「自炊」という場面は，年齢の低い CA にとっては厳しいものであるが，一生懸命やると必ずその努力は報いられるし，やり甲斐のある場面でもある。その結果として，できあがったご飯は何にも増して美味しいごちそうであり，キャンプの中でも，最も楽しみな成果の一つなのである。ちょうど，川遊びをする時，キャンプ場の川の水が「痛い」けれど，プールでの水遊びでは体験できない楽しみを提供してくれるのに似ている。

　④　こころを育てる食事づくり

　最近，少年が関係する事件のことを耳にする度に，この合同キャンプの意義を再認識させられる。「食事」あるいは「食」については，その欲求が生理的欲求と呼ばれ，人間の欲求の中でも最も基本的で大切なものでありながら，その充足が，家庭の事情，社会のあり方のおかげで随分いびつなものになりつつあるのは，本当に悲しく，また恐ろしいことでもある。食卓や食事場面がおろそかにされるようでは，家庭・社会がいかに経済的に豊かになって，生活が便利で，進歩したように見えても，子どものこころは決して健全には育たず，子どもたちの未来にとっても，日本社会の将来にとっても，ゆゆしき事態といえる。世の中を騒がすさまざまな事件が起こっている今こそ，もう一度真剣に「食」について考えることが必要ではないかと考える。


**（2）人は人の中でこそ育ち合う**

　この言葉の意味も，子どもの成長を支援するということを考える時，児童家庭福祉に関わる者は必ず心してほしいという願いをこめて取り上げる。

　筆者が，この合同キャンプに継続的に参加し，この体験から感じたことはたくさんあるが，中でも「人と自然（環境）との関わりから学ぶべきことがある」ということ，「人は人の中でこそ育ち合う」ということを強調したい。もう少し具体的に説明するため，キャンプのテーマに関するキーワードとして「人と自然」「育ち合い」，さらに「合

231

第Ⅳ部　児童家庭福祉に関連する施策・機関・サービス

同」「自炊」「3泊4日」「楽しさ」などを取り上げてみる。

　まず「人と自然」については，不思議なことがある。これまでに自分が参加した合同キャンプの前後で，必ずとはいえないまでも，日本が風水害に襲われることが度々あった。古いキャンプレポートの一つを見てみると，「……四日間のキャンプ中，新聞を見ることはなかったので，（家に戻り）まずはその日の夕刊を手にとった。するとまた……長野県で地滑りがあり，老人ホームが土砂に埋まったという……何の前触れもなく人に襲いかかってきたのであればやむをえない……しかし新聞でも "25日夜には山が動き始め……" といった報道がなされていた。どうして人は自然から予告があったにもかかわらず，それに素直に応じられないのか（1985年キャンプレポート）」と書いていた。「自然との共存」，つまり自然とは人が征服するものではなく，謙虚にその中で活かしてもらうもの，その中で私たちが活かされている母なる母胎ではないかというのが，筆者の一貫した思いである。それゆえ，その自然の恩恵を受けた3泊4日の合同キャンプにおいて，「食事は自炊で」という伝統も極めて自然であり，これをきちんと守ってきたことの意義は大変に大きい。

　次に，このキャンプでの「人の育ち合い」にも驚かされる。キャンパーとして参加した子どもたちの一人ひとりが，キャンプで得たものを大切にこころに刻みながら成長している。そしてその中に，キャンパーを卒業した後，何年か経って学生カウンセラーとして再登場してくれる者がいる。さらに，そのカウンセラーもキャンプの中でキャンパーを育てながら，自分も育てられ，そのうちの何人かが実社会において福祉教育分野において活躍されている話をよく聞く。これほど素晴らしい「人材育成キャンプ」はない。

　筆者が長年キャンプに参加し，感心していることは，キャンプのキーワードの一つひとつが常に検討されながら，今日まで大切に引き継がれていることである。これらのキーワードに象徴されている伝統は，ただ守られているだけではなく，常に検討され改善されながら，先輩から後輩へと受け継がれている。「合同」というキーワードに示されているように，このキャンプでのグループは，障害児2人と健常児3人という構成になっている。この構成も素晴らしいもので，先人たちの知恵の賜物であり，現在でも最善の構成単位であるといえよう。

　次に「自炊」というキーワードである。これについても，キャンプでの子どもたちの負担を軽くして，もっと楽しめるようにという発想に基づき給食導入が検討された時期があったが，筆者は強く反対した。それは，食事づくりこそ，現代の子どもたちが失いつつあるさまざまな貴重な体験を含む場面であると考えるからである。自分たちでまきを割り，火を起こし，調理をする，食事を楽しむ，そして後片づけをするといった一つひとつの活動から，子どもたちは多くのことを学んでいる。たとえば，ある子どもは，起こした火が消えないように必死に「戦って」いた。また，あるグループの食事場面を筆者が見に行くと，何人もの子どもが，「うまいから，食べて」と自慢げにご飯を味見

第14章　事例で見る児童家庭福祉サービス

させてくれる。生煮えのご飯の場合もある，あるいは反対に少し焦げたご飯の場合もある。

　しかし共通しているのは，自分たちが作ったご飯を本当においしそうに，満足そうに食べている姿である。ご飯を炊くという過程に初めから真剣に参加した子どもたちは，その出来具合がどうであれ，本当に満足して，そして誇りをもってそれを残さず大切に食べている。座っているだけで，出てきて食べられる一流ホテルの高級料理より何倍もおいしいのである。そしてまた，この食事の場面は貴重なコミュニケーションの場でもある。テレビも携帯電話もなく，あるのは「自分たちが苦労して用意した食事」と「同じ釜の飯を食べる仲間」だけである。「あること」が当たり前ではなく，「ないこと」が当たり前であることのありがたさを改めて実感できる場面であり，まさに現代の家庭・社会で忘れられつつある場面なのである。

　また，「3泊4日」を，プレキャンプ，本キャンプ，アフターキャンプで構成するという考えも素晴らしい。プレキャンプという準備体操をしてキャンパー同士が知り合う。そして本キャンプに入る。1日目は，参加したキャンパーたちとの信頼関係の形成に努める，2日目はグループ活動に入りづらいキャンパーには個別的に関わりつつ，グループ活動も展開できるよう配慮する，3日目は，目標達成のためにグルールのエネルギーを集約させグループ活動が自主的に進むようにする，そして4日目は，片づけもしながらグループの目標達成のため最終的なまとめをする。そして，数カ月後のアフターキャンプで再会し，キャンプのまとめをするのである。ここ2年程は，子どもの活動のみでなく，親の側の活動もより充実させるため，参加した親の方から一人ひとり意見，感想等をうかがい，合同キャンプの総括をしている。ここで聞こえるさまざまな声により，合同キャンプの意義も再認識できる。いかに子どもたちがこのキャンプを楽しみ，次のキャンプを心待ちにしているか，親がいかにこの企画を高く評価していてくれるかがわかる。

　ある障害児の親は，初めて子どもを泊まりで出す不安と，帰ってきた時の子どもの笑顔をみて本当によかったと言われた。別の障害児の親は，申し訳ないと前置きされた後，子どもと初めて離れて，1泊の夫婦旅行を楽しませてもらったと言われた。この家庭の日々のご苦労がしのばれ，このような形でもお役に立てることがわかったのである。

　最後に，現代の子どもたちの直面している課題について触れ，本節を終えたい。「今の子どもたちは，将来のことに目を向けず，今を楽しむことばかり考えている」という声を耳にする。これに対して，土井隆義氏は，「私たちは，時間をこえた自己の統一性を実感していれば，過去から未来へという時間の流れのなかに，現在の自分を位置づけることができます。時間軸のなかにわが身を置くことで，生きることに疲弊するまでただ闇雲に『いま』を走りつづけることなく，ちょっと立ち止まって息をついたり，未来を見つめたり，過去を振り返ったりといった余裕を持つことができます」(5)と記している。筆者はこれに対して，障害児・健常児合同キャンプの3泊4日の時間・空間・仲間とい

233

第Ⅳ部　児童家庭福祉に関連する施策・機関・サービス

う「三つの間」こそ，その答えの一部，即ち，「ちょっと立ち止まって息をついたり，未来を見つめたり，過去を振り返ったりといった余裕」の時間と空間を提供してきたのではないだろうか。つまり，同じ「空間」で，キャンプのスタッフや他のキャンパーたちという「仲間」と，自分に合ったプログラムを楽しむという「時間」を過ごす中で，疲れた自分を癒し，元気の源を取り戻せているのではないだろうか。

　合同キャンプにおける3泊4日の時空間は，自然に包まれた環境，長い伝統に育まれた自主性を尊重したプログラム，エネルギーに溢れた豊かな感性の学生カウンセラーたちの力で，子どもたちの慣れ親しんでいる日常的消費・情報空間から一時的に離れながら，子どもたちに「社会化・成長の空間」を提供しつつ，「個性を解放する優しい時空間」も保障していると考えている。さらに「本当の自分」を見つけられないで悩んでいる子どもたちには，「自分らしさ」を仲間とともに「ゆっくりと探しだしてもらえる時空間」でもあることを，この合同キャンプに参加した多くの子どもたちの声から実感するのである。

## 3　親への支援を通して行う子どもへの支援[6]

　筆者が児童虐待の問題に関わりを持つことになったのは，児童相談所に勤務した時からである。特に児童福祉司の職に就いて，虐待をしている，あるいはする恐れのある親等と出会う中でこの問題について真剣に考えることとなった。また，保育士養成課程のある大学に勤務し，保育所，幼稚園等を訪問し保育者と話をする中で，育児に対する不安を持つ親が予想以上に多いことも知ることとなった。このような経験を通して，考えさせられることも多くあり，今回はこれら自分の経験等に基づき，この現代的テーマについて筆者の考えを述べたい。

　さて，筆者には，虐待をどのように捉え理解するか，そしてどのように対応するか，さらにどのように虐待を防止することができるのかなど，という点が特に関心を引くのである。

　まずは虐待を理解する方法の一つとして心理学の知見を拝借することとする。心理学を学ぶと必ず出会う公式の一つが，前述した $B=f(P \cdot E)$ というものである。

　この行動の一つの例として，「虐待」を取り上げてみる。虐待は，虐待をする人の人格的要因と虐待をする人に影響を与えていた，あるいは与えている環境的要因との相互作用の結果から生じている，ということになる。そこで具体的事例を取り上げて，考えてみたい。

### （1）具体的事例から虐待発生の原因を探る

　前述したことをわかりやすく説明するために，新聞記事となった一つの事例を紹介する。「4歳男児（19日死亡）虐待義父を逮捕」。義父（31歳）は妻（25歳）とE男，長女

（２歳），次女（１歳）の５人暮らし。Ｅ男は妻と別の男性との子で，生まれてすぐに乳児院に預けられた。2005年３月より義父と同居。Ｅ男が無口でなつかないため，たまに平手でたたくなどしており，４月頃から「しつけ」「おしおき」として，床に投げ飛ばすなどの暴行が始まったという。保育所から児童相談所に通報があり指導をしており，事件当日も訪問し妻と面会。児童相談所は「育児が大変なら，またこちらで預かることもできる」などと施設入所を勧めていた。Ｅ男が入所していた施設ではＥ男の家庭引き取りの希望が出されたため，親子関係を築く目的で週１回の面会を最初は施設内で，その後は自宅に外泊させる形で欠かさず続けていた。週末に自宅に泊まる際は義父がＥ男の送迎をしており，施設にＥ男を迎えに来た義父は「パパ」と言って駆け寄るＥ男を抱き上げるなど，良好な親子関係を築いているようにみえたという。

その一方で家庭引き取りの後，義父の怒鳴り声が日常的に聞こえ「夜は眠れないほどだった」という住民の声もある。しかし義父については「ものすごく優しそうな人だった」という人もいる。それを裏づけるかのように，義父は児童相談所職員との面談の際に，「保育所に入れるようになりました」「養子縁組が整い，子どもの名字も変わったんですよ」と述べうれしそうだったとも書かれている。またこの記事には，母親が義父の暴力について「しつけだった」と夫をかばった，とある。

前述した公式からすると，Ｐにあたる虐待をした義父は「ものすごく優しそうな人」と思われると同時に，「平手でなぐる」「床に投げ飛ばす」といったように非常に表裏がある，あるいは感情の起伏の激しい人格の持ち主のようで，環境の影響を大きく受け，態度が変わるという特徴も持っていたと考えられる。

一方，Ｅにあたる「環境要因」として，一般的には，親の経済的状況，夫婦関係，親の地域とのつながり具合，親に相談できる友人等がいるかどうか，親と子どもの関係，などが挙げられる。家庭の経済状況が悪ければ，子育ての負担感は当然のこと重くなり，夫婦関係が悪ければ夫婦間の葛藤やストレスが弱い立場の子どもたちに向けられやすくなることも不思議ではない。また，「虐待は密室で起きやすい」といわれるように，親に地域とのつながりがない，相談できる友人等がいない，などということも子育ての不安感をより強める要因となることはこれまでの調査等からも明らかである。ここでは新聞記事にある情報を基に考えてみる。

まず，「親と子どもの関係」についてみると，「男児の態度」が虐待を引き起こす環境要因として大きかったようである。難しいのは，この事例でもわかるように，施設という環境下でＥ男の示した態度と，家庭という場においてＥ男が示した態度が違うというところである。いずれにしても，「Ｅ男の態度」が義父の行動に大きな影響を与えていたことは間違いのないところと考えられる。

家庭に戻ってのＥ男は「無口でなつかない」と義父には思えたようであり，まずはこの点に注目する必要がある。施設に面会に行った義父に対してＥ男は「パパ」と言って駆け寄り，義父もＥ男を抱き上げるなどしたとある。そのような義父に対して，Ｅ男が

第Ⅳ部　児童家庭福祉に関連する施策・機関・サービス

家で「無口でなつかない」という態度を見せたとすれば，それは何故か，Ｅ男の立場に立って考えてみる必要がある。考えられる可能性の一つは，施設で面会した時の義父の優しさが本物であるかどうかをＥ男が「試している」（試し行為）というものである。つまり「本物の愛情」に飢えていたＥ男にとって，義父の愛情が本物で信頼してよいものかどうかを見極めることは，極めて自然な行動であったといえる。しかしこの行動は，Ｅ男の立場に立てるだけの冷静さと思いやり，さらに愛情をもって見守る余裕がなければ，なかなか受け入れ難いものでもある。これから親としてやっていこう，特に親として認めてもらいたいという気持ちが強く，こころに余裕のない義父にとっては，Ｅ男の「試し行動」は大きな試練ともなる。

　「なつかない」ことは，一歩間違うと自分に対する反抗・挑戦と受け止められやすい。認めてもらいたいという気持ちが強ければ強いほど，「なつかない」ことは，絶対に許せない反抗であり，強い怒りを呼び起こすこととなる。

　次に，Ｅ男にとって最も身近であるはずの母親の態度はどうであったのか。母親の行動次第では，Ｅ男が命を落とすことは避けられたかもしれない。しかし母親は，夫の暴力を「しつけだった」とかばっている，つまりその時の母親にとっては，Ｅ男との関係よりも夫との関係を大切にしたい気持ちが強かったといえる。これは，子どもの幸せのために親が行動するのではなく，親自身の都合のために子どもが行動させられる（つまり，子どもの「間違った使い方」＝abuse）という，まさに「児童虐待の本質」を象徴する母親の姿といってよいであろう。

### （2）虐待の意味するもの

　虐待については，本書で何度も言及している通り増加の一途をたどっているが，その治療・予防にとって大切なことは虐待そのものの本質をどのように理解しておくかということである。厚生労働省の身体的虐待，ネグレクト（養育の怠慢・放棄），心理的虐待，性的虐待という分類により，虐待とは何かについてある程度イメージは持てるが，虐待発生のメカニズムを理解しようとすると，このような分類だけでは十分ではない。

　そこで，ここでは「虐待」という言葉そのものから，その本質を理解してみたい。この虐待という言葉について筆者は，ある児童養護施設の施設長から質問を受けたことがきっかけで関心をもった。「最近よく耳にする児童虐待という言葉は，響きがよくないと思うのですが，外国ではどういうのですか？」と尋ねられ，「チャイルド・アビューズ（Child Abuse）と言うようです」と答えたわけである。それ以来，虐待の説明をする時には，必ずこの英語を挙げて解説することとなった。

　チャイルドは児童ということで特に説明も必要としないが，アビューズという言葉は少し解説を要すると思われる。この英語を分解してみると ab＋use となり，use は「使う」とか「使用する」という意味でありわかりやすい。ab は少し馴染みが薄いと思われるが，アブノーマル（ab＋normal）という言葉を聞くとどうであろう。この英語は，

236

「ノーマルから離れている，ノーマルとは異なっている」ということで「異常である」という意味である。つまり，ab は「離れている，異なっている」などを意味する接頭語なのである。これを abuse に当てはめてみると，「使用」「使い方」が「（本来のあり方から）離れている」「（本来のあり方とは）異なっている」ということである。つまり「児童への対応が本来のあり方とは異なっていること」となる。

　児童の権利に関する条約（子どもの権利条約）にもある通り，本来，親は子どもに対して，「子どもの最善の利益を考えて行動する」ことが求められている。その意味では，児童虐待は「子どもの最善の利益」を否定する行為であり，時には生命までも奪う行為となる。子どもが求めるものを理解し，子どもの健全な成長ために行動すべき大人が，特に親が，それと正反対の「親の求めるものを獲得するために，あるいは親の欲望を満たすために子どもを利用すること」という具合に児童虐待を定義すると，非常に理解しやすくなる。同時に，これが現代における虐待の本質的側面を示していると考えるのである。

　筆者が出会った虐待をする，あるいはする恐れのある親ばかりでなく，保育所等の現場で働く職員から聞く「気になる親たち」には，不思議なことに前述した虐待の本質につながるものがある。つまり子どものためならばなりふり構わず行動するのではなく，親自身のため，あるいは親自身の求めるものを優先して行動し，子どもは「その後」で，と考える親の姿である。最近では，母親はきれいに可愛く着飾り，中にはスマホなどを見ながら歩き，子どもの方は後ろから母親を追いかけて行くという光景を目にする。子どもが話しかけても，子どもの方を見ることもなく生返事をしている姿さえ見る。その一方で，子どもに何かあればその責任を親が取るのではなく，他人に責任転嫁するという状況さえ生んでいる。子どもはそれを敏感に感じ，親に対して自分が大切なのか親自身の方が大切なのかを試すかのように親の気を引いたり，わざと世話のかかることをしたりする（試す）ことがあるのもうなづけるところである。

　「試し行為」は，他人との信頼関係を形成する上で見られるごく普通の行為であると同時に，過去の人間関係において強い不信感を体験した者にとっては，新たな信頼関係を構築する上で欠くことのできない重要な一里塚にもあたる行為なのである。

### （3）虐待予防に向けての今後の展望と課題――現代的子育ての本質の見直し

　具体的事例を通じて虐待が真に意味するものは何かを考えてみると，それはとりもなおさず現代的子育ての再点検を迫るようないくつもの課題を浮かび上がらせる。現代の子どもを取り巻く環境は大きく変化しつつある。少子高齢化，核家族化，都市化，情報化など，さまざまな要因が子育てに影響を与えており，親の子育てに対する不安はますます高まっていると考えられる。日本でも子育てに対する意識，男女の役割に関する意識などに変化が認められるが，その一方で父親は依然として仕事に長時間拘束されることが多い。母親は働いているいないにかかわらず，子育てに対する負担感を強く感じて

いる。国レベルにおけるさまざまな対策にもかかわらず，合計特殊出生率はなかなか期待通りに上がらない。経済的理由はあるにせよ，子育ての負担感が強いこと，つまり子どもを育てることが，「大変ではあるが何事にも代えがたい楽しみである」と感じられないことも大きな要因になっていると思われる。

　まずは子どもにとって最も身近な存在である母親，父親の果たす役割，家庭の意義について考えてみる必要がある。前述したように，最近は「家庭機能の弱体化」を感じさせるような事件が次々と新聞紙上をにぎわしている。親が子どもを虐待する一方で，子どもが親を殺すという事件も増加している現状に対して，私たちは何ができるのか真剣に考えてみなければならない。

　これに関連して，子育てにおいて，「子どもの最善の利益」はどのように守られるのかについても今一度検討してみることが必要と思われる。親の都合が優先されて保育の長時間化が認められていくとすると，そのしわ寄せは当然子どもに及んでいき，将来の社会にとっても思わぬ落とし穴となる。親が子育てをおろそかにしているとしたら，子どもは子育てという大切な人間の営みについて，親から十分に学ぶことができないまま育つことにもなる。その結果，自分が親になった時，どう子育てをしてよいのかわからなくなる。このように，現代の子育ては大きな危険をはらんでいるともいえる。勿論，社会全体で子どもを育てるという側面の重要性を否定するわけではない。

　また「親が手をかけなくても子は育つ」ということも一面の真理であるが，その「理屈」が通じた時代は，身近に多くの兄弟姉妹がいてお互いに面倒を見合ったりしている，また近くに親族や近所の人たちがいて子どもたちの世話をしてくれていた時代であり，子どもたち自身も順に子守をしたり，また小さい子や他の子の面倒をみたりして，その子どもの年齢に応じた子育てを学ぶ文化が継承されていたのである。今はどうであろうか。そのような文化の継承が困難な家族構成，社会状況となっており，さらに子どもが成長するために大切な「子どもが群れて遊ぶ」という風景も次第に見られなくなり，子ども同士が遊びの中で直接ぶつかりながら学び合う機会も減少してきている。このような現状をどう変えていけるかが大きな課題といえる。この課題に対応するためには，地域社会，そして社会全体で子育てを支援するということが極めて重要といえる。すでに国も子育て支援を重視し，予算的な配慮もこれまで以上にしようとしている。ただし，この方向性を後押しするには，国も掲げる保育所の増設，さらにそこで子どもたちを保育する保育士を量的にも増やし，さらに質的にも高めていく必要がある。

　また次に「地域の崩壊」が言われるようになってから久しいが，どうすれば地域社会を生き返らすことができるかも重要である。近年子どもが被害者となるような事件が多発している影響などもあり，地域の重要性が再認識されつつあるだけでなく，それぞれの地域でさまざまな具体的取り組みが実践されるようになった。身近で事件が起き，親，関係者なども事態の深刻さを意識し，「自分たちの子は自分たちで守らなければ」と動き出したのである。このような時期にこそ，もう一度地域の役割の見直すことが重要と

第14章　事例で見る児童家庭福祉サービス

いえる。さらに子育て不安や虐待などの問題を解決するためには，地域の保育所など児童福祉施設の機能を活用しつつ，福祉機関，教育機関，医療機関，警察機関，司法機関など関係機関が相互に連携し協力していくことも大切である。

　それでは，これまでに明らかになってきた課題に対して筆者が重要と考える問題解決のための視点をいくつか取り上げてまとめとしたい。

### （4）問題解決のための視点
#### 1）「地域での普段の付き合いを大切にする」という視点

　虐待予防において重要なことは，虐待を早期に発見し，対応することとよく言われる。この意味において，児童福祉法が改正され，2005（平成17）年4月からは，比較的軽微な相談は市町村で，深刻な事例は県の児童相談所で対応するという役割分担が定められた。しかし児童相談所の児童福祉司は人口5～8万人に1人という国の規定がある一方で，市町村職員には基準がない実情がある。また市町村職員は数年で移動してしまい専門知識が十分あるとはいえない弱みがある。そのような中で，次のような事例も起きている。

　ある市の虐待相談専用電話には，3カ月で34件の相談や通報があった。「近所の家で子どもが毎日泣いている」という通報も2件あった。10分以内に動き，1時間以内に対策会議を開く。職員が現場に走って世帯を特定した後，乳幼児健診の記録など市にある情報を集める。いきなり家庭に行っても親に逆上されることもあり，家庭との信頼関係が築けない。健診で家庭と接触したことがある保健師などを通じて状況を聞いてもらい，対策を考える。通報された2件は結局，アトピーがつらくて泣いていたなど，虐待ではなかった。[9]地域で生活する住民が，虐待を未然に防ぐため専門機関を活用したことは，この制度が理解されつつあることを示しており高く評価できる。しかし同時に考えておきたいことは虐待かもしれないと考え通報する社会の仕組みとともに，このような誤解が起こらなくてすむ社会の仕組みを復活させることである。このためには，日頃から近所の付き合いがあり育児のことも含めて気軽に話ができ，お互いが知り合いであるような地域社会が必要といえる。具体的にどのようなことが考えられるか。

　まず，子どもの身近に誰か大人がおり，子どもを自然に見守れる地域社会が必要であろう。「道草をする」という言葉は筆者にとって懐かしいもので，楽しい，しかし時には怖い思いもした時間であった。これができるためには，道草をしていてもよい「時間」があること，道草をしたくなるような「場所」があること，さらに一緒に道草ができる「仲間」がいること，そして必要な時には教えたり，助けてくれたりもする，年長児童や見守る「大人」の存在があることが必要である。世の中の大人が，子どもの健全育成にとってはこのような環境が本当に必要であると気づくまで，残念ながら悲しい事件も終わることがないのではないかと危惧している。

　もう一つの事例を紹介する。ある病院の先生は赤ちゃんの折檻死（乳児虐待）増加を，

第Ⅳ部　児童家庭福祉に関連する施策・機関・サービス

「親になる準備不足を感じる。できちゃった婚があたりまえになった時代背景も影響している」とみている。たとえば，「夜泣き」は生後２～３カ月ぐらいから１歳半ぐらいにかけて起こりやすい。赤ちゃんが睡眠のリズムを作っていく成長の過程に起こるものと考えられる。赤ちゃんが「大きくなるよ。大きくなるよ」と叫んでいるのが夜泣きである。つまり，大切な心構えは，妊娠中から，困った時に相談できる地元の機関を把握し，近所の人達と知り合いになることである。赤ちゃんの夜泣きは，子育てをしたことのある人ならば誰もがほとんど体験している。多くの親がこれをうまく乗り切れるのは，自分にもこんなことがあったと親から聞かされていること，身近に子どもの夜泣きに上手く対応してくれる人がいること，この大変さをわかってくれる人がいることなどの要因によることが多く，身近に話のできる人がいてくれることが大切といえる。

　行政による取り組みも紹介してみたい。これは，「産む前からの子育て支援」をする事例である。Ｉ県で昨秋「マイ保育園」制度が始まった。母子健康手帳の交付時に申請書を渡し，希望者が身近な保育所や幼稚園に登録し，妊娠中から子どもが３歳ぐらいになるまで登録園で育児体験や相談ができる，いわば「かかりつけ保育所」だ。交流保育に参加した母親が，「あまり泣かない赤ちゃんをかまわなくてだいじょうぶ？」と質問すると，保育士が「おとなしい赤ちゃんでも，どんどん話しかけていくと，刺激になり表情豊かになりますよ」と答える。そんな説明に母親たちがうなずく。「子育ての知識だけでなく，お母さんの友だちもできるので助かります」と妊娠中の主婦が感想をもらしている。これは，先に説明した，子育て不安や虐待などの問題解決のために，地域の保育所など児童福祉施設の機能を活用しつつ，福祉機関同士が連携・協力している例といえよう。このようにして，専門的知識と技術も持った保育者が地域において，保護者の相談に乗ったり，さらに保育所等の地域資源を活用して交流保育などを行ったりしていくことで，参加した保護者はもちろん子どもも色々な人に出会い，さまざまな刺激を受けることになり，保護者の安心と子どもの成長につながる機会を得ることができるといえる。そして，もし発達の遅れなどが疑われた場合には，子どもを観察し，保育してくれた保育者から，さらに専門的な対応ができる児童相談所等の専門機関へ紹介してもらうことで，問題の早期発見・早期対応が可能になるともいえよう。

### ２）「子育ての期間」は「親（大人）になるための期間」でもあるという視点

　本節を終えるにあたってのまとめとして，以下の視点を挙げておきたい。

　これまで筆者が述べてきたように，子育ての期間は，親にとって大変な時期でもあるが，仕事や家事などとのバランスを保ち，子どもを育てることを通じて，子どもの人に対する信頼感を育て，自立の心を育むことができるといえる。この子育ての期間（過程）を経験してこそ，大人は子どもの親となることができるといってもよいであろう。子どもがこころから親を求めている乳幼児期こそ，社会は母親と父親が安心して子育てに対応できる支援を，理念的にも財政的にもすべきであると考える。外国と比較して日本では子育て支援等に向けられる国家予算が少ないといわれる中で，日本における男性

の労働時間はまだまだ長いといわれる。このことは子育てにおいて，父親の参加を困難にし，さらに母親への協力も難しくしているわけで，女性の子育ての負担感を一層大きくしている要因の一つと考えられる。

　このような現状において，日本社会の動向をみると，まずは社会全体で，長時間労働の問題点について明らかにする必要性があると考える。その上で，IT 機器などを活用して，より短い時間の中での効率的な働き方ができる環境を，国・企業が協力して作り上げていくことが，日本における子育て環境の改善に結びつくものと考える。さらにこの流れの中で，女性が働きやすく，また安心して子育てのできる環境にするためには，子育て支援や待機児童対策などの国の子育て関連の予算を充実させ，さらに実際に子どもの保育に関わる専門的知識と技術も持った保育士を養成することが必要と考える。その上で，やりがいを持って保育してもらうためにも保育士の待遇改善を図りつつ，保育現場において活躍できるような環境を整備し，保護者とともに子育てをしていくことのできる社会を作り上げていくことが，保護者が子育てしやすく，子育ての楽しみを感じることができることにもつながり，国の目指している合計特殊出生率を上げ，少子化にも歯止めをかけることにもつながるのではないかと考える。


**注**

⑴　本節は，加藤俊二編著『現代児童福祉論 第2版』ミネルヴァ書房，2008年，268-280頁を，加筆・修正したものである。

⑵　本項は，七木田敦編著（2007）『実践事例に基づく障害児保』保育社，2007年，100-102頁を，加筆・修正したものである。

⑶　本節は，服部次郎「2001年度アサヒ健常児・障害児合同キャンプに思う」（研究レポート）朝日新聞厚生文化事業団名古屋事務所，2001年，を，加筆・修正したものである。

⑷　障害児と健常児で構成される児童グループの発展段階を，第1に「個別ニーズの把握とその充足」の段階，第2に「信頼関係の成立と自己表現の芽生え」の段階，第3に，「興味・関心の共有化とグループ意識の芽生え」の段階，第4に，「グループ意識の育成と活躍の場の保障」の段階の4つに分けて考察する手法（服部次郎「障害児と健常児がともに育ちあう環境とは──アサヒ障害児・健常児合同キャンプにおけるグループの発展段階に焦点を当てて」『岡崎女子短期大学研究紀要』42号，2009年，41頁）。

⑸　土井隆義『個性を煽られる子どもたち』岩波書店，2004年，35頁。

⑹　本節は，谷口卓ら編著『実践から学ぶ児童虐待防』学苑社，2007年，126-145頁を，加筆・修正したものである。

⑺　「中日新聞」2005年5月18日付朝刊。

⑻　「中日新聞」2005年6月5日付朝刊。

⑼　「中日新聞」2005年11月22日付朝刊。

⑽　「中日新聞」2006年1月30日付朝刊。

⑾　「朝日新聞」2006年9月5日付朝刊。

第Ⅳ部　児童家庭福祉に関連する施策・機関・サービス

**参考文献**

加藤俊二編著『現代児童福祉論 第2版』ミネルヴァ書房，2008年。

谷口卓ら編著『実践から学ぶ児童虐待防』学苑社，2007年。

土井隆義『個性を煽られる子どもたち』岩波書店，2004年。

七木田敦編著『実践事例に基づく障害児保』保育社，2007年。

服部次郎「2001年度アサヒ健常児・障害児合同キャンプに思う」（研究レポート）朝日新聞厚生
　文化事業団名古屋事務所，2001年。

<table>
<tr><td>終　章</td><td>児童家庭福祉の現状・課題と<br>今後の展望</td></tr>
</table>

## 1 児童家庭福祉の現状・課題

### （1）児童相談所から垣間見える児童家庭福祉の現状と課題

　児童家庭福祉の現状と課題を考える上で参考になるのは，18歳未満の児童のあらゆる相談に応ずる役割を担う児童相談所における相談状況を見ることであろう。たとえば2014（平成26）年度の相談種類別対応件数の状況（表 10 - 2〔第10章〕参照）を見ると，児童家庭福祉の現状をうかがい知ることができる。具体的に相談件数の多い順に挙げてみると，障害相談では全体の43.7％，ついで養護相談は34.6％，育成相談（しつけ，不登校などの相談）については12.1％，そして非行相談は4.0％，保健相談が0.5％となっており，その他相談が5.1％という状況で，全体では42万件余りの相談を受けつけている。特に目を引くのは養護相談であり，過去10年間，毎年増加している。その中で虐待相談も同様の傾向にあるが，問題はその相談の深刻度である。障害相談と比較してみるとわかりやすい。

　表 10 - 3（第10章）に，2015（平成27）年度に愛知県の児童相談所が対応した相談件数が示されている。これを見ると，実件数では37％程度であった養護相談が延件数では80％程度を占めるという現状が明らかになる。この原因は，たとえば障害相談が療育手帳の判定を主な内容として 1 件当たり 1 ～ 2 回の相談で終了するのに対して，養護相談（児童虐待を含む）は家庭が多くの課題を抱えている場合が多く，何度も調査や相談が行われていることにある。さらに状況を難しくしているのは，この課題を抱える家庭の保護者が子どものために積極的に相談をしてくれるとよいのであるが，問題となる家庭の保護者はそれをしない，あるいはできないという事例が多いことだ。このような事例では児童の虐待に至ることがあり，近年の児童相談所業務は養護相談（特に児童虐待に関する相談）に多くの時間を費やしている。ここでは最も深刻といわれる虐待問題を中心に言及していきたい。

### （2）子育ての困難さの象徴としての児童虐待問題

　児童（家庭）福祉を考える時，日本における虐待問題の現状は極めて深刻なものといえる。社会状況の変化に伴い虐待の定義が変更されてきている影響もあり，虐待相談件数は初めて公表された1990（平成 2 ）年度の1,101件と比較して，2015（平成27）年度は約90倍の10.3万件という状況である。このような状況に対して，国も様々な対応をして

243

きている。児童虐待防止法の制定（2000年）とその後の改正，さらに児童福祉法の改正など法律面から虐待問題の解決・予防への努力がなされてきた。それと歩調を合わせて，児童相談所の権限の強化，児童相談所も含む関係する地域機関によるネットワークの構築，さらに警察・裁判所など関係する機関との役割分担・連携の強化なども行われてきているが，決定的な効果を生み出すところまでは至っておらず，なお，多くの課題を残している。

　この児童虐待の問題の伏線としては，親が子育てを負担と感じたり，不安を感じたりすることに加えて，子育て支援策の不十分さが浮かび上がってくる。子育て支援においては，一方で子どもが生き生きと過ごせる時間と場と仲間を持てるように保障することが大切であるが，もう一方で親が子育てから一定時間離れて，ゆっくりと自分の時間が持て，楽しく過ごせる，あるいは必要に応じて相談ができる時間と場と仲間がもてるように配慮することも重要である。

### （3）児童・家庭・社会の抱えるさまざまな問題

　少し視野を広げ児童・家庭・社会の現状と課題を見てみる。これまでの各章において他の執筆者の方々が取り上げているテーマ等を参考に論を進めたい。

　まずは，「少子高齢化社会」と「子育て支援」についてである。この課題は，日本社会が直面している最も大きなものの一つといえる。近年における核家族化等による世帯構成の変化は，家庭の養育機能の脆弱化につながっているともいわれる。1989（平成元）年のいわゆる1.57ショック以降，国はエンゼルプランをはじめとして，さまざまな形での少子化対策を行ってきた。しかしその後も合計特殊出生率の低下は止まることなく，2005（平成17）年には最低値である1.26を記録した。ここ数年は若干の増加傾向が認められ2016（平成28）年は1.44となったが，決して安心できる状況ではない。このような急激な少子化の進展は家族のあり方にも大きな影響を与えており，その一つが子育ての不安や悩みにあらわれているともいえる。

　子育て中の夫婦は子育てに対して，どのような負担感や悩みを抱えているか。図1-2（第1章）によれば半数以上の人が「経済的な負担」を挙げている。それ以外には，自分の時間が持てないこと，心身の疲労，しつけや子どもとの交流の悩み，周囲の協力など，子育て全般に関する悩みが挙げられている。

　さらに深刻な状況を抱えているのが，「ひとり親家庭」の現状である。ひとり親家庭においては養育機能が脆弱になりやすく，手厚い支援が必要といえる。

　「平成23年度全国母子世帯等調査結果報告」から母子世帯となった理由は，死別が7.5％，生別は92.5％となっている。生別の内訳の上位は離婚が全体の80.8％を占めている。父子家庭となった理由は，死別が16.8％，生別は83.2％となっており，生別の内訳の上位は母子世帯同様に離婚が全体の74.3％を占めている。収入面においては，厚生労働省の「国民生活基礎調査」によれば，2010（平成22）年の児童のいる世帯の平均所

得金額は658万円であるのに対して，母子世帯の平成22年の平均年間収入は291万円，父子世帯の平均年間収入は455万円となっており，単純比較はできないが，ひとり親家庭の経済状況はそうでない世帯と比較して困窮状態にあると推測できる。また，文部科学省による「平成26年度学校基本調査」では，高等学校への進学率は，全世帯で96.5%に対して，ひとり親家庭では93.9%である。大学等への進学率においては，全世帯53.7%に対して，23.9%にとどまっている。

　ひとり親家庭においては，不安定な雇用環境，劣悪な経済状況の中で暮らしているだけではなく，子どもの教育においても不利な状況に置かれていることがわかる。ひとり親家庭等への支援の体系として自立支援があり，これは「母子及び父子並びに寡婦福祉法」により，子育て生活支援・就労支援・養育費確保支援・経済的支援の4本柱により推進されている（詳細は第8章参照）。

　次に最近よく耳にする，「子どもの貧困問題」についてである。この問題については，「子どもの相対的貧困率」というものが発表されている。2014（平成27）年4月1日，「ハートネットTV」（NHK）において，「子どもクライシス　第1回，貧困・追いつめられる母子」が報道され，6人に1人の子どもが貧困状態にあることが大きな社会問題となった。

　貧困の問題は「毎日の食事が手に入らない」といった，発展途上国に見られるような問題だけではなく，「周りの人々が当たり前に享受している健康で文化的な生活を，貧しさゆえにすることができない」といった，周囲との生活水準の差によるものも考えなければならない。これに関しては，「こども食堂」なるものも登場して問題解決への試みがなされており，今後の展開に期待がかかる。


### （4）教育の現場にみられる児童家庭福祉の課題

　以上の問題・課題に加えて，子どもの教育に関して，学校教育と児童問題について触れなければならない。「ゆとり教育」が強調されていた時代から，現在は「生きる力を育てる教育」に重点が移ってきている。小学校においては，2011（平成23）年度から，現行の学習指導要領が実施され，ゆとり教育から，生きる力を育てる教育に軌道の修正が行われた。生きる力は確かな学力，豊かな人間性，健康・体力を3つを柱としており，バランスの取れた知識・技能の習得と思考力・判断力・表現力の育成，道徳教育，体育等を充実させることがポイントとされた。そのため週あたりの授業時間が増加され，言語活動，理科教育，日本の伝統や文化に関する教育，道徳教育，体験活動，外国語教育の充実などが具体的に盛り込まれた。こうした改革により，国際社会の中でたくましく活躍していくことができる児童の育ちが期待されている。

　しかし，こうした制度上の改革とは別の次元で，学校現場では子どもの育ち・教育をめぐる様々な問題が山積している。

　第1に，「いじめ」の問題である。古くは1994年の愛知県西尾市における中学生のい

じめ・自殺事件により，1990年代以降，この問題が広く世の中に知られてから，以後，様々な取り組みが日本全国で行われてきている。その後も，たとえば2011（平成23）年に大津市の中学校の男子生徒が自宅のマンションから飛び降りて自殺をするという痛ましい事件があり，マスコミでも大きな話題となった。背景に，同級生らによる複数の暴力や恐喝があったことから，学校での対応が大きな問題とされた。この事件をきっかけとして，2013（平成25）年に「いじめ防止対策推進法」が成立し，いじめ問題に対して，社会全体で取り組んでいく体制が組まれることとなったが，これは既に第1章で説明したとおりである。

### （5）情報化社会と児童問題

　最後に，情報化社会と児童問題を取り上げる。何よりも，インターネットの普及が青少年に，また社会全体に大きな影響を与えている。特に課題となることは，IT 機器等の健全な利用についてであろう。2016（平成28）年の夏，GPS 機能を利用したゲームがインターネット上に公開されるや，全世界に瞬く間に広まった。スマートフォンでゲームをしながらの運転による自動車事故やその他の犯罪被害が発生し，その危険性が明らかとなっている。

　内閣府が実施している「青少年のインターネット利用環境実態調査」（2015〔平成27〕年度）によれば，スマートフォン，タブレット，パソコン，携帯ゲーム機等の機器を利用している青少年は91.5％であり，79.5％がいずれかの機器を使用してインターネットを利用している。インターネットの普及により，私たちの生活は便利になる一方で，新たな問題も浮き彫りとなった。

　多くの児童が2時間以上インターネットを見て日々を送っていることは，視力低下だけではなく，人と人との直接コミュニケーションや実際の事物に触れるなど直接体験の不足につながり心身の健全な発達を阻害する要因となる。インターネットから離れることができなくなったいわゆる「ネット依存」をはじめとして，「出会い系サイト」等を介した性被害，成人向け有害情報の閲覧，ネットいじめ，ワンクリック詐欺等の経済的な被害，など多くの問題生み出している。インターネットによる様々な危険を回避し，児童が安心してインターネット環境を利用できる体制を整備するために，2008（平成20）年に「青少年が安全に安心してインターネットを利用できる環境の整備等に関する法律」が制定された。この法律は，青少年が適切なインターネット活用能力を習得し，青年有害情報の閲覧機会を最小限にすることを目的（第1条）として制定されている。

　以上のように，児童と家庭を取り巻く環境は時代とともに大きく変動しつつあり，便利であることが必ずしも児童，家庭にとって幸せをもたらすとはいえず，自然環境も含め，いかにバランスを保った環境（第14章第2節参照）を整えていけるかが，現代の大人・社会の課題ともいえよう。

終 章　児童家庭福祉の現状・課題と今後の展望

## 2　児童家庭福祉の動向と展望

### （1）権利の主体としての児童と自立

　先の第1節の児童家庭福祉の現状と課題を受けて，ここでは主に今後の動向と展望についてまとめておきたい。

　「まえがき」でも触れたが，変化の激しい時代の中で児童家庭福祉に関する理念・考え方も，大きく転換しつつある。児童に関しては，「児童の権利に関する条約」の国連における採択と日本による批准（1994年）以降，これまでの児童を「保護の対象」とする考え方から，児童を「権利の主体」とする考え方への転換がなされ，さらに児童の「自立支援」を重んずる考え方が主流となっている。この流れは，2016（平成28）年改正の児童福祉法の第1条（第6章参照）においても，明確に見てとることができる。

　児童家庭福祉の動向と展望を考える時，どのような理念を描き，それに向けていかに理論的かつ実践的に児童家庭福祉を進めていくかが重要であるが，その意味では，今回（2016年制定）の改正児童福祉法は，特に児童を権利の主体とみなし，かつ児童の自立を支援するという明確な目標を示しているという点においても，極めて優れた内容であり，今後の日本における児童家庭福祉の指針となりえるものと考えられる。

　しかし，日本の現状は児童家庭福祉の充実と児童の自立を促進する上で，多くの困難を抱えているというのが正直な筆者の思いである。そこで，この困難を乗り越えて展望を開くきっかけとなりうるものを考えてみたい。まずは，将来を担うであろう筆者自身が日頃教えている学生に目を向けてみる。彼らの活動や学びにおける関心のあり方を見聞きすると，そこにヒントが隠されていると考える。具体的には，学生たちの地域の小学校，児童福祉施設や療育施設におけるボランティア活動や民間の運営する福祉活動関連の団体への参加，たとえば「こども食堂」に対する関心やそれに関係する集まりへの参加，さらに筆者が高く評価している自然を活用してのキャンプ活動への参加などである。

　小学校へのボランティア活動では週に1回程度参加したり，さらに自然豊かなキャンプ場での児童の指導などでは，夏休み中に1カ月間をキャンプ場で過ごしたり，キャンプ活動の企画から指導までに関わっているという報告を学生から受けたこともある。

　このような学生たちの地道な努力と，その活動状況を聞いてみると，今後の児童家庭福祉の発展を考える上で必要とされる人材が育ちつつあると感じる。と同時に，こうした学生が活動をしやすいように大学・社会がしっかりと支援していくことが必要ではないかと考える。大学における座学だけではなく，このような社会的活動も適切に評価していくことが望ましく，大学での実践的あるいは職業的教育の一環として，大学での授業の一つとして単位を認めていく方向での検討も望まれる。授業単位として認めるかどうかは別としても，学生たちのボランティア活動をはじめとした社会的活動を評価することが，社会でも力強く生きていける，自立した学生，さらに児童を広い視野の下で育

て，教えていけるような学生を育成していくことにつながるといえよう。児童家庭福祉
や教育の分野において活躍できる人材を幅広く育てていくためには，このようなプログ
ラム実施のために財政的基盤を確立させること，つまり必要な予算を確保する必要があ
る。


**（2）児童観の変遷からみた児童家庭福祉・教育への展望**

　将来のあるべき児童福祉を考えるためには，歴史に名をとどめた思想家・教育福祉実
践家等の児童観からも学ぶ必要性がある。

　　フランスの哲学者ルソー，スウェーデンの教育者ケイ，イタリアの教育実践家モン
テッソーリ，ポーランドの社会事業家コルチャックのような歴史上の人物から私たち大
人は学ぶべきで，その結果として，児童の主体性を尊重しつつ，児童を権利の主体と考
え，児童家庭福祉の今後の展望を検討し，その動向を見守ることが必要であろう。その
意味では，児童虐待問題をはじめとするさまざまな児童の問題において，何よりも児童
の気持ちを十分に聞き理解し，児童の年齢と成熟度も考慮した上で，児童の最善の利益
に沿った対応を，児童とともに考えていくことが望まれるのである。

　子どもと家庭を取り巻く環境や地域社会・社会が大きく変化する中では，前述したよ
うに児童を権利の主体と考え，主体性を尊重する一方で，児童のこころの安全基地とも
いえる家庭を支援する必要性が高まっている。

　すでに前節において，人材育成の重要性や必要な予算措置の必要性を説いたが，いく
ら良い理念を掲げても，それを実現化できるような裏づけを怠っては児童家庭福祉の展
望も開けてはこないであろう。現に，日本における貧困家庭の問題はその矛盾の現れと
もいえ，大きな社会問題になりつつある。


**（3）児童の自立とそれを支える環境**

　前述したように，児童福祉法第1条に「自立」という概念が明記されていることも，
象徴的であるといえる。現代の青少年の生きざま，あるいは彼らが置かれている状況を
みてみると，青少年が「自立」することに難しさを感じていること，さらに自立したい
と考えていてもそれを実現することが困難な社会・経済状況にあることが浮かび上がっ
てくる。これは，ある意味で大人，社会の責任でもあり，このことが青少年の関わるさ
まざまな問題・事件の一因であるとすれば，大人は児童・青少年の自立が実現するよう
な，あるいは自立を支援するような社会環境を整える必要があり，その意味でも「自
立」の考え方を法律に明記したことは極めて意義のあることである。

　社会環境を考える際には，前述した IT 社会の中で，いかに青少年の健全育成を推進
するかが鍵を握っているといえよう。そのためには，青少年の求めるものや夢も大切に
しながら，家庭も，地域社会，企業も，民間組織も，そして国・地方公共団体も知恵を
出し合いながら望ましい社会環境を整備する必要がある。

終 章　児童家庭福祉の現状・課題と今後の展望

　最後に挙げておきたいことは，少子高齢化が急速に進んでいる日本において，児童・高齢者に対して自立という考え方が支援の柱になるべきと考えられる。その意味では，家庭・地域において，特に児童，青少年さらに高齢者の自立が可能になるような環境を社会全体で準備し，築き上げることが望まれる。その上で，年齢を超えて，児童，青少年，高齢者がお互いの立場，特徴を理解し合い，その上で共に生きる，共に支え合う生き方を模索していくことが必要といえよう。具体的には，地域の色々な場所（たとえば，公民館，学校，保育所・幼稚園など）において，色々な時間帯に，年齢を超えてみなが集い，語らい，共に活動して楽しめることが，今後の児童家庭福祉の展望を開くきっかけになると筆者は確信している

　児童の成長を支える環境として，第14章で取り上げた自然を活かして児童健全育成を目指す行事等は，今後ますます重要性を増すものと予想する。特に，科学の進歩が目覚ましく，IT 機器がより一層活用されるであろう将来の社会を考えると，児童が健全な人格を保てるようにバランスのとれた環境はきわめて重要である。

## あとがき

　現代は，科学をはじめとしたさまざまな分野で大きな進歩・変革をとげつつある。特に情報技術の分野では進歩の早さに驚かされるばかりである。児童も大人も，その恩恵を受けていることは間違いがない。しかし，昨今のスマホをはじめとした IT 機器の普及に関連して，幼い頃からの長時間使用，児童を巻き込んだ事件・犯罪，スマホ，ゲーム等に見られる熱狂の中で，さまざまな弊害も見られるようになった。若者ばかりでなく責任ある大人までもがゲームをしながら車を運転し死亡事故を起こすといった具合に，その便利さをコントロールしきれない人々が存在するのも事実である。これは真の意味において自立ができていないことの裏返しともいえる。

　人は，常に何か依存するもの，支えてくれるものを求めている存在といえる。問題は，社会のルールも守れず過度に依存し，他者の権利までも侵害してしまうところにあるといえる。このような問題のある「依存」が薬物・ギャンブルにとどまらず，スマホ，ゲームの世界にまで広がる背景には，人が自立に必要な「適切な支え（依存もその一つ）」を欠いているからではないかと筆者は考えている。

　執筆にあたっては，保育・教育現場で児童家庭福祉を教えている方は勿論，児童家庭福祉の現場での豊富な指導経験を持ち，かつ現在教育現場で学生に教えている方や福祉行政の第一線で活躍した経験を持ち，その上で現在大学等にて教えている方，そして現場で一貫して児童家庭福祉に関わられている方などにお願いした。それによって，内容に具体性を持たせることができ，さらに色々な視点から福祉を考えることができるものとなり，学生の方々や，現場で児童家庭福祉に関わる関係者の方々にも，このテキストを利用して学ぶことで児童家庭福祉をより身近なものに感じていただけるように工夫することができたと自負している。

　最後に，この企画を全面的に応援いただいたミネルヴァ書房様，特に編集の上で色々とご協力・ご指導いただいた編集部音田潔様，そして短い期間の中で特色ある内容を執筆いただいた先生方，さらにその他，色々な点でこの企画を応援いただいた方々に，こころより感謝いたします。

2017年12月

服部次郎

# 索　引

## あ行

愛着　36
赤沢鐘美　60
アタッチメント　→愛着
安心できる場　186
安全基地　55, 214
生きる力を育てる教育　18
育成医療　192
意見表明権　71
石井十次　51, 60
石井亮一　51, 61
いじめ　38, 72
　　──の４層構造理論　20
　　──防止対策推進法　20
遺族年金　193
一時預かり事業　86
1.57ショック　12
偽りの自己　216
居場所づくり　24
「今, ここ」を生きる存在　60
意味ある時間　3
『隠者の夕暮』　58
ウェルビーイング　49
ウェルフェア　49
エディプス・コンプレックス　40, 41
『エミール』　57
エレクトラ・コンプレックス　40, 41
オウム返し　222
オーエン, R.　58
岡山孤児院　51, 60
親子再統合　101

## か行

学習指導要領　18
学校教育　131
家庭学校　51, 61
家庭機能の弱体化　238
家庭教育　130
家庭裁判所　140, 171
　　──調査官　141
家庭支援　50
家庭的保育事業　86
寡婦　110
監護教育権　74
「感情を適切に表現させる」という原則　161
関心のある遊び　224
基本的信頼感　7
虐待　203
　　──の早期発見の義務　99
ギャングエイジ　37
救護法　51, 109
吸啜反射　42
教育委員会　175
教育基本法　129
　　新──　129
教育支援センター　25
教育の機会均等　130
強制措置　174
行政的機能　1
協力・連携　6
去勢不安　41
居宅訪問型保育事業　87
キンダーガルデン　58
クライエント中心療法　43
ケイ, E.　58
刑事責任最低年齢　76
合計特殊出生率　184, 200
厚生労働省　146
公的な福祉サービス　52
高度経済成長　62
広汎性発達障害　223
国際権利章典規約　→国際人権規約
国際人権規約　68
国際的な子の奪取の民事上の側面に関する条約　76
国際養子縁組に関する子

の保護及び国際協力に関するハーグ条約　76
国民所得倍増計画　62
国民の通告義務　99
孤女学院　51, 61
個性化　35
子育て援助活動支援事業　88
子育て環境　241
子育て世代包括支援センター　177
子育て短期支援事業　85
個体化　36
こだわり　222
子ども・若者育成支援推進大綱　27
子ども・若者育成支援推進法　27
子ども・若者支援地域協議会　28
子ども・若者ビジョン　→子ども・若者育成支援推進大綱
子ども手当　186
子どもの家　59
「子どもの権利ノート」　73
子どもの最善の利益　1
子どものための安全計画　101
子供の貧困対策に関する大綱　18, 127
子どもの貧困対策の推進に関する法律　18
「個別化」の原則　160
コルチャック, J.　59
婚姻適齢　75

## さ行

最善の利益　173
在宅指導　53
在宅処遇　52
里親　88, 89

差別の禁止　136
自我同一性　42
　──拡散　42
事業所内保育事業　87
「自己決定させる」とい
　う原則　162
自己成長論　43
思春期における自立と親
　子の関係　32
自助　52
施設実習　203
施設処遇　52
施設退所後の児童　55
市町村保健センター
　153
室内空間　228
児童　111
児童委員　89,154,196
児童買春，児童ポルノに
　係る行為等の規制及び
　処罰並びに児童の保護
　等に関する法律　142
児童家庭支援センター
　153
児童家庭福祉　48,50
児童館　185
児童虐待　37,94
児童虐待の発生予防
　101
児童虐待の防止等に関す
　る法律　73,98,195
児童虐待防止法　→児童
　虐待の防止等に関する
　法律
児童憲章　62,128
児童厚生施設　185
児童自立生活援助事業
　197
児童心理司　152
児童心理治療施設　172
児童相談所　89,148,
　172,173,194
児童中心主義　60
児童手当　186
児童の意見表明権　63
児童の権利宣言　67
児童の権利に関する委員
　会　75
児童の権利に関するジュ

ネーヴ宣言　66
児童の権利に関する条約
　63,68,82
児童の最善の利益　55,
　63,67,95
『児童の世紀』　58
児童買春禁止法　→児童
　買春，児童ポルノに係
　る行為等の規制及び処
　罰並びに児童の保護等
　に関する法律
児童福祉　48,50
児童福祉司　151
児童福祉施設　83,84,
　89,91,154
児童福祉審議会　89,
　112
児童福祉法　51,80,81,
　83,84,92,146
児童扶養手当　113,193
児童遊園　185
児童養護施設　172,202
慈悲　50
自閉症スペクトラム障害
　223,224
社会的児童養護　200
社会的ひきこもり　37
社会的欲求　163
社会保障審議会　147
重要な他者　9
受動的権利　63
「受容」の原則　160
障害児施設　210
障害児保育　183
障害者基本計画　137
　──（第2次）　137
　──（第3次）　137
障害者基本法　134
障害者支援施設　210
障害者自立支援法　138
障害者総合支援法　→障
　害者の日常生活及び社
　会生活を総合的に支援
　するための法律
障害者の日常生活及び社
　会生活を総合的に支援
　するための法律　138
障害者の日常生活及び社
　会生活を総合的に支援

するための法律　139
障害者プラン　137
小規模居宅型児童養育事
　業　86
小規模保育事業　86
聖徳太子　50
小児慢性特定疾患治療研
　究事業　120
小児慢性特定疾病　84
承認欲求　163
少年鑑別所　141,171
少年法　140
少年補導センター　171
助産施設　90
所属欲求　163
ショートステイ　202
自立　55,63
自立援助ホーム　197
自立化　229
自立支援　2,54
　──医療　192
　──給付　140
親権制度　73
親権喪失　74,100
親権停止　75,100
心中以外の虐待死　95
心中の虐待死　95
新生児　117
　──マススクリーニン
　グ　119
身体障害者手帳　187
身体障害者福祉法　51
身体的欲求　162
真の自己　216
信頼感　7
信頼関係形成　168
心理社会発達説　40
心理的欲求　163
スクールカウンセラー
　38
スクールソーシャルワー
　カー　31
健やか親子21　122,177
　──（第2次）　177
ストーカー規制法　→ス
　トーカー行為等の規制
　等に関する法律
ストーカー行為等の規制
　等に関する法律　106

254

索　引

性格形成学院　58
生活安定　187
生活困窮者自立支援制度
　　18
生活保護法　51
精神障害者保健福祉手帳
　　188
精神薄弱者福祉法　51
生理的欲求　162
世界人権宣言　67
戦災孤児等保護対策要綱
　　80
選択議定書　71
相対的貧困率　17
ソーシャルネットワーク
　　33

## た行

体験入学　215
体罰　72
代弁　223
滝乃川学園　51,61
立入調査　99
試し行動　8,205
地域子育て支援拠点事業
　　85,183
地域社会　239
　　——における共生等
　　135
地域生活支援事業　140
地域の共助　52
地域の崩壊　238
地域福祉　48,52
チームワーク
　　縦の——　168
　　横の——　167
注意欠陥多動性障害
　　76
懲戒権　74
長期欠席者　23
治療的機能　1
適応指導教室　25
適切な依存　63
デートDV　106
デューイ，J.　59
電話相談　3
登校刺激　24
統合保育　183
「統制された情緒的関与」
　　の原則　161

特定妊婦　84
特別支援学級　134
特別支援学校　133
特別支援教育　133
特別支援教室　175
特別児童扶養手当　192
留岡幸助　51,61
ドメスティック・バイオ
　　レンス　102
トワイライトステイ
　　202

## な行

新潟静修学校　60
28条措置　173
日常生活支援　113
日常的な援助活動　221
日本国憲法　81
乳児　117
乳児家庭全戸訪問事業
　　85
乳児健康診査　118
妊産婦　117
　　——健康診査　118
認定こども園　181
ネット依存　27
ネットワークシステム
　　53
能動的権利　63
野口幽香　61

## は行

把握反射　42
配偶者からの暴力　111
　　——の防止及び被害者
　　の保護等のための施
　　策に関する基本的な
　　指針　103
　　——の防止及び被害者
　　の保護等に関する法
　　律　102
配偶者暴力相談支援セン
　　ター　104
白亜館会議　66
ハーグ条約　→国際的な
　　子の奪取の民事上の側
　　面に関する条約
発達障害　37
　　——者支援法　178
「非審判的態度」の原則
　　161

非正規雇用　122
被措置児童等虐待　92
否定的感情　8
悲田院　50
ひとり親家庭　12
非日常的な援助活動
　　221
「秘密保持」の原則
　　160
病児保育事業　88
貧困率　125
福祉機関同士の連携・協
　　力　240
福祉事務所　112,152
不信感　7
二葉幼稚園　61
仏教伝来　50
不登校状態　214
フリースクール　25
フリースペース　25
フレーベル，F.W.A.
　　58
ペスタロッチ，J.H.　58
保育所　91,181
放課後児童健全育成事業
　　84,186
「ホウレンソウ」の原則
　　167
保健師　117
保健所　153,176
保護・救済　54
保護観察　141
保護更生　140
保護者　117
保護命令　104
母子・父子休養ホーム
　　115
母子・父子自立支援員
　　112
母子・父子福祉センター
　　115
母子及び寡婦福祉法
　　109
母子及び父子並びに寡婦
　　福祉法　110
母子家庭等　110
母子健康手帳　116
母子健康包括支援セン
　　ター　120

255

## ま行

母子生活支援施設　90
母子福祉法　52, 109
母子父子福祉資金貸付制度　113, 193
母子保健法　117
母子保護法　109
補装具及び日常生活用具給付　192
ホワイトハウス会議　→白亜館会議

未熟児　117
三つ山問題　43
見通しの持てる環境設定　224
未来応援ネットワーク事業　127
民生委員　175, 196
無意識的罪悪感　4
モンテッソーリ, M. M.　59

## や行

ゆとり教育　18
養育医療　119
養育支援訪問事業　85
幼児　117
幼児期の教育　130
幼児教育の父　58
幼稚園　131, 181
要保護児童　91
——対策地域協議会　147, 177
抑圧　8
予防教育法　107
予防的措置　81

## ら行

ライフイベント　36, 39
ライフサイクル　34, 35, 37
——論　35

リビドー　39
療育拠点支援事業　191
療育手帳　188
療育等支援施設事業　189
ルソー, J. J.　57
レスパイトケア事業　201
老人福祉法　52

## 欧文

ADHD　→注意欠陥多動性障害
DV　→ドメスティック・バイオレンス
DV防止法　→配偶者からの暴力の防止及び被害者の保護等に関する法律
SOSのサイン　216

## 執筆者紹介 （所属，分担，執筆順，＊印は編著者）

＊服部　次郎（編著者紹介参照：序章，第3章，第4章，第10章3，第12章，第13章，第14章，終章）

大河内　修（中部大学現代教育学部教授：第1章1（1）（2）1）～2）（3）・2（1）（2）1）～4）（3）・3（1）（2））

細江　逸雄（元・岡崎女子短期大学非常勤講師：第1章1（2）3）・2（2）5）・3（3））

目黒　達哉（同朋大学社会福祉学部教授：第2章1～3）

築山　高彦（岡崎女子短期大学幼児教育学科特任教授：第2章4，第10章1・2）

幸田　政次（元・愛知みずほ大学短期大学部教授：第5章）

浅沼　裕治（中京学院大学短期大学部保育科専任講師：第6章）

井上　薫（同朋大学社会福祉学部教授：第7章）

荒川　典久（医療法人積善会医療福祉相談統括：第8章）

日比野雅彦（名古屋学芸大学ヒューマンケア学部非常勤講師：第9章1・2，第11章4）

石垣　儀郎（名古屋学芸大学ヒューマンケア学部准教授：第9章3，第11章1～3）

河野　文香（豊橋あゆみ学園相談支援専門員：第12章）

船坂　典生（豊橋平安寮個別対応職員：第13章）

**編著者紹介**

服部次郎（はっとり・じろう）

1949年生。

1972年　名古屋大学文学部哲学科心理学専攻卒業。

現　在　椙山女学園大学教育学部准教授。

主　著　『実践から学ぶ児童虐待防止』（共著）学苑社，2007年。
　　　　『実践事例に基づく障害児保育』（共著）保育出版社，2007年。
　　　　『現代児童福祉論 第2版』（共著）ミネルヴァ書房，2008年。
　　　　『基礎から学ぶ社会的養護』（共著）ミネルヴァ書房，2012年。

---

現代児童家庭福祉論

2018年5月10日　初版第1刷発行　　　　　〈検印省略〉

定価はカバーに
表示しています

編著者　服　部　次　郎
発行者　杉　田　啓　三
印刷者　坂　本　喜　杏

発行所　株式会社　ミネルヴァ書房

〒607-8494　京都市山科区日ノ岡堤谷町1
電話代表　（075）581-5191
振替口座　01020-0-8076

© 服部次郎ほか，2018　　冨山房インターナショナル・藤沢製本

ISBN 978-4-623-08244-5

Printed in Japan

# 福祉職員研修ハンドブック

京都府社会福祉協議会 監修／津田耕一 著
A5判／198頁／本体2000円

# ジェネラリスト・ソーシャルワークにもとづく社会福祉のスーパービジョン

山辺朗子 著
A5判／224頁／本体2500円

# グラウンデッド・セオリー

V.B. マーティン・A. ユンニルド 編／志村健一・小島通代・水野節夫 監訳
A5判／500頁／本体8500円

# ソーシャルワーカー論

空閑浩人 編著
A5判／272頁／本体4200円

# 福祉の哲学とは何か

広井良典 編著
四六判／332頁／本体3000円

───── ミネルヴァ書房 ─────
http://www.minervashobo.co.jp/